Uni-Taschenbücher 653

UTB

Eine Arbeitsgemeinschaft der Verlage

Springer Fachmedien Wiesbaden GmbH

Peter Lösche, Politik in USA

Peter Lösche

Politik in USA

Das amerikanische Regierungs-
und Gesellschaftssystem
und die Präsidentschaftswahl 1976

1. Auflage

Springer Fachmedien Wiesbaden GmbH

Der Autor:
Dr. phil. Peter Lösche
geb. 1939
ord. Prof. an der Universität Göttingen
Seminar Wissenschaft v. der Politik
Wichtige Veröffentlichungen:
Der Bolschewismus im Urteil der deutschen Sozialdemokratie,
Berlin 1967
Industriegewerkschaften im organisierten Kapitalismus
Der CIO in der Roosevelt-Ära, Opladen 1974
Anarchismus (= Erträge der Forschung), Darmstadt 1977

ISBN 978-3-663-11065-1   ISBN 978-3-663-11064-4 (eBook)
DOI 10.1007/978-3-663-11064-4

CIP-Kurztitelaufnahme der Deutschen Bibliothek

Lösche, Peter
Politik in USA: d. amerikan. Regierungs- u.
Gesellschaftssystem u. d. Präsidentschaftswahl
1. Aufl. — Opladen: Leske-Verlag + Budrich, 1977
    (Uni-Taschenbücher; 653)

Bindearbeiten von Sigloch-Henzler KG, Stuttgart
Einbandgestaltung: Alfred Krugmann, Stuttgart

Inhalt

Vorwort

Dieses Buch wendet sich nicht an den Amerikaspezialisten, sondern an diejenigen politisch Interessierten, die mit Erstaunen und Verwunderung, manchmal vielleicht auch mit Befremden und Enttäuschung das letzte Jahrzehnt der amerikanischen Geschichte verfolgt haben. Vielen wird es schwer fallen, sich auf Vietnamkrieg und Watergate-Affäre, den Fall Richard Nixons und den Aufstieg Jimmy Carters einen Reim zu machen. Zu widersprüchlich sind die Berichte und Ansichten über die Vereinigten Staaten.

Nach dem Zweiten Weltkrieg ist unser Amerikabild immer einseitig und oft durch Vorurteile bestimmt gewesen. Unmittelbar nach 1945 und bis zum Anfang der 60er Jahre galten die Vereinigten Staaten als Musterbeispiel einer pluralistischen Demokratie und materiellen Wohlstandes. Verfasser von Schul- und anderen Lehrbüchern und Journalisten beschrieben euphorisch die demokratischen Spielregeln, nach denen politische Entscheidungen abliefen. Und Delegationen aus der Bundesrepublik, entsandt von Parteien, Kirchen, Gewerkschaften und anderen Verbänden, bestaunten die Supermärkte, die modern eingerichteten Küchen in den Einfamilienhäusern und die Straßenkreuzer auf den Parkplätzen. Fast völlig übersehen wurden in jener Zeit die sozialen Probleme und die politische Unterdrückung, die auch zur amerikanischen Wirklichkeit gehörten. Mit der militärischen Intervention der USA in Südost-Asien und der Eskalation des Vietnamkrieges kam für viele in den 60er Jahren die große Enttäuschung. Das rosarote Amerikabild verdunkelte sich, aus Amerikaverehrung wurde oft Anti-Amerikanismus. Jetzt kamen jene verkürzten Pseudo-Analysen in Mode, die davon ausgingen, daß die Vereinigten Staaten das fortgeschrittenste kapitalistische Land der Erde seien und daß auf dem Höhepunkt des amerikanischen Imperialismus die proletarische Revolution oder der Aufstand der unterdrückten Minoritäten unmittelbar bevorstehe. Überhaupt nicht in Rechnung gestellt wurde dabei das Integrationspotential des amerikanischen Kapitalismus und des politischen Systems. Beide Amerikabilder, das demokratisch-euphorische wie das vulgär-marxistische, waren verzeichnet, waren vor allem wegen mangelnder Informationen über die ökonomische, soziale und politische Wirklichkeit der Vereinigten Staaten unscharf.

Im vorliegenden Buch wird ein erster Versuch unternommen, Politik und Gesellschaft der Vereinigten Staaten neu zu interpretieren und besonders über die Entwicklung der letzten zehn Jahre zu informieren. Wir gehen davon aus, daß die Vereinigten Staaten weder die gigantische Ausdehnung Europas jenseits des Atlantiks darstellen, noch daß die westeuropäischen Länder zeitverzögert den Bahnen der amerikanischen Geschichte folgen. Vielmehr sind die USA eine neue Nation mit genuin amerikanischen sozialen Bedingungen, politischen Strukturen und ideologischen Traditionen. Die europäisch-deutsche Brille soll zur Seite gelegt und versucht werden, Politik und Gesellschaft der Vereinigten Staaten aus ihrer eigenen Geschichte zu begreifen und zu analysieren. Vergleiche zu Europa, wie z. B. Hinweise auf die Unterschiede zwischen parlamentarischem und präsidentiellem Regierungssystem im II. Kapitel, sollen gerade das spezifisch Amerikanische in den Blick rücken.

Im I. Kapitel wird die Herausbildung des amerikanischen Sozialstaats, in deren Mittelpunkt die Veränderung des Präsidentenamtes steht, dargestellt, und in diesem Zusammenhang werden die innenpolitischen Auswirkungen des Vietnamkrieges und die Watergate-Affäre untersucht. Im II. Kapitel wenden wir uns dem amerikanischen Parteiensystem zu, das vom deutschen grundverschieden ist, und analysieren die Präsidentenwahlen 1976. Dabei hat uns insbesondere die Demokratische Partei und die Wählerkoalition interessiert, mit deren Stimmen Franklin D. Roosevelt in den 30er Jahren ebenso wie Jimmy Carter 1976 zum Präsidenten gewählt worden sind. Diese Wählerkoalition, die sogenannte New-Deal-Koalition, ist 1976 durch den „neuen Süden" ergänzt worden. Die Analyse dieses „neuen Südens" steht im Mittelpunkt des III. Kapitels. Im IV. Kapitel versuchen wir schließlich, zwei ursprünglich amerikanische Phänomene zu erklären, die viele europäische Beobachter verwirrt haben und die den Wahlkampf 1976 mit bestimmten, nämlich evangelistische Erweckungsbewegung und Neo-Populismus. In diesem Zusammenhang gehen wir auf das Verhältnis von Religion und Politik in den Vereinigten Staaten und kurz auf die Geschichte des Populismus ein.

Das Buch wendet sich gezielt an Schüler, Studenten, Lehrer und Teilnehmer politischer Bildungsveranstaltungen. Es ist versucht worden, wissenschaftlichen Jargon zu vermeiden, durch plastische Beispiele allgemeine Aussagen zu erklären und zu illustrieren. Der Leser sollte sich auch durch einige abstrakte Formulierungen in der ersten Hälfte des I. Kapitels nicht irritieren lassen, in der es um den Begriff und die

Geschichte des organisierten Kapitalismus in den USA geht, sondern diese eventuell zum Schluß lesen. Um möglichst detailliert und konkret zu informieren, sind in den verschiedenen Kapiteln Daten über die ökonomische und soziale Entwicklung, über die Parteien und Wahlergebnisse und über die religiöse Einstellung der Amerikaner angegeben. Um die Lektüre nicht unnötig zu erschweren, wurde bewußt auf Fußnoten verzichtet, in denen aus Sekundärliteratur und den Quellen im einzelnen Belege angeführt werden. Statt dessen findet sich am Schluß eines jeden Kapitels ein kommentierender Hinweis auf die wichtigste Literatur, in der im allgemeinen auch weiterführende Publikationen und Spezialuntersuchungen angegeben sind. Im Anhang werden zudem einige der Bücher und Zeitschriften genannt, die als Einführung in die Probleme der amerikanischen Politik und Gesellschaft dienen können. Gleichwohl ist versucht worden, den Forschungsstand mit eigenen Beobachtungen und Untersuchungen zu verbinden. Insbesondere die Darstellung und Analyse der Präsidentenwahlen 1976 stützt sich auf Primärquellen, Wahlkampfmaterialien, Flugblätter, Broschüren, Zeitungen und Zeitschriften und über 100 Interviews, die von einer Forschungsgruppe des Seminars Wissenschaft von der Politik an der Universität Göttingen in den USA mit Politikern, Beratern der Präsidentschafts- und Vizepräsidentschaftskandidaten, mit Gewerkschaftern, Unternehmern und Journalisten durchgeführt worden sind. Die Teilnehmer an diesem Forschungsprojekt haben Präsident Ford, Gouverneur Carter und Senator Mondale mehrere Tage lang während ihres Wahlkampfes begleitet.

Im Text ist versucht worden, alle Begriffe und Spezialausdrücke aus dem amerikanischen politischen System, die dem deutschen Leser nicht bekannt sind oder die eine andere Bedeutung als in Deutschland haben, zu erklären. Um dem Leser während der Lektüre die Möglichkeit zu geben, die ihm unbekannten Begriffe sofort zu erklären, findet sich am Schluß des Buches ein Stichwortverzeichnis, das auf die Stelle verweist, an der ein Spezialausdruck definiert wird.

Schließlich sei noch eine kurze Bemerkung über drei in diesem Buch verwandte Begriffe angeschlossen. Durchgängig ist der Ausdruck „Schwarzer" für die in der Regel aus Afrika als Sklaven in die Kolonien oder die USA gebrachte farbige Minorität gebraucht worden. Ich schließe mich damit dem heute in den Vereinigten Staaten üblichen Sprachgebrauch an. Diese Bezeichnung war ursprünglich ein politischer Kampfbegriff, der zur Selbstidentifikation eben dieser Minorität beitragen sollte, er wird aber heute wesentlich häufiger als der analog anderer ethnischer Gruppen gebildete Ausdruck Afro-Amerikaner gebraucht. „Government" umschließt im amerikanischen Verständnis alle drei Zweige eines Regierungssystems, Exekutive, Legislative und

Judikative, und nicht wie die deutsche Übersetzung des Wortes (= Regierung) nur die Exekutive. Die amerikanische Bedeutung von „government" ist gelegentlich eingeflossen, wenn im Text von „Regierung" die Rede ist. Wird im Amerikanischen nur die Exekutive gemeint, ist der Ausdruck „Administration" üblich. Schließlich werden „Republikanisch" und „Demokratisch" im Text immer dann großgeschrieben, wenn die Parteien dieses Namens gemeint sind.

Die Abschnitte des Buches, in denen die amerikanischen Präsidentenwahlen 1976 untersucht worden sind, wurden durch die finanzielle Unterstützung der Stiftung Volkswagenwerk ermöglicht. Wir — drei Mitglieder des Seminars Wissenschaft von der Politik der Universität Göttingen — konnten vor Ort den Präsidentschaftswahlkampf beobachten und Materialien sammeln. Dr. Günther R. Degen hat sich dabei insbesondere mit dem Wahlkampf Carters und der Rolle der Gewerkschaften beschäftigt, Peggy White den Reagan-Flügel in der Republikanischen Partei untersucht. Auch an dieser Stelle möchte ich mich für ihre Mitarbeit bedanken. Das Gesamtprojekt „Amerikanische Präsidentenwahlen 1976" stand unter meiner Leitung.

Göttingen, im März 1977   Peter Lösche

I.
Vietnamkrieg, Watergate-Affäre und die Veränderungen in der amerikanischen Politik und Gesellschaft im 20. Jahrhundert

Der Vietnamkrieg, der Rückzug der Amerikaner aus Südostasien und die Watergate-Affäre haben in den letzten Jahren unser Amerikabild in Europa weitgehend bestimmt und auch in den Vereinigten Staaten die Schlagzeilen und Leitartikel beherrscht. Häufig ist dabei übersehen worden, daß diese Ereignisse mehr als nur die aktuellen Geschehnisse um einen blutigen Krieg und eine undurchsichtige Kriminalaffäre darstellten. Vielmehr traten einige fundamentale Veränderungen im amerikanischen Regierungssystem und in der amerikanischen Gesellschaft, die sich in unserem Jahrhundert vollzogen haben, offen zutage. Die inneramerikanische Seite des Vietnamkrieges und die Watergate-Affäre waren nur die Symptome für die strukturelle Veränderung des amerikanischen Regierungssystems in einer Phase der neueren Geschichte, die als die des organisierten Kapitalismus bezeichnet werden kann. Sie erreichte unter der Präsidentschaft Richard M. Nixons ihren Höhepunkt, hatte in ihr aber nicht ihre Ursachen.

1. Die Entwicklung des amerikanischen Sozialstaats und das Präsidentenamt

Unter *organisiertem Kapitalismus* verstehen wir jene Periode in der Geschichte kapitalistischer Gesellschaften, in der in der Wirtschaft das relativ freie Spiel der Kräfte, das weitgehend auf Einzelunternehmen basierte und relativ unbehindert vom Staatseingriff war, abgelöst wird durch zunehmende ökonomische Konzentration. Monopole, Kartelle und Truste entstehen zunächst im nationalen, bald aber auch im internationalen Rahmen. Einer der Motoren der wirtschaftlichen Konzentration ist die technologische Entwicklung, schon aus Kostengründen werden Privatunternehmen zu Zusammenschlüssen und Vereinbarungen gezwungen, wollen sie überhaupt noch Gewinne erzielen.

Die entstehenden Großunternehmen bedienen sich wissenschaftlicher Produktionsmethoden und einer eigenen Bürokratie, zu der wissenschaftliche Spezialisten, Manager und Angestellte gehören, um Fabrikation und Absatz zu sichern. Von staatlicher Seite werden dabei jene Rahmenbedingungen gesetzt, unter denen die Erzielung von Gewinnen langfristig überhaupt erst möglich wird. Dazu gehört nicht nur die staatliche Konjunkturpolitik, sondern der Staat stellt Einrichtungen der Infrastruktur zur Verfügung und unterhält diese, z. B. Verkehrswege, Schulen und Universitäten. Zudem übernimmt der Staat zunehmend solche sozialen Aufgaben, die früher von Familien erfüllt worden sind (Sozialgesetzgebung). Der Staat setzt außerdem jene Regeln fest, nach denen u. a. Konkurrenz zwischen Großunternehmen noch gewährleistet werden soll (Kartellgesetzgebung) oder nach denen die Beziehungen zwischen Unternehmern und Gewerkschaften organisiert werden (Arbeitsgesetzgebung). In der Periode des organisierten Kapitalismus ist der Staat schließlich in je verschiedener Weise — vom Handelsvertrag bis zum imperialistischen Krieg — an der Sicherung von ausländischen Absatzmärkten für die nationalen, aber auch multinationalen Unternehmen beteiligt. Innere soziale Konflikte können nach außen gelenkt werden; die Staaten treten als imperialistische Mächte auf. Die stets steigende Zahl von Aufgaben, die von staatlichen Institutionen übernommen werden, schlägt sich in der wachsenden Zahl öffentlicher Bediensteter nieder. Staatlicher und (privat)wirtschaftlicher Bereich werden in der Phase des organisierten Kapitalismus enger miteinander verbunden, ohne daß allerdings ein „Generalkartell" entstände, in dem überhaupt keine Konkurrenz zwischen Großkorporationen, Industrie- und Wirtschaftszweigen stattfände oder in dem Staat und Wirtschaft zu einer Einheit verschmelzen würden.

Trotz der relativen Autonomie des Staates und der verschiedenen Wirtschaftsbereiche übernimmt der Staat — in der Formulierung von Friedrich Engels — die Funktion des „ideellen Gesamtkapitalisten", d. h. daß durch staatliche Eingriffe in Wirtschaft und Gesellschaft langfristig die Prinzipien kapitalistischer Produktion trotz divergierender Interessen zwischen einzelnen Kapitalfraktionen und ihren Verbänden sowie zwischen verschiedenen sozialen Schichten aufrechterhalten bleiben.

Trifft diese sehr allgemeine Bestimmung des organisierten Kapitalismus auf Europa und die Vereinigten Staaten gleichermaßen zu, so unterscheidet sich der *amerikanische organisierte Kapitalismus* insbesondere vom deutschen darin, daß er 1. stärker an den vorgegebenen Strukturen der Großkorporationen orientiert ist, daß 2. die Staatsintervention sich häufig auf Rahmenregelungen beschränkt, weniger direkt ist und so ein staatsfreier, gleichsam „privater" Bereich ausgespart wird und daß 3. der Eingriff des Staates weniger zentralistisch von der Bundesregierung ausgeht, sondern bis heute Einzelstaaten und Kommunen als Instrumente der Staatsintervention stärker einbezogen sind als in der Bundesrepublik.

Im Mittelpunkt der Veränderungen des amerikanischen Regierungssystems in der Phase des organisierten Kapitalismus stand ein *grundlegender Wandel des Präsidentenamtes*. Die ursprünglich von den Verfassungsvätern im ausgehenden 18. Jahrhundert konzipierte, wenn auch zu keinem Zeitpunkt der amerikanischen Geschichte vollkommen verwirklichte Gewaltenverschränkung und Gewaltenkontrolle — „checks and balances" zwischen den drei Zweigen des Regierungssystems, zwischen Parlament, Exekutive und richterlicher Gewalt — ist auf Kosten vor allem der Legislative und zugunsten eines Teils der Exekutive, nämlich ihres präsidentiellen Teils immer mehr aufgehoben worden. Im Präsidentenamt war institutionell jener Ort vorgegeben, von dem aus zunächst in Krisensituationen, dann aber auch kontinuierlich eine bundesstaatliche Außenpolitik, Konjunktur-, Struktur- und Sozialpolitik betrieben werden konnte. Die beiden anderen Gewalten, Judikative und Legislative, waren dazu institutionell nicht geeignet. Der Supreme Court, das Oberste Bundesgericht, ist seiner Natur nach und entsprechend den Verfassungsbestimmungen prinzipiell auf eine passive Rolle verwiesen. In beiden Häusern des Kongresses, in Senat und Repräsentantenhaus, dominieren lokale, einzelstaatliche und regionale Interessen. Die einzelnen Senatoren und Repräsentanten vertreten die sozialen und wirtschaftlichen Interessen ihrer jeweiligen Einzelstaaten bzw. ihrer Wahlkreise und nicht ein abstraktes nationales Bundesinteresse. Zudem gibt es im Kongreß in politischen Fragen keine Fraktionsdisziplin, die Parlamentarier sind also weder einer Fraktion noch einer bundesweit bestehenden Partei verpflichtet. Im amerikanischen Regierungssystem entfällt im Unterschied zu parlamentarischen Systemen wie dem der Bundesrepublik die Partei als eine Institution, in der lokale, regionale oder wirtschaftliche und soziale Einzelinteressen angeglichen oder vereinheitlicht werden. Auch weite Bereiche der Exekutive können nicht als Institutionen angesehen werden, in denen eine am bundesstaatlichen Gesamtinteresse orientierte Politik formuliert wird. Vielmehr unterliegen Ministerien und die sogenannten unabhängigen Regulierungskommissionen (Independent Regulatory Commissions) partikularen Einflüssen, nämlich gerade den ökonomischen Interessen, die sie eigentlich regulieren sollen. Dazu gehören z. B. das Landwirtschafts-, das Arbeits- und das Handelsministerium sowie die im Jahr 1887 zur Regulierung der Eisenbahngesellschaften errichtete, bald aber deren Einfluß unterworfene Interstate

Commerce Commission. Das Präsidentenamt bleibt damit die einzige Institution im amerikanischen Regierungssystem, von der aus aktiv, direkt, augenblicklich und bundesweit staatsinterventionistische Aufgaben wahrgenommen werden können. Aus dieser besonderen institutionellen Stellung erklärt es sich, daß aus dem Weißen Haus in Zeiten politischer und wirtschaftlicher Krisen, insbesondere in den beiden Weltkriegen und während der Weltwirtschaftskrise staatliche Eingriffe in Wirtschaft und Gesellschaft erfolgten. Mit den sich wandelnden Aufgaben des Präsidentenamtes gingen politische und institutionelle Veränderungen im gesamten Regierungssystem einher, die die Kontrolle des Präsidenten durch den Kongreß, die Gerichte und selbst die Presse zunehmend erschwerten.

In Europa und Deutschland hat die staatliche Bürokratie in der Aufschwungphase der Industrialisierung im vorigen Jahrhundert — wie z. B. beim Aufbau des Eisenbahnnetzes — eine bedeutende Rolle als Initiator und Förderer wirtschaftlicher Tätigkeit gespielt. In den Vereinigten Staaten hingegen blieben das Präsidentenamt und die Bundesregierung insgesamt — nahm man sie überhaupt zur Kenntnis — untergeordnete Hilfsagenturen einer sich selbst überlassenen Wirtschaftsgesellschaft von Privatunternehmern. Zu den Ursachen für die Schwäche des Staates, in der Phase der Industrialisierung relativ selbständig in Wirtschaft und Gesellschaft einzugreifen, sind in den USA zu zählen: im Vergleich zu Europa der nahezu vollständige Mangel an vorkapitalistischen, absolutistischen und bürokratischen Traditionen und Institutionen; rapides Wirtschaftswachstum und die schnelle Abfolge technischer Erfindungen und Neuerungen; die besondere Größe der Unternehmen, ihre Überkapitalisierung und die scheinbar unbegrenzte Möglichkeit zur Börsenspekulation; die offene „Frontier", nämlich unbesiedeltes Land im Westen; eine entsprechende Ideologie vom „Land der unbegrenzten Möglichkeiten". Der Kongreß und der Präsident waren bis zum ausgehenden 19. Jahrhundert die Stellen, an denen sich Unternehmerinteressen im Gesetzgebungsprozeß bzw. personell durch Patronage unvermittelt durchsetzten. Für jene Zeit trifft tatsächlich zu, daß einige der bundesstaatlichen Einrichtungen nicht viel mehr als der verlängerte Arm wirtschaftlicher Interessen und einiger Großunternehmen gewesen sind.

Der erste vorsichtige Versuch, chaotisches Durcheinander und mörderische Konkurrenz auf einem Wirtschaftssektor, nämlich die Eisenbahngesellschaften durch Errichtung der Interstate Commerce Commission, zu ordnen, kann zwar als Präzedenzfall für die von Unternehmern anerkannte *Notwendigkeit zum bundesstaatlichen Eingriff* und zur staatlich erzwungenen Kooperation von Unternehmern über die Grenzen der Einzelstaaten hinweg gelten. In der Sache selbst veränderte der staatliche Eingriff jedoch wenig und bestätigte zunächst nur das Prinzip der „regulation by the regulated", der „Kontrolle durch die zu Kontrollierenden" — ein Grundsatz, der bis heute für viele Unabhängige Regulierungskommissionen und einige Bundesministerien gilt. Erst als in den 90er Jahren das wirtschaftliche Wachstum eine vorher nie gekannte Schnelligkeit annahm, als Bank- und Industriekapital sich fast explosionsartig zum Finanzkapital verbanden und national wie international sich Unternehmen zu Trusten, Monopolen und Kartellen zusammenschlossen, wurde eine neue Qualität staatsinterventionistischer Maßnahmen notwendig. Gerade wegen der ökonomischen Konzentration traten für die Großkorporationen Schwierigkeiten auf, in der noch bestehenden Konkurrenz zu anderen Großunternehmen Gewinne zu erzielen. Die Unfähigkeit privater finanzkapitalistischer Versuche, die Ökonomie selbst zu stabilisieren, wurde offenbar. Auch der Kongreß, zerrissen durch partikulare ökonomische, lokale, einzelstaatliche und regionale Interessen, war unfähig, einen gemeinsamen Willen zu formulieren und die private Wirtschaft zu koordinieren und zu organisieren.

Der staatliche Eingriff ging daher von der Bundesregierung aus. Bald nach der Jahrhundertwende begann das Department of the Treasury den Geld- und Kreditmarkt zu regulieren. 1903 wurde das Department of Commerce and Labor (1913 in zwei Ministerien geteilt), wenig später das Bureau of Corporations gegründet mit dem Ziel, Binnen- und Außenhandel, Industrie und Verkehrswesen wirtschaftspolitisch zu koordinieren, zu besserer Marktorganisation beizutragen sowie Arbeitskämpfe zu vermeiden.

Nicht zufällig erfuhr unter Präsident Roosevelt (1901—1909) die Umweltschutz-Bewegung (Conservation Movement) einen entscheidenden Aufschwung und bundesstaatliche Unterstützung: Bis zu diesem Zeitpunkt waren in Amerika Wälder radikal abgeholzt, Bodenschätze rücksichtslos geplündert und an der Landschaft ein solcher Raubbau betrieben worden, daß Erosion, Wassermangel und Sandstürme die physische Existenz ganzer Landstriche zu bedrohen begannen. Die Aufforstung und Bewahrung von Wäldern — Roosevelt erklärte 150 Millionen Acres Waldgebiet zum Bundeseigentum, aus dem später u. a. Nationalparks und Nationalwälder wurden — und die Beschränkung des Abbaus von Bodenschätzen waren eine notwendig gewordene bundesstaatliche Maßnahme zur Erhaltung und Wiederherstellung von Resourcen, ohne die die kapitalistische Ökonomie überhaupt nicht funktionieren konnte. Staatsintervention rettete in diesem Fall zwar auch die Schönheit von Landschaften, wie sie heute in amerikanischen Nationalparks zu bewundern ist, doch sicherte die Umweltschutz-Bewegung zunächst und zuerst jene natürlichen Bedingungen, die sogar noch jeder staatlichen Infrastrukturpolitik vorausgehen.

Sozialökonomische und staatliche Sphäre wurden in den Vereinigten Staaten seit den 90er Jahren — bei Aufrechterhaltung kapitalistischer Produktionsprinzipien und ohne daß die ökonomische Konzentration ein Ende der Konkurrenz gebracht hätte — zunehmend enger miteinander verschränkt. Die Institution, von der in der Regel staatliche Eingriffe ausgingen, war das *Präsidentenamt*. Von daher erklärt es sich auch, daß Theodore Roosevelt als erster starker Präsident seit Abraham Lincoln gilt und am Anfang einer Reihe weiterer sogenannter starker Präsidenten — Wilson, Franklin D. Roosevelt, Truman und Johnson — steht, die in außenpolitischen und wirtschaftlichen Krisensituationen und z. T. gegen ihren ursprünglich erklärten Willen zu staatsinterventionistischen Maßnahmen gezwungen worden sind. Die vom Präsidentenamt ausgehende Staatsintervention hatte immer mehr eine auf die ganze Gesellschaft bezogene Stabilisierungsaufgabe. Diese Entwicklung verlief nicht geradlinig, vielmehr wurden unter Präsident William H. Taft (1909—1913) und in den 20er Jahren gegenläufige Tendenzen wirksam. Gleichwohl bildete sich die neue Funktion des Präsidentenamtes im Ersten und Zweiten Weltkrieg und in der Weltwirtschaftskrise, deren soziale Folgen bis zur militärischen Aufrüstung 1939/40 andauerten, voll heraus. So wurden im Ersten Weltkrieg die Institutionen der Kriegsverwaltungswirtschaft auf Anordnung von Präsident Woodrow Wilson (1913—1921) gebildet und mit seinem Amt direkt verbunden. Dazu gehörten der War Industries Board, durch den die Verteilung von Rohstoffen auf einzelne Industrien sowie das Verkehrswesen reguliert und die kriegswichtigen Ausrüstungen standardisiert wurden, sowie der War Labor Board, durch den Arbeitskonflikte vermieden und die Kriegsproduktion gewährleistet werden sollten.

Dies waren dann auch die Vorbilder, auf die Franklin D. Roosevelt (1933—1945) personell, institutionell und konzeptionell in den 30er Jahren zurückgriff, um — vom Kongreß mit größten Vollmachten ausgestattet — die menschlichen wie sozialen Folgen der Weltwirtschaftskrise abzumildern. Der von Roosevelt erstmals und ausdrücklich erhobene nationale Führungsanspruch des Präsidenten setzte sich in den 30er Jahren durch. Die präsidentielle Exekutive übernahm die Verantwortung für die Konjunktursteuerung, benutzte — wenn auch zögernd und z. T. inkonsequent — die Mittel antizyklischer Konjunkturpolitik; von ihr ging der Anstoß zur nationalen Sozialgesetzgebung aus; der Arbeitsmarkt wurde aufgrund bundesstaatlicher Rahmenregelungen kollektiv organisiert, der Klassenkonflikt kanalisiert und die oppositionelle Industriegewerkschaftsbewegung des CIO integriert, die vielen Zeitgenossen als radikale Vorform einer amerikanischen sozialistischen Massenbewegung erschienen war.

Nie zuvor in der amerikanischen Geschichte waren so viele soziale Reformen begonnen und staatliche Eingriffe in Wirtschaft und Gesellschaft unternommen worden wie unter F. D. Roosevelt. Fast ohne Debatte hatte der Kongreß in den berühmten „ersten hundert Tagen" des neuen Präsidenten weitreichende Gesetze verabschiedet. Alle Hoffnungen, die verheerenden Auswirkungen der Weltwirtschaftskrise zu meistern, ruhten auf Roosevelt. Arbeitsbeschaffungsprogramme wurden in Gang gesetzt, die Landwirtschaft subventioniert, Banken und Versicherungen scharfen staatlichen Kontrollen unterworfen, gemeinwirtschaftliche Unternehmungen wie die Tennessee Valley Authority ins Leben gerufen. Kleine und mittlere Unternehmen ebenso wie Großkorporationen wurden von der Bundesregierung ermuntert, Produktions- und Preisabsprachen zu treffen und Tarifverträge mit Gewerkschaften abzuschließen, um auf diese Weise Konkurrenz zu mildern und Massenkaufkraft zu schaffen. Es war in jenen Jahren des sogenannten New Deal (ein Begriff, den Roosevelt in seiner Antrittsrede 1933 geprägt hatte), daß die Konturen des amerikanischen Wohlfahrtsstaates hervortraten.

Soziale Reformen und jeder politische Fortschritt schienen vom Präsidenten auszugehen. Handbücher zum amerikanischen Regierungssystem, die in den 30er Jahren geschrieben oder von Autoren verfaßt wurden, die in dieser Zeit heranwuchsen, glorifizierten daher das Präsidentenamt. Über den Präsidenten konnte man dort lesen, daß er der „große Motor der Demokratie", „des amerikanischen Volkes einziges wirkliches Sprachrohr", „der Hauptplaner aller Politik", „der Architekt der Außenpolitik" sei. „Er ist eine Art großartiger Löwe, der weit herumstreifen kann, um gute Taten zu vollbringen." Der Glaube vieler Zeitgenossen, daß eine starke Präsidentschaft die beste für die Nation sei, blieb bis 1964 fast ungebrochen. Erst die Eskalation des Vietnamkrieges unter Johnson und die Regierungszeit Nixons und dessen unrühmlicher Abgang nach der Watergate-Affäre demonstrierten die Gefahren, die eine unkontrollierte Präsidentenschaft für die Freiheit des einzelnen, die ganzer Bevölkerungsgruppen und auch für den sozialen Fortschritt in sich barg.

Auch Präsidenten, die in ihren Wahlkämpfen die staatsinterventionistische und sozialstaatliche Rolle des Präsidentenamtes kritisiert und versprochen hatten, sie zurückzudrängen, sahen sich als Amtsinhaber gezwungen, die auf die gesamte Gesellschaft gerichtete Stabilisierungsaufgabe aktiv wahrzunehmen. Eines der schlagensten Beispiele dafür ist unter der Präsidentschaft Nixons zu finden: Der Präsident verhängte im August 1971 unter dem Druck von Großkorporationen,

Unternehmerverbänden und einer Kongreßmehrheit einen befristeten Lohn- und Preisstop, obwohl er eine solche Maßnahme zuvor als einen gefährlichen Schritt hin zum Sozialismus abgelehnt hatte. Dieses geschah durch Executive Orders, nämlich Verordnungen des Präsidenten, die durch eine vom Kongreß als Gesetz verabschiedete Generalvollmacht gedeckt waren. Sie sind zu einem präsidentiellen Instrument direkter und unverzüglicher Staatsintervention in der Wirtschafts- und Innenpolitik geworden. Auch Präsident Carter hat in der durch die Kältewelle im Januar und Februar 1977 verschärften Energiekrise sich derartige Vollmachten vom Kongreß übertragen lassen und z. B. die Verteilung von Erdgas auf die einzelnen Bundesstaaten mit Hilfe von Executive Orders geregelt.

Der Verfassung und ursprünglichen Tradition nach hat die Bundesregierung — Präsident wie Kongreß — nur Kompetenzen in bestimmten und genau beschriebenen Bereichen wie der Sicherheitspolitik, der Außenpolitik und dem Postwesen gehabt. Soweit es sie überhaupt gab, wurden die meisten sozialen Leistungen von den Einzelstaaten und Kommunen wahrgenommen. Erst seit dem New Deal hat die Bundesregierung massiv innen- und wirtschaftspolitische Aufgaben übernommen. Dabei wurde die sogenannte *„interstate commerce clause"* gleichsam zur staatsinterventionistischen Öffnungsklausel für vom Präsidenten formulierte und vom Kongreß legitimierte bundesweite Maßnahmen. In Artikel 1, Abschnitt 8 der amerikanischen Verfassung heißt es u. a.: „The Congress shall have power . . . to regulate commerce . . . among the several States" — „Der Kongreß hat das Recht . . . den Handel zwischen den Einzelstaaten zu regeln." Diese Formulierung der Verfassung ist jeweils herangezogen worden, um das Recht des Bundes zu begründen, Arbeits- und Sozialgesetze zu verabschieden und eine bundesweite Wirtschaftspolitik zu betreiben.

Wie wenig selbstverständlich im Vergleich zu westeuropäischen Zentralstaaten die Kompetenz der amerikanischen Bundesregierung ist, eine nationale Wirtschafts- und Sozialpolitik zu formulieren, zeigt sich darin, daß in vielen Bereichen der Innenpolitik der Bund *Zuschüsse an Einzelstaaten* (grant-in-aid) gibt, die von diesen sowie von den Kommunen aufgrund spezifischer Bundesregelungen verwaltet und ausgegeben werden. Betrug die Zahl der Programme, unter denen derartige Bundeszuschüsse an Einzelstaaten gegeben worden sind, nach dem Zweiten Weltkrieg nur einige Dutzend, so ist sie bis 1975 auf fast 1 000 angewachsen; die entsprechende Summe im Bundeshaushalt stieg in dieser Zeit von 2,6 Milliarden Dollar auf 52 Milliarden. Nur einige wenige Programme — wie z. B. die Sozialversicherung — werden vom Bund direkt verwaltet.

Das gerade Gesagte spiegelt sich auch in der Entwicklung der Zahl derjenigen, die als *öffentlich Bedienstete* beim Bund, bei Ländern und Kommunen beschäftigt werden. Verzehnfachte sich die Zahl der beim Bund Beschäftigten in der ersten Hälfte unseres Jahrhunderts, in einer Zeit, in der sich die Bevölkerungszahl nur verdoppelte, so sank sie in den Jahren 1952 bis 1972 um eine Million auf 5,2 Millionen. Selbst wenn die Abnahme des militärischen Personals in diesem Zeitraum nicht gerechnet wird, stieg die Zahl der (zivilen) Bundesbediensteten nur um 8 Prozent, während die Bevölkerung um 33 Prozent wuchs. Zur gleichen Zeit (1952—1972) stieg aber die Zahl der bei Einzelstaaten und Kommunen Angestellten von 4,5 Millionen auf 10,8 Millionen (139 Prozent). Allein diese Daten werfen ein Licht darauf, wie problematisch es ist, undifferenziert von der Allmacht der Washingtoner Bürokratie, von dem Ungeheuer Bundesregierung, von dem „Leviathan am Potomac" zu sprechen.

Allerdings verändert ein Blick auf die *Haushalte des Bundes und der Einzelstaaten* dieses Bild wieder. Während der Anteil aller staatlichen Ausgaben am Bruttosozialprodukt von 8 Prozent (1902) auf 36,1 Prozent (1972) stieg, wuchs der Anteil der Bundesausgaben am Bruttosozialprodukt im gleichen Zeitraum von 2,7 Prozent auf 22 Prozent. Während der Bund heute also weniger als die Hälfte der bei Ländern und Kommunen Angestellten beschäftigt (1972 nämlich 5,2 Millionen im Vergleich zu 10,9 Millionen), ist die von ihm kontrollierte Finanzmasse mehr als eineinhalb Mal größer als die der Einzelstaaten und Kommunen. Dieser Unterschied ergibt sich einmal aus den Verteidigungsausgaben der Bundesregierung, aber eben auch aus den „grantin-aid"-Programmen. Mit Ausnahme der Jahre des heißen Vietnamkrieges sind zudem seit 1945 die Bundesausgaben für Soziales, Erziehung und Gesundheitswesen im Vergleich zu denen für Verteidigung überproportional gestiegen. Anders formuliert: Bundesgelder werden von Einzelstaaten und Kommunen — wenn auch nach allgemeinen Richtlinien des Bundes — verwaltet, so daß diesen eine viel größere politische Bedeutung zukommt als im Vergleich dazu den Kommunen und Bundesstaaten bzw. Regionen in westeuropäischen Ländern. Trotz der politischen Zentralisierungstendenzen, die sich in diesem Jahrhundert in den Vereinigten Staaten durchgesetzt haben, ist dort der politische Förderalismus auch heute noch mehr als eine Fiktion der Verfassung oder eine folgenlose Tradition.

Im Bereich der *Außenpolitik*, der nach der Verfassung der Bundesregierung vorbehalten ist und in dem der Präsident über besondere Kompetenzen verfügt, hat sich die Anhäufung unkontrollierter Macht im Präsidentenamt zuerst vollzogen. Unsere oben gemachten allgemeinen Bemerkungen über die Außenpolitik von Staaten in der Phase des organisierten Kapitalismus treffen auch auf die USA zu, daß nämlich

Industrieländer aufgrund wirtschaftlicher Wachstumsprobleme und sich verschärfender interner sozialer Konflikte als imperialistische Mächte auftreten. Dies geschah in den Vereinigten Staaten in den 90er Jahren. Die Wendung der USA zum offenen Imperialismus ging vom Kongreß aus, in dem die verschiedenen ökonomischen und politischen Interessengruppen sich noch am ehesten auf den kleinsten gemeinsamen Nenner, den der militärischen Intervention, einigen konnten. Dem zögernden und vorsichtigen Präsidenten William McKinley (1897—1901) wurde vom Parlament 1898 der Krieg gegen Spanien und Kuba noch regelrecht aufgezwungen. Doch schon wenige Jahre später hatte sein Nachfolger Theodore Roosevelt den Kongreß fast völlig aus der Außenpolitik verdrängt und setzte imperialistische Interventionstechniken in der Karibik gleichsam direkt aus dem Weißen Haus ein.

Zwar ist der dominierende außenpolitische Einfluß des Präsidenten nach beiden Weltkriegen, nach dem Korea- und dem Vietnamkrieg vorübergehend vom Kongreß beschnitten worden. Doch sind präsidentielle außenpolitische Instrumente so weit und über die verfassungsrechtliche Aufgabe des Präsidenten als Oberbefehlshaber der Streitkräfte hinaus praktiziert worden, daß das verfassungsmäßige Recht des Kongresses, Krieg zu erklären, vorübergehend aufgehoben worden ist. Gleiches trifft auf das Recht des Senats zu, an der Formulierung der Außenpolitik teilzunehmen: Nach der Verfassung hat der Präsident nur das Recht, auf Anraten und mit Zustimmung des Senats (nämlich von zwei Dritteln der anwesenden Senatoren) Verträge mit auswärtigen Mächten zu schließen. Diese Bestimmung ist dadurch umgangen worden, daß Executive Agreements, „Verwaltungsabkommen", mit anderen Staaten geschlossen worden sind, die allein der Verantwortung des Präsidenten unterliegen und nicht der Zustimmung des Senats bedürfen. So zentrale Fragen der Außenpolitik wie das Lend-Lease (Waffenhilfe)-Abkommen mit Großbritannien 1940 oder Absprachen über die Stationierung amerikanischer Streitkräfte im Ausland sind durch Executive Agreement geregelt worden. Hingegen wurden dem Senat Verträge mit nebensächlichem Inhalt — z. B. über die Rückgabe gestohlener archäologischer Gegenstände an Mexiko — zur Ratifizierung vorgelegt. Durch gemeinsame Willenserklärungen, joint resolutions, beider Häuser des Kongresses ist bis vor einigen Jahren die Hürde der Zwei-Drittel-Mehrheit im Senat umgangen und dem Präsidenten — wie Präsident Johnson in der Tonking-Golf-Resolution während des Vietnamkrieges 1964 — eine Globalvollmacht für alle von ihm als notwendig erachteten militärischen wie sonstigen Maßnahmen erteilt worden.

Zudem vermochte der Präsident bohrende Fragen von Untersuchungsausschüssen des Kongresses dadurch abzuwehren, daß er Mitgliedern der Exekutive unter Anrufung des executive privilege ein Aussageverbot zu bestimmten Problemen erteilte: Hier gibt es in der Außenpolitik eine Tradition seit George Washington. Diese präsidentiellen außenpolitischen Instrumente sind — mit Ausnahme des executive privilege — nicht nur vom Obersten Bundesgericht für verfassungskonform erklärt, sondern bis zum Höhepunkt des Vietnamkrieges auch mit dem Weihrauch nationaler Sicherheit und einer Ideologie außenpolitischer Gemeinsamkeit abgesegnet worden. Da die amerikanische Verfassung dem Präsidenten in der Außenpolitik größere Autonomie zubilligt als in der Innen- oder Wirtschaftspolitik, mag dies erklären, daß die Instrumente präsidentieller Machtausübung gegenüber dem Kongreß und anderen Institutionen des politischen Systems aus der Außen- in die Innerpolitik übertragen worden sind.

Zusammenfassend kann festgestellt werden, daß das Präsidentenamt sich von einer Hilfsagentur ökonomischer und sozialer Interessen im 19. Jahrhundert zu einer Institution im 20. Jahrhundert entwickelt hat, von der aus staatliche Eingriffe in Wirtschaft und Gesellschaft zu deren Stabilisierung stattfinden. Auf die sozialen und wirtschaftlichen Ursachen für diese Veränderungen im politischen System in der Phase des organisierten Kapitalismus haben wir hingewiesen. In dieser historischen Periode ist das Weiße Haus im amerikanischen Regierungssystem zu dem Ort geworden, von dem aus akutes und präventives Krisenmanagement betrieben worden ist. Eine ähnliche, häufig sogar noch viel schärfer akzentuierte Entwicklung hat auch in anderen Regierungssystemen — wie dem parlamentarischen — stattgefunden. Trotz wesentlicher institutioneller und organisations-soziologischer Unterschiede zu präsidentiellen Regierungssystemen ist auch in parlamentarischen Regierungssystemen der Premierminister bzw. der Kanzler zu einem dem amerikanischen Präsidenten in seiner Machtfülle vergleichbaren Chef der Exekutive geworden. Zu den wesentlichen Differenzen zwischen *parlamentarischen und präsidentiellen Regierungssystemen* zählen:

1. In parlamentarischen Regierungssystemen geht der Premierminister aus der Mitte der Parlamentsmehrheit hervor. Regierung und Parlamentsmehrheit sind z. T. personell identisch. Im präsidentiellen Regierungssystem hingegen ist die Zugehörigkeit von Regierungsmitgliedern zur Legislative verfassungsmäßig verboten (Unvereinbarkeit von Regierungsamt und Parlamentsmandat = Inkompatibilität). Der Präsident wird nicht vom Parlament, sondern direkt oder indirekt (wie in den Vereinigten Staaten) vom Volk gewählt.

2. Im parlamentarischen Regierungssystem unterliegt die Regierungspartei — u. a. durch Fraktionsdisziplin im Parlament und durch Parteidisziplin außerhalb des Parlaments — der mehr oder weniger strik-

ten Kontrolle des Regierungschefs. Die Parteien sind relativ straff und hierarchisch von unten (Mitglieder in Ortsvereinen) nach oben (Parteivorstand oder Parteipräsidium) organisiert. Im präsidentiellen Regierungssystem hingegen bleiben die Parteien unabhängig von dem Regierungschef, der allenfalls nominell Parteivorsitzender ist. In den Vereinigten Staaten sind die Parteien zudem extrem dezentralisiert und fragmentiert (vgl. hierzu Kapitel II).

3. Im parlamentarischen Regierungssystem ist die Regierung im Fall eines Mißtrauensvotums zum Rücktritt verpflichtet, im präsidentiellen Regierungssystem besteht die Regierung ungeachtet parlamentarischer Mehrheiten.

Die enge Verschränkung von Parlamentsmehrheit, Exekutive und zentralistisch organisierter Mehrheitspartei hat in parlamentarischen Regierungssystemen institutionell sogar eine noch größere Machtanhäufung im Amt des Leiters der Exekutive ermöglicht als im amerikanischen Präsidentenamt. Selbst wenn aufgrund konkreter historischer Bedingungen (z. B. Koalitionsregierungen in der Bundesrepublik; sozialökonomische Strukturkrise in Großbritannien; ökonomische, politische und militärische Stärke der USA) das amerikanische Präsidentenamt im internationalen Vergleich eine der Institutionen in unserer Gegenwart darstellt, in der größte politische Macht zusammengefaßt ist, bleibt doch festzustellen, daß in der Phase des organisierten Kapitalismus in sonst institutionell verschiedenen politischen Systemen sich parallele Tendenzen durchgesetzt haben.

2. Die Verselbständigung des Präsidentenamtes

Der beschriebene Funktionswandel des Präsidentenamtes ging mit einer Reorganisation im politisch-institutionellen Bereich einher und erreichte unter Präsident Nixon mit der Watergate-Affäre ihren Höhepunkt. Zwei eng miteinander verbundene Entwicklungstendenzen können dabei unterschieden werden:

1. *Zentralisation* außenpolitischer, wirtschaftspolitischer und schließlich auch innenpolitischer Kompetenzen im Präsidentenamt und deren institutionelle Absicherung.

2. *Teilung der Exekutive* in zwei Bereiche, nämlich die ministerielle Exekutive (permanent government) und das Präsidentenamt (presidential government).

Wir haben bereits erwähnt, daß in einigen Ministerien wie dem für Landwirtschaft oder dem für Arbeit partikulare ökonomische Interessen dominieren. Die von diesen ausgehenden Eingriffe in Wirtschaft und Gesellschaft sind auf jeweils nur einen Bereich beschränkt. Die Minister — oder besser wäre hier der amerikanische Begriff zu benutzen, um Verwechslungen mit parlamentarischen Regierungssystemen

zu vermeiden —, die Secretaries werden vom Präsidenten mit Rücksicht auf die Klientel und die Region, die sie vertreten, ernannt. Diese vertreten daher mehr die Interessen der Verbände oder Regionen, aus denen sie kommen, als daß ihre Politik am nationalen Interesse der Vereinigten Staaten orientiert wäre. Zudem hat das Kabinett (anders als in parlamentarischen Regierungssystemen) gegenüber dem Präsidenten bestenfalls eine beratende und nach außen eine integrierende und repräsentierende Funktion. Noch stärker als auf die Ministerien trifft auf die Unabhängigen Regulierungskommissionen zu, daß sie häufig in der Hand von Interessengruppen sind, daß sie sich aber zumindest den starken, eigentlich zu kontrollierenden Wirtschaftsinteressen anpassen. Der Einfluß des Präsidenten auf die Politik und Entscheidungen dieser Independent Regulatory Commissions ist noch geringer als auf die Ministerien: Organisatorisch soll die Unabhängigkeit dieser Kommissionen gerade dadurch gesichert werden, daß der Präsident ihre Mitglieder (ihre Zahl variiert zwischen 5 und 11) für einen längeren Zeitraum und mit sich überschneidenden Amtszeiten unter Zustimmung des Senats ernennt und diese dann an die Weisungen des Präsidenten nicht gebunden sind. Ihre Arbeitsweise ähnelt der von Gerichten, indem durch ihre Entscheidungen in Konfliktfällen Gewohnheitsrecht gesetzt wird. Daher werden von einigen Politikwissenschaftlern die Unabhängigen Regulierungskommissionen auch der Judikative zugerechnet oder als vierte Gewalt im amerikanischen Regierungssystem angesehen. Festzuhalten bleibt auf jeden Fall, daß im permanent government (einschließlich der Regulierungskommissionen), soweit die Sozial-, Wirtschafts- und Innenpolitik betroffen ist, wirtschaftliche Einzelinteressen reguliert werden. Hingegen stellt das presidential government die Institution dar, von der — um noch einmal die Formulierung von Friedrich Engels aufzunehmen — die Funktion des „ideellen Gesamtkapitalisten" wahrgenommen zu werden vermag.
Nachdem bereits die Kriegs- und Notstandsbehörden des Ersten Weltkrieges und während der Weltwirtschaftskrise im Weißen Haus etabliert worden waren, ist 1937 von einer von F. D. Roosevelt eingesetzten Kommission, die Möglichkeiten zur Reorganisation der Regierung untersuchen sollte, vorgeschlagen worden, die *Struktur des Weißen Hauses* zu ändern. Bekannt wurde damals der Ausspruch des Kommissionsvorsitzenden Louis Brownlow: „The President needs help" — „Der Präsident benötigt zur Bewältigung seiner Aufgaben Hilfe." Im Weißen Haus wurde daraufhin 1939 unter Zustimmung des Kongresses die Executive Office of the President errichtet; die Präsidentschaft erhielt jetzt eine neue Qualität, wurde als Amt mit eigener Bürokratie institutionalisiert. Zur Executive Office of the President (eine Bezeichnung, die sich schlechterdings nicht ins Deutsche übertra-

gen läßt, ohne den politischen Inhalt des amerikanischen Begriffs zu verändern) gehörten Anfang der 70er neben anderen, weniger bedeutenden Gremien die Office of Management and Budget, der National Security Council (Nationaler Sicherheitsrat) und der Domestic Council (Rat für innerpolitische Probleme). Diese drei Abteilungen des Präsidentenamtes fungierten schließlich unter Nixon als Überministerien, die an den traditionellen Ministerien, den übrigen Regierungsbehörden und Unabhängigen Regulierungskommissionen vorbei, u. U. auch gegen sie und ohne direkte Kontrolle durch den Kongreß die Politik des Präsidenten durchzusetzen vermochten.

Das *Bureau of the Budget* — 1921 im Department of the Treasury als Koordinierungsstelle für die Haushaltsanmeldungen der einzelnen Ministerien gegründet — ist 1939 in die Executive Office übernommen worden und hat sich dann in kurzer Zeit zur Steuerungsinstitution nationaler Wirtschaftspolitik entwickelt. Hier wird der Bundeshaushalt aufgestellt, und von hier aus werden über den Etat sowie aufgrund der besonders unter Präsident Nixon wahrgenommenen Kompetenz zur Reorganisation der Exekutive die Ministerien und die anderen Teile des permanent government zentral kontrolliert. In den letzten Jahrzehnten haben auch die meisten und wichtigsten Gesetzentwürfe vom Budget Bureau ihren Ausgang genommen, obwohl verfassungsrechtlich (und im Unterschied zu parlamentarischen Regierungssystemen) die Gesetzesinitiative nicht von der Regierung ausgehen kann. Die Macht des Kongresses ist aufgrund dieser Übernahme legislativer Funktionen durch das Budget-Büro ausgehöhlt worden.

Die Geschichte des *Nationalen Sicherheitsrates* und des ihm zugeordneten Geheimdienstes, der Central Intelligence Agency CIA, zeigen, wie trotz vom Parlament festgelegter Kontrollmechanismen der Kongreß und die Ministerien vom Präsidenten umgangen werden konnten. Der National Security Act von 1947 schrieb genau vor, wer Kraft Amtes dem Nationalen Sicherheitsrat angehörte — darunter außer dem Präsidenten der Außen- und Verteidigungsminister und der Vizepräsident — und daß alle zusätzlich vom Präsidenten ernannten Mitglieder der Zustimmung des Senats bedurften. Die Sitzungen des National Security Council werden jedoch durch éinen vom Präsidenten berufenen Mitarbeiterstab vorbereitet. Auf eben dieses informelle Gremium haben sich zunehmend die Entscheidungen verlagert. Die starke Stellung von Henry Kissinger in der Nixon-Administration lag genau darin begründet, daß er — lange vor der Übernahme des Außenministeriums — als Assistent des Präsidenten Leiter dieses Mitarbeiterstabes war. Damit stand er außerhalb der Kontrolle des Kongresses, er bedurfte weder der Bestätigung durch den Senat, noch konnte er gezwungen werden, vor Kongreßausschüssen auszusagen.

Der Kongreß hatte 1947 auch die Aufgaben der CIA gesetzlich genau festgelegt und von denen des Federal Bureau of Investigation FBI, zuständig u. a. für Inlandaufklärung, abgegrenzt. Doch sind vom Nationalen Sicherheitsrat so viele — natürlich mit dem Vermerk „streng geheim" versehene — Anweisungen ausgegangen, daß diese zusammengenommen eine neue Charter der CIA ergeben, die von dem ursprünglichen gesetzlichen Auftrag erheblich abweicht. Die nach der Watergate-Affäre ans Tageslicht gebrachten Skandale um die CIA haben gezeigt, wie dieser Geheimdienst bereits unter Präsident Johnson gesetzeswidrig Inlandaufklärung betrieben hat. Die Beteiligung der CIA am Sturz der Regierungen des Iran 1953 und Guatemalas 1954, an der Einsetzung neuer Regierungen in Ägypten 1954 und in Laos 1959 (alles unter Eisenhower, eines angeblich schwachen und militärischen Interventionen abgeneigten Präsidenten) und die geplante Ermordung von Staatsoberhäuptern, darunter die des Kubaners Fidel Castro, zeigen, wie der Geheimdienst sich zu einem vom Kongreß nicht kontrollierten außenpolitischen Instrument entwickelt hatte und daß zudem institutionell für einen Präsidenten die Möglichkeit bestand, das Außen- und Verteidigungsministerium — also Teile des permanent government — zu umgehen. Es war daher auch kein Zufall, daß Präsident Nixon aus ehemaligen CIA-Agenten seinen persönlichen Geheimdienst rekrutierte, die sogenannte „Klempner-Truppe", die ursprünglich undichte (Informations)-Stellen im Regierungsapparat zulöten sollte und von deren Existenz die Öffentlichkeit erfuhr, als einiger ihrer Mitglieder im Wahljahr 1972 beim Einbruch in das Hauptquartier der Demokratischen Partei im Watergate-Hotel festgenommen wurden.

Der *Domestic Council* wurde 1970 von Nixon analog dem Nationalen Sicherheitsrat gebildet. Traditionell hat auch in der Phase des organisierten Kapitalismus der Kongreß in der Innenpolitik dem Präsidenten größeren Widerstand entgegengesetzt als in der Außen- und Sicherheitspolitik und seit dem New Deal in der Wirtschaftspolitik. Offensichtlich konnte der Widerstand der Senatoren und Kongreßabgeordneten gegen die Ausdehnung präsidentieller Macht in jenem Bereich der Politik am erfolgreichsten sein, in dem die Interessen der Einzelstaaten bzw. Wahlkreise am unmittelbarsten betroffen waren. Gleichwohl ist die Tendenz, auch in der Innenpolitik Entscheidungsbefugnisse durch den Domestic Council im Präsidentenamt zu zentralisieren und der Kontrolle der Legislative allmählich zu entziehen, unverkennbar gewesen. Die Aufdeckung der Watergate-Affäre hat diese Entwicklung zunächst unterbrochen.

Nach Bildung der Executive Office sind im Präsidentenamt zunehmend Kompetenzen der Ministerien und des Kongresses absorbiert worden. Präsident Nixon wollte jedoch noch einen Schritt weiter gehen und schlug 1971 vor, die wirtschafts- und innenpolitischen Ministerien und Behörden aufzulösen und an ihre Stelle und eng verbunden mit dem Präsidentenamt vier Großministerien zu schaffen. Der Kongreß, der bei Fragen der Reorganisation der Exekutive noch ein Vetorecht hatte, lehnte diesen Vorschlag jedoch ab.

Dennoch erreichte Nixon sein Ziel, nämlich die weitere Zentralisation exekutiver Befugnisse in seiner Hand. Er griff dabei auf eine Institution zurück, die sich seit dem New Deal im Weißen Haus herausgebildet hatte und die in den ersten Jahren seiner Präsidentschaft personell stark gewachsen war: die *White House Office*, der persönliche Mitarbeiterstab des Präsidenten, verwaltungstechnisch eine Abteilung der Executive Office wie der Nationale Sicherheitsrat oder die Office of Management and Budget. Zur White House Office gehören die persönlichen Assistenten (Special Assistants) und Berater (Special Consultants) des Präsidenten. Wie die meisten anderen Gremien im Präsidentenamt ist die White House Office im New Deal entstanden — auch als ein Ausdruck verstärkter Staatsintervention, die vom Weißen Haus ausging. Hatte James Knox Polk, von 1845—1849 Präsident, noch geklagt, daß ihm zur Erledigung seiner Korrespondenz nur ein Privatsekretär zur Verfügung stehe, so konnte der Vorgänger Roosevelts, Herbert C. Hoover (1929—1933), den Kongreß überzeugen, ihm Gelder für drei Sekretäre zur Verfügung zu stellen. Dann stieg die Zahl persönlicher Assistenten rapide an: unter F. D. Roosevelt auf 11, unter Truman auf 13 und unter Eisenhower auf 37. Eisenhower war auch der erste Präsident, der — als ehemaliger General — seinen persönlichen Mitarbeiterstab straff durchorganisierte, hierarchisch gliederte und an seine Spitze nach militärischem Vorbild einen Chief of Staff, einen „Generalstabschef" setzte. Während unter J. F. Kennedy die Zahl der Assistenten auf etwa 20 fiel, stieg sie unter Nixon auf 48, die persönlichen Berater nicht gerechnet.

Nixon hat versucht, die White House Office zum zentralen Organ des amerikanischen Regierungssystems auszubauen. Der Mitarbeiterkreis des Präsidenten wurde nicht nur personell erweitert, sondern durch eine bis dahin nur sparsam gebrauchte personalpolitische Konstruktion zu einem Super-Super-Ministerium, besser: einer Präsidialkanzlei umfunktioniert. Nixon ernannte den Direktor der Office of Mangement and Budget, den Leiter der Verwaltung des Nationalen Sicherheitsrates und den Chef des Domestic Council zu persönlichen Assistenten bzw. Beratern. Aus dieser Doppelfunktion ergab sich ihre Machtposition: Als Assistenten des Präsidenten und Abteilungsleiter der Executive Office fielen sie prinzipiell und in allen Fragen ihrer Amtsausführung unter das executive privilege, konnten also vor den Ausschüssen des Kongresses nicht zur Aussage gezwungen werden. Der damalige Senator des Staates Minnesota, Walter F. Mondale, berichtete im Frühsommer 1973 — also noch vor dem Rücktritt Nixons — vor einer Gruppe von Journalisten, daß er zwar fast allen innenpolitischen Ausschüssen des Senats angehöre, er aber den Mann nicht kenne, der als Chef des Domestic Council die wichtigste innenpolitische Position der gesamten Regierung bekleide. Es sei nicht möglich, ihn vor die Senatsausschüsse zu zitieren, dieser habe mit den Senatoren überhaupt nichts zu tun. Auch sei — so fuhr Mondale fort — unter Kissinger der Nationale Sicherheitsrat zum eigentlichen Außen- und Verteidigungsministerium geworden. Während der nominelle Außenminister William Rogers sich um Norwegen und Malagasy kümmere, verhandele Kissinger mit China und der Sowjetunion und lege so die Grundzüge der amerikanischen Außenpolitik fest. Der Status als persönliche Berater des Präsidenten machte es dem Senat unmöglich, Kissinger oder den Leiter des Domestic Council zu laden und anzuhören und damit seine Kontrollaufgabe gegenüber der Exekutive zu erfüllen. Die beschriebene Personalkonstruktion und der extensive Gebrauch des executive privilege trugen zur Abschirmung und Isolierung des Präsidentenamtes unter Nixon bei, verfassungsrechtlich oder traditionell festgelegte Kontrollaufgaben konnten von Institutionen wie dem Parlament, den Ministerien des permanent government und anderen Behörden — wie z. B. der Bundessteuerbehörde — gegenüber dem Präsidenten nicht mehr wahrgenommen werden.

Zudem schuf Nixon sich mit der White House Special Investigation Unit in der White House Office einen persönlichen Geheimdienst, um seine innenpolitischen Gegner zu überwachen und Material gegen sie zu sammeln. Hatte es unter Theodore Roosevelt bereits einen — gescheiterten — Versuch gegeben, Kongreßmitglieder geheimdienstlich zu bespitzeln und war in vorher nie gekanntem Maße während der Kommunistenhetze der McCarthy-Ära nach dem Zweiten Weltkrieg die politische Linke überwacht worden, so wurde zum ersten Mal in der amerikanischen Geschichte unter Nixon ein im Weißen Haus gebildeter Geheimdienst gegen eine der beiden großen Parteien eingesetzt, im konkreten Fall gegen die Demokratische Partei. In der Nixon-Administration hatte man ernsthaft geglaubt, daß während der Demonstrationen gegen den Vietnam-Krieg die Situation kurz davor stände, revolutionär umzuschlagen: Damit wurde die Schaffung der White House Special Investigation Unit gerechtfertigt. Von dieser Organisation sind viele der kriminellen Akte ausgegangen, für die Nixon verantwortlich zeichnete und die ihm im Amtsenthebungsverfahren vor dem Justizausschuß des Repräsentantenhauses zur Last gelegt wurden.

Politisch viel gravierender als die vielen kriminellen Handlungen, die unter dem Sammelbegriff der Watergate-Affäre aufgedeckt wurden, waren jedoch jene strukturellen Veränderungen im amerikanischen Regierungssystem, die unter der Präsidentschaft Nixons und im Zusammenhang mit der Watergate-Affäre ins öffentliche Bewußtsein rückten, die ihren Ursprung jedoch viel früher hatten. Dies war zum einen die *Zentralisation exekutiver Kompetenzen* in der White House Office, die unter Nixon so weit fortgeschritten war, daß Minister von Entscheidungen, die ihr Ressort betrafen, häufig erst in der Presse lasen oder sie kurz vor ihrer Veröffentlichung von einem Assistenten des Präsidenten informiert wurden. Die White House Office selbst war vom Kongreß aus, wie wir gesehen hatten, nicht zu kontrollieren. Zum anderen nahm sich der Präsident gegenüber der Legislative Rechte heraus, die im eklatanten Widerspruch zur Verfassung standen: In der White House Office wurde z. B. entschieden, daß vom Kongreß für bestimmte Programme bewilligte Gelder nicht auszugeben seien. Dies war offener Verfassungsbruch, denn der Präsident kann gegen den vom Kongreß beschlossenen Bundeshaushalt nur insgesamt, nicht aber gegen einzelne Etatansätze sein Veto einlegen (item veto). Das Kernstück legislativer Macht, nämlich das Recht, über den Haushalt zu entscheiden, drohte so völlig zerrieben zu werden.

Die *moderne Präsidentschaft,* wie sie sich in der Phase des organisierten Kapitalismus seit dem New Deal herauskristallisiert hatte und schließlich unter Nixon überscharfe Konturen angenommen hatte, kann wie folgt charakterisiert werden:
1. Die Zahl der im Weißen Haus Beschäftigten ist ständig gestiegen. Die erst im Jahr 1939 gebildete Executive Office umfaßte 1973 mehrere tausend Mitarbeiter; die White House Office ist von 37 Angestellten unter Franklin D. Roosevelt auf 600 unter Richard M. Nixon gewachsen.
2. Der Einfluß des Mitarbeiterstabes des Präsidenten auf die Entscheidungen der Exekutive und insbesondere des Präsidenten ist ständig gewachsen, während zur gleichen Zeit die Macht der Kabinettsmitglieder, der Ministerien und Regierungsbehörden abgenommen hat. Diese Entwicklung wurde dadurch begünstigt, daß der Präsident nach Verfassung und Tradition viele Rollen auszufüllen hat: Oberbefehlshaber der Streitkräfte, Gesetzgeber, Leiter der Exekutive, Staatsoberhaupt, Diplomat, Parteiführer u. a. Je größer die Anforderungen an die Ausübung der einzelnen Aufgaben wurden, um so mehr ließen Präsidenten sich von persönlichen Mitarbeitern unterstützen.
3. Das Mißtrauen der Präsidenten ist gegenüber den Behörden des permanent government und namentlich gegenüber jenen Bürokratien

stets gewachsen, in denen partikulare Interessen fest etabliert sind. Allein die personelle Expansion im Weißen Haus spiegelt den über vierzig Jahre sich erstreckenden Versuch der Präsidenten, die eigene Exekutive zu kontrollieren. Alle Behörden, die zum Zweck des Krisenmanagements in politischen und wirtschaftlichen Ausnahmesituationen geschaffen worden sind, wurden direkt im Weißen Haus angelagert, um direkt und unverzüglich Anweisungen des Präsidenten ausführen zu können. So ist von Präsident Lyndon B. Johnson als Reaktion auf die sozialen Unruhen und die Bürgerrechtsbewegung in der ersten Hälfte der 60er Jahre die Office of Economic Opportunity als Instrument zur Konfliktlösung in der Executive Office — und eben nicht in einem Ministerium — eingerichtet worden.

4. Als Gegengewicht zu den Behörden des permanent government, die von partikularen Interessen bestimmt sind, haben Präsidenten persönliche Berater oder Assistenten als Repräsentanten eben dieser Interessen berufen. Dies begann unter Truman, der einen besonderen Assistenten für Fragen ethnischer Minderheiten einsetzte. Im Weißen Haus Nixons gab es schließlich besondere Assistenten für Probleme der Rentner, der Jugend, der Schwarzen, der Hispano-Amerikaner, der Juden, der Gewerkschaften, der Unternehmer, der Gouverneure und der Bürgermeister der Großstädte.

5. Die Exekutive hat — im Vergleich zum 19. Jahrhundert — eine völlig veränderte Struktur. Die White House Office rückte, pointiert formuliert, an die Spitze der Executive Office sowie der Ministerien und der übrigen Regierungsbehörden. Bei zunehmender, pyramidenförmiger Hierarchisierung wird die Exekutive gleichsam in der Executive Office verdoppelt, in der White House Office verdreifacht. Die Stellung des Präsidenten gegenüber den anderen Bereichen des Regierungssystem verdeutlicht das Bild von konzentrisch um das Weiße Haus errichteten Mauern, die in ihrer Undurchdringlichkeit die Kontrolle des Präsidenten durch die dadurch vorgesehenen Institutionen äußerst erschwerten und das System wechselseitiger Gewaltenkontrolle und Gewaltenverschränkung vorübergehend außer Kraft gesetzt haben.

3. Kontrolle des Präsidenten

Betrachtet man die Entwicklung des amerikanischen Regierungssystems in der Phase des organisierten Kapitalismus, so überrascht eigentlich weniger, welches Ausmaß die Konzentration unkontrollierter politischer Macht im Präsidentenamt erreicht hat, sondern daß auf dem bisherigen Höhepunkt dieses Prozesses unter Nixon, nach dem Vietnamkrieg und mit der Watergate-Affäre präsidentieller Machtmißbrauch aufgedeckt und öffentlich angeprangert worden ist. Es ist daher mit Nachdruck zu betonen, daß es zur wachsenden Zentralisation außen-, wirtschafts- und innenpolitischer Entscheidungen im Präsidentenamt Gegentendenzen gegeben hat, die historisch begründet und mit gesellschaftlich-ökonomischen Interessen verknüpft eine politisch-institutionelle Kontrolle zumindest in der Weise möglich gemacht haben, daß vorübergehend Auswüchse präsidentiellen Machtmißbrauchs begrenzt werden konnten. Im übrigen haben gegenüber dem Leiter der Exekutive diese Kontrollmechanismen im amerikanischen Regierungssystem viel wirkungsvoller gegriffen als in parlamentarisch-westeuropäischen Regierungssystemen wie dem der Bundesrepublik. Wir werden darauf im folgenden knapp eingehen. Zu den Kontrollen, die bei der Aufdeckung der Skandale um den Vietnamkrieg, die Watergate-Affäre und die Geheimdienste wirkten, sind zu zählen:

1. Regionalismus, *Förderalismus* und — im Vergleich etwa zur Bundesrepublik — relativ große Autonomie der Kommunen bilden ein Strukturelement des amerikanischen Regierungssystems und stellen ein Gegengewicht zu politischer Zentralisation und ökonomischer Konzentration dar. Regionsspezifische, einzelstaatliche und in wenigen Fällen sogar kommunale Konzentration von Einzelkapitalen oder Kapitalfraktionen werden im politischen System gespiegelt. Politischer Förderalismus ist in den Vereinigten Staaten auch eine wirtschaftliche und soziale Realität und bleibt nicht auf die politischen Institutionen oder gar auf eine Ideologie von den Vorzügen eines förderativen Systems beschränkt. Außer diesen sozialen und wirtschaftlichen Ursachen wird die Dezentralisation im amerikanischen politischen Systems zusätzlich durch die rassische, ethnische und religiöse Fragmentierung der Bevölkerung verstärkt. Entgegen allen Gerüchten vom großen amerikanischen Schmelztiegel leben und arbeiten auch heute noch häufig Weiße, Schwarze und Gelbe, Amerikaner irischer, britischer, deutscher, skandinavischer oder polnischer Herkunft, Protestanten, Katholiken und Juden getrennt voneinander. Für diese vielen und vielfältigen Bevölkerungsgruppen ist gerade die kommunale, u. U. auch noch die einzelstaatliche politische Ebene von Bedeutung, weil sie ihre partikularen Interessen in den entsprechenden politischen Institutionen direkt zu vermitteln vermögen. Ein Ausdruck für den beschriebenen politischen Förderalismus ist die Tatsache, daß in den Vereinigten Staaten in regelmäßigen zeitlichen Abständen mehr als 500 000 Wahlämter zu besetzen sind. Diese Wahlämter sind fast ausschließlich auf der lokalen Ebene angelagert — vom Hundefänger oder amtlichen Leichenbeschauer in einer Kleinstadt des Mittelwestens bis zum Bürgermeister von Chikago oder New York. Einige finden sich auf der Ebene der Einzelstaaten, und die beiden einzigen nationweit zu besetzenden Funk-

tionen sind die des Präsidenten und des Vizepräsidenten.

Im Unterschied zu den Vereinigten Staaten sind europäisch-parlamentarische Systeme ökonomisch, sozial und politisch viel homogener. Selbst wenn sie — wie in der Bundesrepublik — förderativ aufgebaut sind, haben doch die Kommunen und Länder angesichts zunehmender Krisenanfälligkeit des Gesamtsystems ihre Kompetenzen zunehmend an die Zentralregierung abgeben müssen. Die Entwicklung der Bildungspolitik und des Polizeirechts in der Bundesrepublik sind Beispiele hierfür.

2. Auf den amerikanischen *Kongreß* bezogen bedeutet der politische Förderalismus, daß das Bundesparlament bisher nur sehr bedingt als eine nationale Institution anzusehen ist. Senatoren und Repräsentanten sind so stark an die Interesen in ihren Einzelstaaten bzw. Wahlkreisen gebunden und z. T. über die lokalen und regionalen Partei- und Patronagemaschinen organisatorisch so fest verankert, daß sie dem Druck ihrer Wähler und der Verbände in ihren Wahlkreisen auf Dauer — zumindest um den Preis ihrer Wiederwahl — nicht widerstehen können. Im Senat, dessen Mitglieder von allen Wählern eines Einzelstaates gewählt werden, ist es noch eher möglich, sich lokalen oder regionalen Interessen zu widersetzen und eine politische Position im Blick auf ein nationales Interesse zu formulieren. Die Mitglieder des Repräsentantenhauses hingegen werden lokal in den „Congressional Districts" gewählt, sie sind ihren Wählern direkt verantwortlich. Sie repräsentieren nicht „das Volk", sondern ihren Wahlkreis und damit partikulare lokale, u. U. noch regionale Interessen. Ein Bewerber um einen Sitz im Repräsentantenhaus muß z. B. seinen tatsächlichen Aufenthaltsort (also nicht nur formal seinen Wohnsitz) im Wahlkreis haben. Diese Voraussetzung zur Kandidatur fehlt in fast allen parlamentarischen Systemen, selbst wenn dort alle Abgeordneten in Einzelwahlkreisen und nicht über Listen gewählt werden: In Großbritannien wie in der Bundesrepublik haben die nationalen Parteivorstände durchaus die Möglichkeit, den Wahlkreisorganisationen „ihren" Abgeordnetenkandidaten von oben aufzuzwingen. Allein schon aus diesem Grund ist der lokale Druck auf den einzelnen Abgeordneten in parlamentarischen Systemen geringer als in den Vereinigten Staaten.

Zudem ist zu bedenken, daß beide Häuser des Kongresses 535 Mitglieder haben und bei fehlender Fraktionsdisziplin in politisch-inhaltlichen Fragen es bereits von der Zahl der Parlamentsmitglieder fast unmöglich ist, gegenüber dem Präsidenten einen gemeinsamen Willen zu formulieren. Gegen den Kongreß, insbesondere gegen das Repräsentantenhaus, ist daher immer wieder der Vorwurf erhoben worden, er sei nicht viel mehr als eine Ansammlung von Kirchturmpolitikern und politischen Dilettanten, ohne Verantwortung gegenüber einem nationalen Interesse, zudem schwerfällig in seinen Verhandlungen und im Gesetzgebungsprozeß.

Hatte die Zersplitterung des Kongresses dazu beigetragen, daß die Stellung des Präsidenten gegenüber dem Bundesparlament immer stärker geworden ist, so hat nicht zuletzt der Druck der öffentlichen Meinung aus den Einzelstaaten und Wahlkreisen auf die Senatoren und Repräsentanten dazu geführt, daß der Kongreß in der Watergate-Affäre gezwungen worden ist, gleichsam die Notbremse zu ziehen, nämlich die Präsidentschaft Nixons und das Präsidentenamt selbst nach widerrechtlich angeeigneten Kompetenzen zu untersuchen und Gegenmaßnahmen zu ergreifen. Der Watergate-Ausschuß des Senats und der Justizausschuß des Repräsentantenhauses haben nicht nur zur Aufdeckung der Watergate-Affäre, sondern auch zum Rücktritt Nixons entscheidend beigetragen. Drohte der Kongreß zunächst nur mit dem Impeachment, so leitete das Repräsentantenhaus im Zuge weiterer Watergate-Aufdeckungen das Amtsenthebungsverfahren gegen den Präsidenten ein. Das Impeachment ist ein Instrument des präsidentiellen Regierungssystems, in dem es keine Wahl und Abwahl des Leiters der Exekutive (und anderer durch den Senat bestätigter, vom Präsidenten vorgeschlagener Amtsinhaber in der Exekutive und Judikative) durch das Parlament gibt. In besonders aufgeführten Fällen — in der Formulierung der amerikanischen Verfassung „Treason, Bribery or other high Crimes and Misdemeanors", also „Verrat, Bestechung oder andere Verbrechen und Vergehen" — kann in einem Prozeß, der formal dem vor einem Schwurgericht ähnelt, der Präsident seines Amtes enthoben werden. Das Repräsentantenhaus erhebt dann Anklage (in der Watergate-Affäre bereitete der Justizausschuß des Hauses die Anklage bereits vor) und der Senat befindet — in einem Verfahren gegen den Präsidenten unter Vorsitz des Chefrichters des Obersten Bundesgerichtes — über die Anklage. Nur wenn zwei Drittel der Mitglieder des Senats zustimmen, wird der Präsident (oder ein anderer angeklagter Amtsinhaber) aus dem Amt entfernt. Nixon ist 1974 zurückgetreten, als im Repräsentantenhaus die zur Amtsanklage notwendige absolute Mehrheit und im Senat die zur Amtsenthebung notwendige Zweidrittel-Mehrheit vorhanden waren. Damit hatte der Kongreß der weiteren Machtausweitung des Präsidentenamtes klare Grenzen gesetzt. Zweifellos hat es schon vor Watergate und insbesondere in der Außenpolitik während des Vietnamkrieges Anzeichen dafür gegeben, daß der Kongreß seine Kontrollfunktion wieder wahrzunehmen versuchte. Doch hat die Watergate-Affäre das Verhältnis von Präsident und Kongreß zugunsten des letzteren vorübergehend verändert. Auf die weiteren Folgen der Watergate-Affäre und des amerikanischen Rückzugs aus Südostasien für Politik und Gesellschaft der Vereinigten Staaten werden wir weiter unten eingehen.

Festzuhalten bleibt, daß die feste Verankerung der Senatoren und Repäsentanten in ihren Staaten und Wahlkreisen und das Fehlen von Fraktionsdisziplin im Bundesparlament (auch Republikanische Senatoren und Repräsentanten hätten z. B. für die Amtsenthebung Nixons gestimmt) entscheidende Voraussetzungen dafür waren, die Position des Kongresses gegenüber dem Präsidenten zu stärken. Zwar ist der Kongreß bisher unfähig, positiv eine eigene nationale Politik zu formulieren, doch vermag er den Präsidenten punktuell besser zu kontrollieren und schließlich auch die Grenzen exekutiver Macht eindeutiger abzustecken, als dies in parlamentarischen Regierungssystemen zwischen Parlament und Leiter der Exekutive möglich ist. Dort nämlich bedarf es zum Sturz des Premierministers bzw. Kanzlers nicht nur eines Aufstandes in der eigenen Fraktion bzw. in den Mehrheitsfraktionen, sondern umgekehrt sind die Parlamentsmehrheiten gerade Vermittler exekutiver Entscheidungen in die Parteiorganisationen und die Wahlkreise. Allein der parlamentarischen Opposition obliegt jene Kontrollaufgabe, die im amerikanischen Regierungssystem dem gesamten Kongreß zugewiesen ist.

3. In der *Exekutive* selbst hat es stets Widersprüche zwischen einzelnen Behörden gegeben, die zu einer Limitierung politischer Macht auch im Präsidentenamt geführt haben. Oben wurde darauf hingewiesen, daß die moderne Präsidentschaft u. a. durch den Versuch des Weißen Hauses charakterisiert gewesen ist, die übrigen Bereiche der Exekutive dem eigenen Einfluß zu unterwerfen, die Bürokratien der Ministerien und anderer Regierungsbehörden „in den Griff zu bekommen". Zwischen presidential government und permanent government besteht nicht nur eine Rivalität, sondern Ministerien und Behörden, die dem Bereich des permanent government zuzurechnen sind, haben Präsidenten bei Versuchen, ihre Kompetenzen auszudehnen, durch ihre Weigerung, Anweisungen durchzuführen, in ihre Schranken verwiesen. Genau dies geschah auch im Zusammenhang mit der Watergate-Affäre. Als Nixon den ihm unbequemen Sonderankläger Archibald Cox, der als Staatsanwalt dem Justizministerium zugeordnet war und damit im Konfliktfall die Anweisungen des Präsidenten zu befolgen hatte, entließ und dessen Büro auflösen wollte, traten der Justizminister und sein Stellvertreter zurück, so daß erst ein Unterstaatssekretär sich bereit fand, die Entlassungsurkunde zu unterzeichnen. Trotz dieser Entlassung und gestärkt von der öffentlichen Meinung, die sich zunehmend gegen den Präsidenten richtete, betrieb der Nachfolger von Cox, Jaworski — ein persönlicher Freund Nixons, zudem als konservativer Südstaatler bekannt — die Strafverfolgung mit gleicher Energie und

Konsequenz wie sein Vorgänger. Auch das FBI, dem Justizministerium unterstellt, hat Nixon die Gefolgschaft verweigert. Edgar Hoover, Direktor des FBI, protestierte nicht nur gegen den Mißbrauch von Geheimdiensten (vielleicht verständlich aus dem Konflikt zwischen konkurrierenden Geheimdiensten), sondern aus seinem Amt wurden den Journalisten der Washington Post, die beim Recherchieren in einer Sackgasse festgefahren waren, Informationen zugespielt, die die Aufdeckung der Watergate-Affäre ins Rollen brachten. Trotz aller gegenteiliger Bemühungen waren also selbst unter Präsident Nixon die Ministerien und Behörden des permanent government nicht in die völlige Abhängigkeit der Präsidialkanzlei geraten.

Im Unterschied zum amerikanischen Regierungssystem gibt es in parlamentarischen Systemen nicht einen derartigen Gegensatz wie den zwischen permanent government und presidential government. Zwar stehen in parlamentarischen Regierungssystemen der Chef der Exekutive wie die einzelnen Minister vor dem Problem, die Ministerialbürokratie zum Instrument ihrer Politik zu machen und Obstruktionen zu verhindern. Doch sind im Kabinett die Leiter der einzelnen Ministerien kollegial zusammengefaßt und werden so auf die Richtlinien der Politik des Premierministers bzw. Kanzlers festgelegt. Hingegen ist es in den Vereinigten Staaten in das Belieben des Präsidenten gestellt, ob und wie er sich seiner „Sekretäre" (Secretaries), die Ministerien vorstehen, bedient, ob er sie überhaupt zu gemeinsamen („Kabinetts")-Sitzungen zusammenruft oder nicht. Selbst im Fall regelmäßiger „Kabinetts"sitzungen haben die Minister nur ein Vorschlags- und Beratungsrecht, die Entscheidungskompetenz liegt ausschließlich beim Präsidenten. Das amerikanische Kabinett ist also kein Kollegialorgan. Über Abraham Lincoln wird die Anekdote berichtet, daß er in der „Kabinetts"runde über einen von ihm gemachten Vorschlag habe abstimmen lassen. Alle sprachen sich gegen den Vorschlag des Präsidenten aus, gleichwohl faßte Lincoln die Abstimmung darin zusammen, daß er gesagt haben soll: „Alle sind gegen meinen Vorschlag, der Präsident ist dafür — damit ist der Vorschlag angenommen."

4. Auch das *Oberste Bundesgericht* und die anderen Bundesgerichte haben die Macht des Präsidenten im Zeitalter des organisierten Kapitalismus immer wieder begrenzt. Trotz massiven politischen Drucks, dem besonders der Supreme Court zeitweilig ausgesetzt gewesen ist, hat die Judikative ihre Unabhängigkeit von den anderen Zweigen des Regierungssystems bewahren können. Im New Deal hat das Oberste Bundesgericht die vom Präsidentenamt ausgehende Staatsintervention zunächst erheblich gebremst und eine große Zahl von Gesetzen für verfassungswidrig erklärt, weil die Interstate-Commerce-Klausel zu extensiv von Roosevelt und dem ihm folgenden Kongreß ausgelegt

worden sei. Erst nach der Androhung Roosevelts, mit Hilfe einer Verfassungsänderung die personelle Zusammensetzung des Gerichtes so zu ändern, daß der Präsident für jeden Richter, der älter als siebzig Jahre gewesen wäre, zusätzlich einen Verfassungsrichter hätte ernennen und damit die konservative Mehrheit des Gerichtes hätte aufheben können (der sogenannte Court Packing Plan Roosevelts), gab der Supreme Court nach und entschied, daß die Sozialgesetze des New Deal verfassungskonform seien. In den 50er Jahren hatte das Selbstverständnis des Obersten Bundesgerichtes sich bereits so verändert, daß in dieser Periode der innenpolitisch passiven Präsidentschaft Eisenhowers und angesichts sich zuspitzender sozialer Spannungen das Gericht in grundlegenden Bürgerrechtsentscheidungen sogar eine nationale Politik formulierte, wie sie sonst nur vom Präsidentenamt ausgegangen ist. Das größte Aufsehen erregte das Gericht mit seiner bahnbrechenden Entscheidung Brown et al. v. Board of Education of Topeka et al. (1954), in der festgestellt wurde, daß die Rassentrennung in Schulen verfassungswidrig sei.

Gleichwohl haben die Bundesgerichte präsidentielle Macht immer wieder eingegrenzt: Der Präsident dürfe als Oberbefehlshaber der Streitkräfte auch während eines Krieges Stahlwerke nicht der Bundeskontrolle unterwerfen, um Streiks oder Erhöhungen des Stahlpreises zu verhindern (1952); der Präsident dürfe das Budgetrecht des Kongresses nicht dadurch weiter unterhöhlen, daß die vom Kongreß für bestimmte Programme beschlossenen Mittel von ihm nicht ausgegeben werden (1973); der Präsident dürfe das executive privilege nicht willkürlich und nach eigenem Belieben anwenden, um Informationen anderen Einrichtungen des Regierungssystems vorzuenthalten und damit die ihnen obliegende Kontrolle der Exekutive zu erschweren oder zu verhindern (1974).

Neben dem Senat und dem Repräsentantenhaus waren es die Bundesgerichte, von denen der Watergate-Skandal aufgerollt worden ist. Der District of Columbia Circuit Court unter Bundesrichter John J. Sirica und das Oberste Bundesgericht zwangen Präsident Nixon unter Strafandrohung (Subpoena), die in der Watergate-Affäre umstrittenen Tonbänder herauszugeben. Das gleiche Recht wurde dem Special Prosecutor, dem Sonderankläger in der Watergate-Affäre, also einer Behörde des permanent government, zugebilligt.

5. Eine *politisch-ideologische Tradition* in der amerikanischen Geschichte hat dazu beigetragen, daß unkontrollierter exekutiver und legislativer Machtanhäufung wiederholt ein Riegel vorgeschoben worden ist. Mögen politische und soziale Konflikte in den Vereinigten Staaten mit der — wenn man so will — „Heiligsprechung" der „Constitution" und der „American Democracy" häufig verschleiert werden,

so legitimierten der Rückgriff auf die Gründungsväter und auf die demokratische Tradition gleichwohl den Widerstand gegen Präsidenten, die bürgerliche Freiheiten und von der Verfassung gesicherte Rechte zu beschneiden versuchten. Der Besitzindividualismus eines politisch emanzipierten Bürgertums und der mit der revolutionären Loslösung der dreizehn Kolonien vom englischen Mutterland geborene Anti-Zentralismus sind bis heute Versatzstücke der amerikanischen Ideologie geblieben. Diese hat sich auch in der Phase des organisierten Kapitalismus trotz zunehmender ökonomischer Konzentration, politischer Zentralisation und Konformität im Verhalten des einzelnen erhalten. Politischer Förderalismus und Widerstandsrecht gegen jede Regierung, besonders aber gegen die Zentralregierung in Washington, wurden durch sie legitimiert und verstärkt. Im Unterschied dazu ist die deutsche Ideologie bis heute von obrigkeitsstaatlicher Tradition und von der verspäteten politischen Emanzipation des Bürgertums geprägt, sie verhindert — und fördert nicht wie die amerikanische Ideologie — Mißtrauen gegen jede Art der Regierung und Widerstand gegen die Verletzung bürgerlicher Freiheiten.

6. Schließlich ist zu betonen, daß trotz mancher akuter Bedrohungen der Pressefreiheit in den Vereinigten Staaten die amerikanische *Presse* wesentlich zur Einschränkung präsidentieller Übermacht und zur Aufdeckung politischer Skandale beigetragen hat. Mag auch jener Satz von der Presse als einer vierten Gewalt im Staat nicht viel mehr als ein Schlagwort sein, so sind eben doch das Massaker von My Lai im Vietnamkrieg, die Watergate-Affäre und die Skandale um die CIA und das FBI zuerst von Zeitungsjournalisten aufgedeckt und die Pentagon-Papiere in der New York Times und Washington Post veröffentlicht worden, aus denen bekannt wurde, wie Präsident und Verteidigungsministerium den Kongreß hintergangen und die Öffentlichkeit belogen hatten. Es sind die sogenannten Investigative Reporters, die in den Redaktionen der großen Zeitungen zu finden sind und die beauftragt werden, derartige Skandale genau zu recherchieren. Sie haben Wirtschaftsskandale ebenso wie politische Korruption und andere politische Mißstände enthüllt und die Grundlage geschaffen, daß politische Institutionen, die mit Kontrollfunktionen versehen sind, ihrer Aufgabe überhaupt erst nachkommen konnten. Etwas den Investigative Reporters Vergleichbares gibt es heute in der Bundesrepublik nicht, auch nicht in der Redaktion des „Spiegel".

Die Rundfunk- und Fernsehredaktionen verfügen in den Vereinigten Staaten ebenfalls nicht über Investigative Reporters. Das Rundfunkund Fernsehprogramm ist fast ausschließlich auf Unterhaltung abgestimmt, um Zuhörer und Zuschauer anzulocken und die während der Sendungen eingeblendeten Werbespots (Commercials) an das Publikum zu bringen. Doch sind nach der Aufdeckung politischer Skandale durch die schreibende Presse auch Rundfunk und Fernsehen gezwungen, über sie zu berichten, u. U. dann sogar selbst zu recherchieren. Politische Sensationen locken Zuhörer und Zuschauer dann ebenso an wie die sonst üblichen Unterhaltungsprogramme: Auch sie geben die „richtige", d. h. profitbringende Umrahmung für Commercials ab. Damit übernimmt die Presse insgesamt und trotz der erwähnten Arbeitsteilung zwischen schreibender Presse und den elektronischen Medien gegenüber den politischen Institutionen und besonders wiederum gegenüber dem Präsidentenamt eine Kontrollfunktion.

Werden politische Zentralisation im Präsidentenamt und die ihr entgegenwirkenden Tendenzen gegeneinander abgewogen, so kann gerade nach der Aufdeckung der Watergate-Affäre und dem erzwungenen Rücktritt Nixons davon gesprochen werden, daß zumindest punktuell und wenigstens mit der Wirkung als „Notbremse" gegen autoritäre Entartungen das häufig idealisierte System der checks and balances, der wechselseitigen Gewaltenverschränkung und Gewaltenkontrolle, noch funktioniert hat. Entscheidend für die Zukunft des amerikanischen Regierungssystems, für den Schutz bürgerlicher Freiheiten und demokratischer Prinzipien, ist es gewesen, ob die innenpolitischen Folgen des Vietnamkrieges und die Watergate-Affäre nicht nur als moralische Frage oder als Verfehlung einzelner Personen, sondern als strukturelles Problem amerikanischer Politik begriffen worden sind, nämlich als Problem zunehmender unkontrollierter Zentralisation politischer Entscheidungen im Präsidentenamt.

4. Watergate und die Folgen: Der Kongreß

Im Kongreß sind die Watergate-Affäre und die innen- wie außenpolitischen Folgen der amerikanischen Intervention in Südostasien als politisch-strukturelles Problem des Regierungssystems begriffen und entscheidende Konsequenzen gezogen worden. Der Kongreß versuchte, zuerst in der Außenpolitik, also im Bereich, in dem der Präsident bereits seit der Jahrhundertwende gegenüber den anderen Institutionen des Regierungssystems dominierte, mit Hilfe gesetzlicher Regelungen die Macht des Präsidenten auf ihre verfassungsmäßigen Normen zu stutzen. Im *War Powers Act,* der im November 1973 gegen das Veto von Präsident Nixon verabschiedet worden ist, ist versucht worden, das dem Bundesparlament zugewiesene Recht, Krieg zu erklären, mit rechtlichen Sicherungen zu versehen und z. B. festzulegen, daß der Präsident nicht ohne Zustimmung des Kongresses für längere Zeit Truppen ins Ausland entsenden oder dort stationieren darf. Doch sind die Konsequenzen dieses Gesetzes für das Verhältnis von Kongreß und Präsident äußerst umstritten.

In der Verfassung finden sich in diesem Zwischenbereich von Außenpolitik und Verteidigungspolitik keine klaren Regelungen, vielmehr liegt ein Feld konkurrierender Kompetenzen zwischen Präsident und Parlament vor. Der Präsident ist Oberbefehlshaber der Armee und der Flotte. Der Kongreß hingegen hat das Recht, Krieg zu erklären sowie Armeen aufzustellen und zu unterhalten. In der Praxis — und d. h. in politischen und militärischen Krisensituationen wie den beiden Weltkriegen, dem Koreakrieg und dem eskalierenden Vietnamkrieg — hat der Präsident aufgrund seiner Stellung als Oberbefehlshaber der Streitkräfte ein deutliches Übergewicht gegenüber dem Kongreß erlangt. So hat Franklin D. Roosevelt noch vor dem offiziellen Eintritt der Vereinigten Staaten in den Weltkrieg Truppen nach Grönland und Island geschickt und einen Seekrieg gegen Hitler-Deutschland begonnen, ohne daß der Kongreß dem zugestimmt hätte. Dabei wurden zwei Gesetze verletzt, die ausdrücklich die (militärische) Neutralität der USA vorsahen. Auch Truman hat ohne Billigung des Parlaments 1950 Streitkräfte nach Korea entsandt. Unter den Präsidenten Eisenhower, Kennedy, Johnson und Nixon ist die Kompetenz des Präsidenten als Oberbefehlshaber der Streitkräfte auf Kosten des Rechts des Kongresses, Krieg zu erklären, weiter ausgedehnt worden. Angesichts der militärischen Eskalation im Vietnamkrieg beschloß der Senat 1967 eine — rechtlich unverbindliche — Empfehlung („Sense of the Senate"), die 1969 wiederholt wurde, daß nur Senat und Präsident gemeinsam über die Stationierung und den Einsatz amerikanischer Truppen im Ausland entscheiden könnten. Erst als Nixon mit der Bombardierung und dem Einmarsch von Truppen in Laos und Kambodscha demonstrierte, daß er sich an die Empfehlung des Senats nicht zu halten gedenke, begannen im Kongreß Beratungen über einen Gesetzesentwurf, aus dem der War Powers Act entstanden ist.

Wie zweideutig und auslegungsfähig dieses Gesetz ist, kann am Beispiel der Regelungen über die Stationierung und den Einsatz von amerikanischen Truppen im Ausland gezeigt werden. Danach darf der Präsident im Falle eines nationalen Notstandes, der dann gegeben ist, wenn die Vereinigten Staaten, eines ihrer Territorien, amerikanisches Eigentum oder amerikanische Streitkräfte angegriffen worden sind, ohne Zustimmung des Kongresses Streitkräfte einsetzen. Der Präsident könnte z. B. ohne Konsultation — geschweige denn Zustimmung — des Kongresses Atomwaffen einsetzen. Zudem wäre eine Wiederholung der Ereignisse um und nach Verabschiedung der Tonking-Resolution auch unter dem War Powers Act möglich: Denn Johnson hatte die Eskalation der militärischen Intervention in Vietnam gegenüber dem Kongreß gerade damit begründet, daß ein amerikanisches Kriegsschiff angegriffen worden sei. Auch heute hätte der Kongreß kaum die Möglichkeit, den Wahrheitsgehalt einer solchen Mitteilung sofort zu überprüfen. Dauert der Einsatz oder die Stationierung von Truppen länger als 60 Tage, hat der Präsident dem Kongreß zu berichten und dessen Zustimmung einzuholen. Durch diese Vorschrift wird dem Präsidenten nicht nur die Möglichkeit gegeben, einen militärischen Konflikt innerhalb dieser zwei Monate zu entscheiden, ohne daß der Kongreß tätig wird, sondern — so haben einige Senatoren argumentiert — der Verfassungsgrundsatz ist damit aufgegeben worden, daß kein Krieg ohne vorhergehenden Beschluß des Parlaments geführt werden dürfe. Aus diesem Grund sind Befürchtungen laut geworden, daß der War Powers Act das Gegenteil der ursprünglichen Intentionen bewirkt, nämlich die Befugnisse des Präsidenten in der Außen- und Verteidigungspolitik gegenüber dem Kongreß sogar noch erweitert. Im Gesetz findet sich nämlich keine Liste konkret bestimmter Situationen, in denen der Präsident ohne Zustimmung des Kongresses Streitkräfte einsetzen darf; die Formulierungen sind so allgemein, daß ihre Auslegung in aktuellen Krisensituationen dem Präsidenten überlassen bleibt.

Erst nach Abschluß der Watergate-Affäre und während weiterer Aufdeckungen um z. T. illegale Einsätze der amerikanischen Geheimdienste hat der Kongreß 1975 damit begonnen, die innenpolitischen Notstandsrechte des Präsidenten zu überprüfen, die ihm in den vergangenen hundert Jahren z. T. unter ausdrücklicher Billigung des Parlaments zugewachsen sind. Zu den Notstandsmaßnahmen, die ein amerikanischer Präsident ohne Mitwirkung des Kongresses ergreifen konnte, gehörten die Verhängung des Standrechts, die Festnahme verdächtiger Bürger ohne Haftbefehl sowie die Beschlagnahme von Privateigentum einschließlich aller Produktionsmittel und die Anordnung bundesstaatlicher Kontrolle über das Verkehrs- und Kommunikationswesen. Erst 1976 hat der Kongreß den *National Emergency Act* beschlossen, der innerhalb von zwei Jahren viele der präsidentiellen Notstandsrechte einschränken oder ganz aufheben soll.

Die wichtigste Veränderung im Kräfteverhältnis zwischen Kongreß und Präsidentenamt dürfte dadurch zustande gekommen sein, daß mit Verabschiedung (1974) und Praktizierung des *Congressional Budget and Impoundment Control Act* die Legislative das Haushaltsrecht, die „power of the purse", die weitgehend an die Exekutive verloren gegangen war, wieder an sich zieht. Damit könnte sich die Vorstellung eines vom Parlament in seinen Grundzügen formulierten und entschiedenen Bundeshaushalt wieder durchsetzen. Bis zur Verabschiedung des neuen Gesetzes ist der Bundesetat von der Exekutive in der Office of Management and Budget aufgestellt und vom Kongreß im allgemeinen nach

geringfügigen und punktuellen Änderungen verabschiedet worden. In keinem der beiden Häuser des Kongresses gab es einen Haushaltsausschuß. Vielmehr haben die Fachausschüsse von Senat und Repräsentantenhaus bei Beratung einzelner Gesetzentwürfe die möglichen entstehenden Kosten und deren Deckung, Fragen des Haushaltsdefizits oder der konjunkturellenWirkung bestimmter Programme oder des gesamten Bundeshaushalts mehr oder weniger in ihre Überlegungen einbezogen. Es gab keine Institution im Parlament, in der alle Haushaltsfragen auch nur koordiniert, geschweige denn über sie entschieden worden wäre. Der Congressional Budget Act schuf zum erten Mal in der amerikanischen Geschichte in beiden Häusern des Kongresses einen Haushaltsausschuß und als Gegengewicht zur Office of Management and Budget im Weißen Haus ein eigenes Haushaltsbüro, die Congressional Budget Office, in der mehrere hundert Haushaltsexperten den Kongreßmitgliedern zuarbeiten. Damit ist zumindest institutionell der Kongreß in die Lage versetzt worden, die Exekutive über den Bundeshaushalt besser zu kontrollieren.
Bei der Beratung und Verabschiedung des Congressional Budget and Impoundment Control Act verfolgte der Kongreß die folgenden

Ziele:

1. Das Bundesparlament sollte in die Lage versetzt werden, durch den Haushalt politische Prioritäten zu setzen.
2. Damit sollte es auch ermöglicht werden, eine mittelfristige Fiskal- und u. U. eine langfristige Konjunkturpolitik im Kongreß zu formulieren.
3. Die bisher geübte Praxis der Präsidenten, für bestimmte Programme vom Kongreß bewilligte Mittel nicht auszugeben (die sogenannte impoundment power), soll unterbunden werden. Impoundment umschreibt die von allen Präsidenten seit George Washington geübte Gepflogenheit, für einen bestimmten Zeitraum weniger Mittel auszugeben, als der Kongreß bei der Verabschiedung beschlossen hat. Dieses Instrument des Zurückhaltens von Haushaltmitteln durch den Präsidenten ist seit den 30er Jahren zunächst im außen- und verteidigungspolitischen Bereich (z. B. um bestimmte Waffensysteme nicht entwickeln zu lassen), dann unter Nixon aber auch als Mittel der Konjunkturpolitik zur Inflationsdämpfung eingesetzt worden. 1973 hat Nixon 18 Milliarden Dollar aus dem Bundeshaushalt mit dieser Begründung zurückgehalten. Zu diesem Zeitpunkt mußte auch dem letzten Kongreßmitglied klar werden, daß die Kompetenz über den Bundesetat nicht mehr beim Parlament lag. Der Congressional Budget Act legt dagegen fest,

daß für den Fall, daß der Präsident bestimmte Haushaltmittel nicht auszugeben gedenkt (er also das Instrument impoundment anwenden will), er den Kongreß umgehend zu informieren hat und eine Mehrheit in beiden Häusern dem ausdrücklich zustimmen muß.

4. Die Haushaltsberatungen im Kongreß sollten dadurch verbessert werden, daß nicht mehr die einzelnen Fachausschüsse unabhängig voneinander ihre Etatvoranschläge anmeldeten und durchzusetzen versuchten, sondern daß ein Ausschuß den Etat insgesamt beriet und entsprechende Empfehlungen an das Plenum gab. Zudem sollten die Beratungen gestrafft und sichergestellt werden, daß der Bundesetat spätestens mit Beginn eines Haushaltsjahres verabschiedet wurde.

5. Schließlich sollte die Macht der Office of Management and Budget, die seit 1921 für die Exekutive den Haushalt aufstellt, so begrenzt werden, daß das Parlament in die Lage versetzt wurde, bei den Haushaltsberatungen mit dem Präsidenten und der Exekutive wenigstens zu konkurrieren. Der Leiter der Office of Management and Budget bedarf heute der Zustimmung des Senats, noch unter Nixon galt er als persönlicher Assistent des Präsidenten. Auch nach Verabschiedung des Congressional Budget Act gibt es im Senat noch Versuche, die Macht des Budget-Büros, das wiederholt als „Nebenpräsident" bezeichnet worden ist, weiter einzuschränken. So sehen Gesetzesentwürfe, die die Senatoren Jacob J. Javits (New York) und John Glenn (Ohio) Anfang 1977 eingebracht haben, vor, daß die Office of Management and Budget alle Daten, die sie aus den einzelnen Ministerien und Regierungsbehörden erhält, sofort an den Kongreß weiterzugeben hat. Das Informationsmonopol des Budget-Büos würde damit gebrochen.

Der Congressional Budget Office sind die folgenden Aufgaben zugewiesen worden:

1. Die Wirkungen des Bundeshaushalts und einzelner gesetzlicher Maßnahmen auf die Konjunkturentwicklung zu untersuchen und den beiden Haushaltsausschüssen sowie beiden Häusern des Kongresses entsprechend Bericht zu erstatten.

2. Die Mitglieder des Kongresses über den Bundeshaushalt und die finanziellen Auswirkungen einzelner Gesetze zu informieren.

3. Alternative Vorschläge zum Haushaltsentwurf und zur Haushaltsplanung der Exekutive, also der Office of Management and Budget, dem Kongreß zu unterbreiten.

Auch wenn die Erfahrungen mit dem neuen Verfahren zur Haushaltsberatung, wie es unter dem Congressional Budget Act vorgesehen ist, noch begrenzt sind, zeichnen sich doch einige *grundlegende Änderungen* ab. Die Fachausschüsse, die sonst tunlichst auf ihre Kompetenzen bedacht sind, haben bisher beiden Haushaltsausschüssen keinen großen Widerstand entgegengesetzt, den Bundesetat für das Plenum vorzube-

reiten und dabei die Etatansätze, die aus den Fachausschüssen kommen, zu verändern. Die Budget Committees ratifizieren also keineswegs die Haushaltsvoranschläge der anderen Ausschüsse. Vielmehr beschließt der Kongreß nach einer bestimmten Phase der Haushaltsberatungen konkrete Grenzen für die Ausgaben, die Steuereinkünfte und die anderen staatlichen Einnahmen sowie in der Regel über den Umfang des Haushaltsdefizits. Aufgrund dieser von beiden Häusern festgelegten Daten werden die Haushaltsausschüsse in die Lage versetzt, die Kürzung von Etatvoranschlägen der Fachausschüsse dem Plenum begründet zu empfehlen. Damit können jene partikularen Interessen, die sich in den Beratungen der Fachausschüsse durchsetzen, überwunden werden. Dies kann entscheidende Folgen für die Stellung des Kongresses im amerikanischen Regierungsystem in der Zukunft haben. Der Kongreß ist nämlich jetzt in der Lage, über den Bundeshaushalt und in Konkurrenz mit dem Präsidentenamt eine an bundesweiten Zielen orientierte Politik zu formulieren. Hier ist ein Ansatz dafür vorhanden, die bisherige Fragmentierung des Kongresses aufzuheben, so daß u. U. langfristig das Bundesparlament sich zu einer nationalen Institution wandeln könnte. Einzelne Kongreßabgeordnete (darunter Morris K. Udall, Mitglied des House Post Office and Civil Service Committee) haben die Einrichtung der Haushaltsausschüsse ausdrücklich deswegen begrüßt, weil sie den Druck ihrer Klientel, nämlich die Einflüsse von Interessengruppen aus ihren Wahlkreisen oder von nationalen Interessenverbänden, leichter abzuwehren vermögen. Sie können argumentieren, daß nicht sie oder ihr Ausschuß, sondern der Haushaltsausschuß dafür verantwortlich sei, wenn bestimmte Programme, hinter denen diese Einzelinteressen stehen, nicht durchgesetzt oder sogar gestrichen werden. Für das einzelne Kongreßmitglied könnte die Einrichtung der Haushaltsausschüsse also gleichsam zu einem Schutzschild gegen Patikularinteressen werden. Damit würde der Kongreß als ganzes aber wieder darin bestärkt, sich in Konkurrenz mit dem Präsidentenamt zu einer nationalen Institution zu entwickeln.
In den letzten Jahren haben sich im *Kongreß einige institutionelle Änderungen* vollzogen, die ebenfalls darauf hindeuten, daß das Bundesparlament langfristig Fragmentierung und Dezentralisation überwinden und zu einer nationalen Institution sich entwickeln könnte. Dazu zählen vor allen Dingen die folgenden statutarischen und Verfahrensregelungen in der Mehrheitsfraktion des *Repräsentantenhauses*, im House Majority Caucus, dem alle Repräsentanten angehören, die unter dem Etikett der Demokratischen Partei gewählt worden sind:
1. Das Senioritätsprinzip, das sechzig Jahre lang galt, ist 1974 abgeschafft worden. Bis zu diesem Zeitpunkt fiel der Vorsitz in einem Aus-

schuß an das Mitglied der Mehrheitspartei, das am längsten und ohne Unterbrechung diesem Ausschuß angehört hatte, über die höchste Seniorität verfügte. Aus dieser Regelung erklärte sich bis vor einigen Jahren die einflußreiche Stellung, die die Abgeordneten der Südstaaten im Repräsentantenhaus innehatten, da es in ihrer Region keine Oppositionspartei bei Kongreßwahlen gab, sie immer wiedergewählt wurden und damit so hohe Seniorität erreichten, daß viele Ausschußvorsitze von ihnen gehalten wurden. Seit 1974 wählt der Democratic Caucus die Ausschußvorsitzenden. Selbst wenn dabei die Länge der Zugehörigkeit eines Kandidaten zum Kongreß bei der Entscheidung vieler Abgeordneter eine Rolle spielt, ist doch das Prinzip der Seniorität durchbrochen worden. 1974 wurden sogar drei Ausschußvorsitzende abgewählt.

2. 1973 ist in der Demokratischen Partei das sogenannte Democratic Steering Committee gebildet worden, das den Vorsitzenden des Caucus, den Majority Leader, und den Präsidenten des Repräsentantenhauses, den Speaker, der von der Mehrheitsfraktion gestellt wird, beraten soll. Das Steering Committee entscheidet über die Ausschußbesetzung, eine Aufgabe, die bis 1973 den Demokratischen Mitgliedern des allmächtigen Ways and Means Committee oblag. Hier sind Kompetenzen aus einem Kongreßausschuß in ein Kommitee der Fraktion verlagert worden. Das Steering Committee unterbreitet zudem dem Plenum des Caucus personelle Vorschläge für die Wahl der Ausschußvorsitzenden.

3. Der Caucus tagt häufiger als früher und beschränkt sich bei seinen Beratungen nicht nur auf Verfahrens- und Personalfragen, sondern diskutiert auch zur Beratung anstehende Gesetzentwürfe. Allerdings kann der Caucus nach wie vor seine einzelnen Mitglieder — außer in Fragen geschäftsordnungsmäßiger Organisation des Hauses — nicht in Abstimmungen binden; Fraktionsdisziplin gibt es nicht.

4. Auf Beschluß des Caucus sind neuerdings Ausschüsse mehrfach gezwungen worden, dem Plenum über Gesetzentwürfe, die dem Ausschuß zur Beratung überwiesen worden waren, Bericht zu erstatten. Bis vor einiger Zeit lag die große Macht der Vorsitzenden der Ausschüsse, in denen die wesentliche Gesetzgebungsarbeit geleistet wird, darin, daß sie eigenmächtig über die Tagesordnung bestimmen und darüber entscheiden konnten, ob eine Gesetzesvorlage wieder aus dem Ausschuß an das Plenum berichtet wurde. Die Ausschußvorsitzenden konnten früher dadurch eine Gesetzesvorlage zu Fall bringen, daß sie deren Beratung nicht auf die Tagesordnung der Ausschußsitzungen setzten oder dem Plenum nicht Bericht erstatteten. Dieses Verfahren, „pigeonholing" genannt („stillschweigend im Schubfach verschwinden lassen"), ist heute nicht mehr unbegrenzt möglich.

5. Die Sitzungen des Democratic Caucus sind, soweit nicht Verfahrens- und Personalangelegenheiten behandelt werden, öffentlich. Ausschüsse des Repräsentantenhauses tagen prinzipiell öffentlich.

6. Zur Stärkung des Repräsentantenhauses und des Democratic Caucus hat auch beigetragen, daß alle Versuche, die Stellung des Präsidenten des Hauses zu schwächen, abgewiesen worden sind. So ist der Speaker z. B. Vorsitzender des Steering Committee und hat dadurch entscheidenden Einfluß auf die Ausschußbesetzung und die Auswahl der Kandidaten für die Ausschußvorsitze. Institutionell sind damit die Voraussetzungen, daß der Speaker auch zum politischen Sprecher der Parlamentsmehrheit oder des ganzen Repräsentantenhauses wird, günstiger als vor 1974.

Aufgrund der genannten neuen Regelungen hat der Caucus seit 1973/74 an Bedeutung gewonnen, er kann die Ausschüsse und ihre Vorsitzenden kontrollieren und damit auf den Gesetzgebungsprozeß Einfluß nehmen.

Auch im *Senat* hat sich eine ähnliche, wenn auch weniger markante Entwicklung vollzogen. Hier werden die Ausschußvorsitzenden neuerdings zu Beginn jeder Legislaturperiode vom Democratic Caucus bestätigt. Wenn auch bisher alle durch Seniorität bestimmten Ausschußvorsitzenden in ihrem Amt geblieben sind, so gibt es doch die Möglichkeit der Abwahl. Auch die Ausschüsse des Senats tagen heute prinzipiell öffentlich. Anfang 1977 hat der Senat die Zahl seiner Ausschüsse von 31 auf 24, die seiner Unterausschüsse von 174 auf 130 verringert, so daß die interne Organisation nicht nur gestrafft, sondern auch die Formulierung eines parlamentarischen Willens erleichtert worden ist. Und durch Änderung der Geschäftsordnung ist eine Übung im Senat, die seinem Ansehen in der Öffentlichkeit sehr geschadet und die Formulierung des Mehrheitswillens manchmal unmöglich gemacht hatte, erschwert worden, nämlich das sogenannte Filibustering. Da es im Senat keine Redezeitbegrenzung gibt, konnten Senatoren durch Dauerreden und das Einbringen von — häufig völlig sinnlosen — Abänderungsanträgen (Filibuster) die Abstimmung über einen Gesetzentwurf verzögern oder ganz verhindern. Das Filibuster, in einigen Fällen von konservativen Senatoren aus den Südstaaten in Fragen der Bürgerrechtsgesetzgebung zwanzig Tage und länger betrieben, kann heute durch Antrag auf Schluß der Debatte (cloture genannt) beendet werden, wenn drei Fünftel der Mitglieder des Senats zustimmen. Damit ist die Senatsmehrheit in die Lage versetzt worden, der Obstruktionspolitik einer Minderheit ein Ende zu setzen und parlamentarische Entscheidungen herbeizuführen.

Die genannten *Reformen in beiden Häusern des Kongresses* sind u. a. als eine Reaktion auf die Folgen des Vietnamkrieges und der Watergate-Affäre zu begreifen. Die Absicht hinter den Reformen war es nämlich, den Kongreß gegenüber dem Präsidenten handlungsfähiger zu machen. Die Ohnmacht der Demokratischen Kongreßmehrheit war in den sechs Jahren der Nixon-Administration so offenkundig geworden, daß die 1974 neu in das Repräsentantenhaus gewählten Abgeordneten (Freshmen) der Demokratischen Partei sich zu einer eigenen Fraktion im Democratic Caucus zusammenschlossen, um ihre eigene Stellung und die des Hauses insgesamt gegenüber der Exekutive zu stärken. Sie griffen dabei auf Reformvorschläge zurück, die seit 1959 von der Democratic Study Group, einem Zusammenschluß liberaler Demokraten im Haus, entworfen worden waren. Allerdings könnten diese vorsichtigen Reformschritte bald auf ihre Grenzen stoßen, da jede Zentralisation in der Organisation des Kongresses für die einzelnen Mitglieder einen Verlust persönlicher Macht bedeutet. Es ist daher verfrüht, von einer Wiedergeburt des King Caucus, der Allmacht der Fraktionen, im Kongreß zu sprechen, wie sie in unserem Jahrhundert für kurze Zeit zwischen 1911 und 1918 bestanden hatte.

Betrachtet man jedoch die genannten institutionellen Änderungen im Kongreß, einige der in den letzten Jahren verabschiedeten Gesetze zur Begrenzung präsidentieller Macht und dabei insbesondere den Congressional Budget Act im Zusammenhang, so ist eine der wichtigsten verfassungspolitischen Konseqenzen aus der Watergate-Affäre und dem Vietnamkrieg, daß die Stellung des Kongresses gegenüber dem Präsidentenamt gestärkt worden ist. Die Ursache hierfür ist allerdings auch darin zu sehen, daß Gerald Ford im August 1974 nicht nur ein diskreditiertes Amt von Nixon übernommen hat, sondern er selbst nicht in der Lage war, die Richtlinien seiner Politik gegenüber dem Kongreß zu verdeutlichen und durchzusetzen.

5. Watergate und die Folgen: Politische Apathie im Wahlkampf 1976

Während Watergate-Affäre und Vietnamkrieg im Kongreß im Kontext der Probleme gesehen wurden, die aus den veränderten Strukturen des amerikanischen Regierungssystems entstanden sind, ist im Präsidentschaftswahlkampf 1975/76 diese für die Zukunft der amerikanischen Demokratie zentrale Frage entweder gänzlich verdrängt oder in den Surrogaten einer diffusen Stimmung gegen „Big Government", gegen „die da oben in Washington" oder des Schlagwortes vom „Vertrauen in die politischen Führer" (trust in leadership) aufgenommen worden. Von keinem der Kandidaten für das Präsidentenamt ist öffentlich vor den Wählern oder durch die Medien gefragt worden, wie bei einer wirtschaftlich und gesellschaftlich bedingten Entwicklung hin zu einem auch politisch zunehmend zentralisierten Sozialstaat die traditionell in den Vereinigten Staaten hochgehaltenen bürgerlichen und individuellen Freiheiten mit sozialer Gerechtigkeit und wirtschaftlicher Sicherheit zu vereinbaren seien. Vielmehr wurden Vietnam und Watergate — wenn überhaupt angesprochen — als moralisches Problem und Schuld einzelner Personen hingestellt.

Personalisierung und *Moralisierung* erwiesen sich wie schon früher in der amerikanischen Geschichte als erprobtes Mittel der Konfliktlösung, brauchte damit doch nicht nach den unter der Oberfläche liegenden Ursachen für die Watergate-Affäre und für die Rolle der USA im Vietnamkrieg und dessen innenpolitische Rückwirkungen gefragt zu werden. Damit wird nicht gesagt, daß diese Art der Konfliktbewältigung gleichsam manipulativ von außen durch die Presse oder gar von Werbeagenturen an die amerikanische Politik und Gesellschaft herangetragen wird. Vielmehr sind die Vereinigten Staaten ein geographisch so weiträumiges, sozial heterogenes, kulturell vielfarbiges, in seinem politischen Aufbau nach wie vor relativ stark dezentralisiertes und in seinen Bevölkerungsgruppen fragmentiertes Land, daß ein Grundkonsens am leichtesten auf dem kleinsten gemeinsamen Nenner, dem der Personalisierung und Moralisierung hergestellt werden kann. Dem Vietnamkrieg folgte der moralische Selbstzweifel an der Mission Amerikas, der Watergate-Affäre die Teufelsaustreibung des Richard Nixon. Ein Konsens darüber, radikal nach den Ursachen von Vietnamkrieg und Watergate-Affäre im politischen und gesellschaftlichen System zu fragen, fehlt, da der nach wie vor vorhandene Basiskonsens die Unantastbarkeit der vorgegebenen Verfassungsordnung und des kapitalistischen Systems umschließt. Gerade hier liegt einer der Schlüssel, mit deren Hilfe das große Integrationspotential der amerikanischen Gesellschaft und des politischen Systems gegenüber oppositionellen Bewegungen und das Fehlen gesellschaftspolitischer Alternativen erklärt zu werden vermag, die politisch organisiert von größeren Bevölkerungsgruppen vertreten werden würden. Selbst Sozialwissenschaftler, die als radikal gelten und aus den Schriften marxistischer Theoretiker gelernt haben, verfallen trotz ihres anderen Anspruches eben diesem hilflosen Moralismus: William Appleman Williams, einer der kritischsten amerikanischen Historiker, hat als Konsequenz aus Vietnam und Watergate gefordert, die amerikanische Großmacht in regionale Kommunen, in eine Föderation demokratisch-sozialistischer Gemeinden aufzulösen, als ließe sich das Rad der Geschichte zugleich ins 18. Jahrhundert zurück und ins 21. Jahrhundert vordrehen.

Beispiele für die Personalisierung und Moralisierung politischer Probleme stellen die Präsidentschaftswahlkämpfe dar, gerade auch der von 1976. In ihrem Wesen politische Ereignisse, erscheinen Präsidentschaftswahlen dennoch an der Oberfläche als Wettkampf zweier Matadoren; über sie wird in der Sprache des Sportjournalismus berichtet. Anders als in Westeuropa fehlen in den Vereinigten Staaten national organisierte politische Parteien; die ohnehin locker und dezentral organisierten amerikanischen Parteien zeigen zudem heute deutliche Zerfallserscheinungen (auf sie gehen wir im folgenden Kapitel ein), so daß die vorhandene allgemeine Tendenz zur Personalisierung bei Präsidentschaftswahlen noch verstärkt wird.

Wie wenig die verheißene moralische Reinigung und der vollzogene Personenaustausch (Ford statt Nixon) die jüngste amerikanische Vergangenheit zu bewältigen vermochten, zeigte die dem Präsidentschaftswahlkampf 1976 zugrundeliegende Tendenz, nämlich politische Apathie und Frustration, verbunden mit einem gewissen Maß an *politischem Irrationalismus*. Im Wahljahr 1976 wurde nach langen Jahren der inneren Zerrissenheit und der Selbstvertrauenskrise ein oberflächlicher Konsens wiederhergestellt. Doch könnten politische Apathie, neo-populistische Emotionen und pseudopolitische, religiös-moralische Erweckungsbewegungen — auf die wir im IV. Kapitel eingehen — sich zu einem bedrohlichen Irrationalismus, zur Flucht vor der gesellschaftlichen Wirklichkeit verdichten. In Zeiten zugespitzter sozialer Konflikte und politischer Auseinandersetzungen könnte dann die demokratische Tradition und das auch in der Watergate-Affäre noch intakte System der checks and balances durch den Aufstieg eines politischen Führers, eines amerikanischen Napoleon Bonaparte gefährdet werden.

Als direkte Folge der Watergate-Affäre kann angesehen werden, daß das in den Vereinigten Staaten latent vorhandene und auf politische Auffassungen der „Gründerväter" und den freien Geist der „Frontier"-Tradition zurückgeführte Mißtrauen gegen jede Art der Regierung, insbesondere aber gegen die Zentrale in Washington, im Wahljahr 1975/76 in einen undifferenzierten und gefühlsbetonten *Anti-Institutionalismus* umgeschlagen war. So rangierten in einer im Sommer und Herbst 1976 durchgeführten Meinungsbefragung über das Vertrauen der Amerikaner in die Institutionen und Personengruppen ihres Landes die Politiker, die Bundesbürokratie, die Gewerkschaftsführer, die Republikanische und die Demokratische Partei, das Repräsentantenhaus, das Weiße Haus, der Senat und die Großkorporationen ganz unten. Mit der Ausnahme der Großkorporationen und der Gewerkschaftsführer wurden die genannten Personengruppen und Institutionen auch als am wenigsten effizient angesehen. Das Mißtrauen und die Unzufriedenheit der Amerikaner richtet sich also nicht nur gegen das Präsidentenamt, sondern auch gegen andere Einrichtungen im amerikanischen Regierungs- und Gesellschaftssystem. Viele der jüngeren Wahlberechtigten des Jahres 1976 konnten sich nicht an eine Zeit zurückerinnern, in der sie unter einem Präsidenten gelebt hatten, den sie auch respektierten. Die politische Enttäuschung vieler war im Mißbrauch des Präsidentenamtes begründet. Doch einige Skandale, in die Kongreßabgeordnete verwickelt gewesen sind und die nach der Watergate-Affäre bekannt wurden, ließen auch das Ansehen des Kongresses so tief sinken, daß nur 16 Prozent der Befragten ihn positiv beurteilten. Zur gleichen Zeit allerdings war eine große Mehrheit der Wähler mit ihren Kongreßabgeordneten, die sie aus ihren Wahlkreisen kannten, zufrieden: Auch 1976 wurden nur wenige der Kongreßabgeordneten, die in Skandale verwickelt waren, nicht wiedergewählt. Das Mißtrauen und die Unzufriedenheit der Bevölkerung richtete sich also offensichtlich nicht gegen einzelne Politiker, sondern abstrakt gegen Institutionen, gegen die „Bonzen und Bürokraten", war mehr Vorurteil als rationale Kritik. Die von den meisten Präsidentschaftskandidaten 1976 bemühte Parole „Gegen Washington — gegen eine übermächtige Zentralregierung", „Against Big Government" hatte hier ihren Ausgang und aktualisierte den latenten und in der Watergate-Affäre bekräftigten Anti-Institutionalismus.

Weniger eindeutig ist die Reaktion der amerikanischen Öffentlichkeit auf den Rückzug der Vereinigten Staaten aus Vietnam gewesen. Anders als nach dem Ersten Weltkrieg gab es keinen Rückfall in den Isolationismus. Gleichwohl ist der (auch durch die monatelangen Feiern zum 200. Geburtstag der USA noch gesteigerte) *ausgeprägte Nationalismus,* der während des Wahlkampfes gelegentlich in einen gefühlsbetonten Chauvinismus überzuschwappen drohte, eine Folge der Niederlage der Vereinigten Staaten in Südostasien. Aus Meinungsbefragungen ist hervorgegangen, daß nach 1974 die Zahl derjenigen, die befürchteten, daß die Vereinigten Staaten international an Ansehen und Einfluß verlieren würden und daß die Regierung gegenüber der Sowjetunion zu nachgiebig gewesen sei, gestiegen ist. Insbesondere ist aber der Anteil derjenigen im Wahljahr größer geworden, die meinten, daß die USA „ihre beherrschende Position als stärkste Macht der Welt auf jeden Fall und selbst bis an den Rand eines Krieges" erhalten sollten. Diese Stimmung machte Ronald Reagan sich in den Vorwahlen der Republikanischen Partei zunutze, indem er in immer variierter Form die Parole „Make America First Again" — „Wir müssen Amerika wieder zur Nummer Eins in der Welt machen" in den Mittelpunkt seines Wahlkampfes stellte. Dieser Neo-Nationalismus war beispielhaft — wenn auch etwas überzogen — in einem Spruch zusammengefaßt, der sich auf einer handgeschriebenen Reklametafel neben einer Autobahn im Mittleren Westen, in Indiana, im Sommer 1976 fand: „God, Guns, Guts Made America Great —

Let's Keep the Three" — „Gott, Gewehre, Kühnheit haben Amerika groß gemacht — Wir wollen die drei bewahren."

Eine weitere Folge der Enttäuschung amerikanischer Wähler über Vietnam und Watergate waren die politische Apathie, wie sie sich im Wahljahr 1976 zeigte, und die *geringe Wahlbeteiligung*. Seit der Jahrhundertwende ist die Wahlbeteiligung in den Vereinigten Staaten kontinuierlich und seit den 60er Jahren sogar beschleunigt gesunken. Eine der Ursachen hierfür ist die zunehmende Desintegration und Fragmentierung der amerikanischen Parteien, auf die wir im II. Kapitel zu sprechen kommen. 1960 sind nach der heißen Wahlschlacht zwischen John F. Kennedy und Richard M. Nixon nur 63 Prozent der potentiellen Wähler zur Wahlurne gegangen. 1972 ist diese Zahl auf 55 Prozent gesunken, so daß Nixon — nach einem angeblichen Erdrutschsieg gegen George McGovern — nur von 34 Prozent der möglichen Wahlberechtigten gewählt worden ist. 1976 schließlich war die Wahlbeteiligung noch geringer und erreichte mit 53,3 Prozent der möglichen Wähler einen neuen Tiefpunkt.

Eine der Ursachen für die geringe Wahlbeteiligung in den USA liegt auch darin, daß nicht jeder theoretisch Wahlberechtigte automatisch in die Wählerlisten (wie in der Bundesrepublik) aufgenommen wird, sondern daß man sich spätestens einige Wochen vor der Wahl oder Vorwahl (Primary) beim Wahlamt registrieren lassen muß. Da es in den USA keine Meldepflicht — wie in der Bundesrepublik — gibt, wäre ein großer zusätzlicher bürokratischer Aufwand notwendig, um eine automatische Wählerregistrierung aller potentiellen Wähler einzuführen. 1976 waren nur ca. 70 Prozent der theoretisch Wahlberechtigten registriert und damit tatsächlich wahlberechtigt. Die Zahl der registrierten Wähler ist zwischen 1972 und 1976 konstant geblieben, obwohl die Zahl derjenigen, die sich hätten registrieren lassen können, um neun Millionen gestiegen ist. Der soziale und politische Auswahlmechanismus, der mit der Wählerregistrierung verbunden ist, liegt auf der Hand und kann empirisch belegt werden: Potentielle Wähler aus höheren Einkommensgruppen mit einer abgeschlossenen Collegeausbildung, die in den Vorstädten oder auf dem Lande wohnen und älter als 35 Jahre alt sind (tendenziell Anhänger Republikanischer Präsidenschaftskandidaten), nehmen die mit der Registrierung und dem Wahlakt verbundenen Umstände eher auf sich als potentielle Wähler aus den unteren Einkommensgruppen und ohne abgeschlossene Schulausbildung, die in städtisch-industriellen Gebieten wohnen und unter 35 Jahre sind (überwiegend Wähler Demokratischer Präsidentschaftskandidaten).

Zwei Monate vor der Wahl erregte im September 1976 eine Studie über die voraussichtlichen *Nichtwähler* großes Aufsehen. Die Untersuchung bestätigte die seit langem bekannten Tatsachen über soziale Stellung, Herkunft, Ausbildung und Wohnsituation der Nichtwähler. Doch zum ersten Mal in der amerikanischen Wahlforschung hatte der Leiter des Projektes, Peter D. Hart, eine große Gruppe von Nichtwählern entdeckt, die bis 1969 aktiv am politischen Prozeß u. a. durch Stimmabgabe bei Präsidentschaftswahlen teilgenommen hatte, inzwischen aber politisch entfremdet und enttäuscht worden war. Diese Gruppe der „drop outs", der durch Vietnam und Watergate Frustrierten, hatte eine weitaus bessere Ausbildung, verfügte über ein höheres Einkommen und war älter als der Durchschnitt der Nichtwähler. Die Personalisierung und Moralisierung politischer Probleme, wie sie in amerikanischen Wahlkämpfen stattfindet, mußte gerade diese Gruppe potentieller Wähler abstoßen. Wahlenthaltung schien hier zu einem bewußten Protest gegen das politische und soziale System der Vereinigten Staaten zu werden.

Der hohe Grade politischer Entfremdung zeigte sich — wie bei anderen Meinungsbefragungen auch — im Mißtrauen der Nichtwähler gegen die politischen Institutionen, die Interessengruppen und die Medien. 63 Prozent der Nichtwähler glaubten, daß die Regierung in Washington nur selten oder nie vernünftig und richtig handeln würde, daß die Bundesregierung vielmehr von wenigen einflußreichen Interessengruppen dominiert werde. 61 Prozent meinten, daß viele Mitglieder der Regierung und Angehörige der Verwaltung unehrlich seien. Und mehr als die Hälfte hatte das Gefühl, daß Fernsehen und Zeitungen einseitig und subjektiv statt fair und objektiv berichteten. Auf die Frage, warum sie nicht wählen würden, antworteten die Interviewten:

1. Kandidaten versprechen das eine, tun aber das Gegenteil (68 Prozent).

2. Es macht keinen Unterschied, wer gewählt wird, weil die Dinge sowieso nicht funktionieren (55 Prozent).

3. Watergate hat gezeigt, daß Politiker sowieso nur ihre eigenen Schäfchen ins Trockene bringen (52 Prozent).

4. Die Kandidaten unterscheiden sich kaum voneinander (50 Prozent).

Spiegelt sich in diesen Daten die bereits mehrfach erwähnte anti-institutionelle Stimmung und die Enttäuschung über das politische System, so wurde die irrationale Seite der politischen Apathie daran erkennbar, daß Nichtwähler offensichtlich nach politischer Führerschaft, nach einem politischen Führer dürsteten. 87 Prozent stimmten darin überein, daß das, was „dieses Land mehr als Gesetze und politische Programme braucht, wenige mutige, unermüdliche, der Sache ergebene politische Führer sind, denen das Volk vertrauen kann". Als Beispiele für derartige politische Führer wurden J. F. Kennedy (50 Prozent), F. D. Roosevelt (20 Prozent), Eisenhower und Truman (je 10 Prozent) genannt. Mit Ausnahme der Gruppe, die bewußt aus Protest gegen das politische System nicht wählt, zeigt sich auch hier, daß Personalisierung als Mittel zur Bewältigung politischer Probleme und Konflikte erscheint.

Außer den Folgen des Vietnamkrieges und der Watergate-Affäre haben die Auswirkungen der *Weltwirtschaftskrise* von 1975/76 die politische Apathie im Wahlkampf und die geringe Wahlbeteiligung gefördert. Die Arbeitslosenquote war 1975 auf 8,5 Prozent gestiegen und auch die Zahl derjenigen, die unter der offiziellen statistischen Armutsgrenze lebten, hatte sich 1974 (erstmals wieder seit 1968) erhöht. Es bestand Anlaß zu vermuten, daß Arbeitslose und Arme sowie die von Arbeitslosigkeit und Armut Bedrohten im Wahljahr 1976 völlig aus dem politischen System herausfallen und nicht wählen würden. Bei diesen Bevölkerungsgruppen lag jedoch das eigentliche Wählerpotential des Demokratischen Präsidentschaftskandidaten. Nur der beispiellosen Anstrengung der Gewerkschaften, einiger Organisationen der Schwarzen und einiger lokaler Demokratischer Parteiorganisationen war es zu danken, daß ein großer Teil dieser Wählergruppen am Wahltag dann doch seine Stimme abgab.

Vertrauensverlust in die politischen Institutionen, undifferenzierte und gefühlsbetonte Unzufriedenheit mit dem politischen System und Enttäuschung über Parteien und Politiker — dies waren die Folgen des Vietnamkrieges, der Watergate-Affäre und der Weltwirtschaftskrise, die den Rahmen absteckten, innerhalb dessen die amerikanischen Präsidentschaftswahlen 1976 stattfanden.

Literatur:

Der meiner Analyse in diesem Kapitel zugrunde liegende Begriff des organisierten Kapitalismus ist ausführlich diskutiert worden in dem Sammelband Heinrich August Winkler (Hrg.), Organisierter Kapitalismus. Voraussetzungen und Anfänge. Göttingen 1974; es sei besonders auf die Beiträge von *Jürgen Kocka,* Organisierter Kapitalismus oder Staatsmonopolistischer Kapitalismus? Begriffliche Vorbemerkung, und *Hans-Jürgen Puhle,* Der Übergang zum Organisierten Kapitalismus in den USA — Thesen zum Problem einer aufhaltsamen Entwicklung, verwiesen. Als Einführung in die moderne amerikanische Wirtschaftsgeschichte ist für den deutschen Leser geeignet: *Hans Jaeger,* Geschichte der amerikanischen Wirtschaft im 20. Jahrhundert. Wiesbaden 1973. Eine empirische Untersuchung des amerikanischen Wohlfahrtsstaates, insbesondere des Wachstums der öffentlichen Haushalte und Bürokratien hat vorgelegt *Roger A. Freeman*, The Growth of American Government. A Morphology of the Welfare State. Stanford, California, 1975. Die gelungenste Analyse der Geschichte des Präsidentenamtes ist von *Arthur M. Schlesinger Jr.*, The Imperial Presidency. London 1974, geschrieben worden. Der Verfasser geht in seiner Darstellung zu den ursprünglichen Intentionen der Gründerväter, die die Verfassung berieten, zurück und entfaltet dann die zunehmende Verselbständigung des Präsidentenamtes gegenüber den anderen Institutionen des Regierungssystems. *Schlesinger* trifft die Unterscheidung zwischen permanent government und presidential government, die wir übernommen und weiterentwickelt haben. Als Überblick und Einführung in das Kräfteverhältnis zwischen Präsident und Kongreß nach Vietnam und Watergate ist hervorragend geeignet: Congressional Research Service, Library of Congress (Hrg.), Resolved: That the Powers of the Presidency Should be Curtailed. Washington 1974. Dieser Sammelband ist aufgrund eines entsprechenden Beschlusses des Repräsentantenhauses zusammengestellt worden. Er enthält u. a. Aufsätze über die Geschichte der Präsidentschaft, die Notstandsrechte des Präsidenten, die Vorgeschichte des War Powers Act und des Congressional Budget Act. Als Einführung geeignet ist ebenfalls der Beitrag von *James L. Sundquist,* Congress and the President: Enemies or Partners? in: Henry Owen und Charles L. Schultze (Hrg.), Setting National Priorities. The Next Ten Years. Washington D.C. 1976. Die Geschichte der Executive Office und der White House Office hat scharfsinnig und kenntnisreich ein früherer Mitarbeiter zweier Präsidenten untersucht: *Stephen Hess,* Organizing the Presidency. Washington D.C. 1976. Einige der Empfehlungen des Verfassers für die Reorganisation des Weißen Hauses und des Verhältnisses zwischen Präsident und Ministerien sind von Jimmy Carter übernommen worden. Über neuere institutionelle und verfahrensmäßige Änderungen im Kongreß informiert Congressional Quarterly (Hrg.), Inside Congress. Washington D.C. 1976. Die Geschichte des Repräsentantenhauses hat geschrieben *Georg B. Galloway* (überarbeitet von Sidney Wise), History of the House of Representatives. New York 1976 (2. Auflage). Eine ausgezeichnete Einführung in die Judikative bietet Congressional Quarterly (Hrg.), The Supreme Court. Justice and the Law. Washington D.C. 1974. Dieser Band enthält Abschnitte über die Geschichte des Obersten Bundesgerichts, die Institutionen der Bundesjustiz, Kurzbiographien der Mitglieder des Supreme Court sowie eine Zusammenstellung der Entscheidungen des Obersten Bundesgerichts 1969—1973 und der Entscheidungen der Bundesgerichte in der Watergate-Affäre bis 1973. Die Watergate-Affäre im Zusammenhang mit der Entwicklung

des Präsidentenamtes ist analysiert in *Peter Lösche*, Watergate —
Einige Überlegungen zur Krise des amerikanischen Regierungssystems,
in: aus politik und zeitgeschichte B 21/75 (24. Mai 1975). Eine Darstellung der einzelnen Skandale und Ereignisse um die Watergate-
Affäre findet sich in *Theodore H. White*, Breach of Faith: The Fall of
Richard Nixon. New York 1975. Schließlich haben zwei amerikanische Politiker über die Veränderungen im amerikanischen Regierungssystem im Zusammenhang mit Vietnam und Watergate geschrieben: *Theodore C. Sorensen*, Watchmen in the Night. Presidential
Accountabiliy after Watergate. Cambridge, Mass. und London 1975
und *Walter F. Mondale*, The Accountability of Power. Toward a
Responsible Presidency. New York 1975.

II.
Amerikanisches Parteiensystem und die Präsidentenwahlen 1976

Unwissen, Halbinformationen und Vorurteile bestimmen häufig das Bild, das wir uns in Deutschland von den Vereinigten Staaten machen. So findet sich immer wieder und auch heute noch die Meinung, die wirtschaftliche, soziale und politische Entwicklung des kapitalistischen Westeuropas und der Bundesrepublik folge der amerikanischen, wenn auch um etwa ein Jahrzehnt verzögert. „Amerikanisierung" heißt dann das Schlagwort. Umgekehrt wird häufig angenommen, daß die amerikanische Gesellschaft und ihr politisches System prinzipiell nur eine Erweiterung und Ausdehnung Europas darstellten. Beides sind grobe Vereinfachungen: Es werden wesentliche Unterschiede zwischen beiden Kontinenten übersehen, ursprünglich amerikanische Traditionen, Institutionen und Besonderheiten nicht zur Kenntnis genommen. Dies trifft z. B. auf das amerikanische Parteiensystem, die einzelnen Parteien und insbesondere die Demokratische Partei zu. Philologisch mag die Übersetzung von „Partei" „party" lauten. Doch verbergen sich hinter beiden Begriffen völlig verschiedene politische und soziale Realitäten.

1. Deutsche Parteien und amerikanische (Un)Parteien?

Der deutsche Leser verbindet mit dem *Begriff „Partei"* bestimmte Vorstellungen, die Robert Michels 1910 in seinem Buch „Zur Soziologie des Parteiwesens in der modernen Demokratie. Untersuchungen über die oligarchischen Tendenzen des Gruppenlebens" am Beispiel der SPD beschrieben hat. Eine Partei ist demnach eine relativ dicht und straff von unten nach oben hierarchisch aufgebaute Organisation mit einem fast allmächtigen Parteivorstand an der Spitze, mit ehrenamtlichen Funktionären und hauptberuflichen Parteibürokraten auf allen Ebenen, vom Ortsverein bis zum PV. Die Parteimitglieder tragen ihr Parteibuch im Jackett, zahlen regelmäßig ihren Mitgliedsbeitrag und treffen sich in verqualmten Kneipen zu Zahlabenden und heißen Diskussionen. Zwar mag es Flügel- und Gruppenbildungen in der Partei geben und die innerparteiliche Demokratie immer wieder beschworen werden, doch bekennen sich alle zum gleichen Parteiprogramm, Parteidisziplin hält die einfachen Mitglieder nach außen, Fraktionsdisziplin die Parteivertreter in den Parlamenten zusammen. Die Partei handelt in den Parlamenten und Regierungen geschlossen, sie wird zu einer quasi-staatlichen Institution. Die hier genannten Merkmale, die die deutschen Parteien mehr oder weniger auszeichnen, treffen auf jene politischen Institutionen nicht zu, die in den Vereinigten Staaten das Etikett „party" — „Partei" tragen. Organisatorisch vielmehr sind auf der Bundesebene die beiden großen Parteien in Amerika, Demokraten und Republikaner, nicht viel mehr als ein äußerst lockerer Zusammenschluß lokaler, bezirklicher und einzelstaatlicher Parteiorganisationen, ein Konglomerat höchst unterschiedlicher Gruppierungen. Diese lose Föderation wird fast ausschließlich durch das gemeinsame Bemühen zusammengehalten, einen Präsidentschaftskandidaten zu nominieren und in das Weiße Haus zu entsenden. Relativ fest gefügte, auf dem Öl der Patronage geschmiert laufende Parteiorganisationen gibt es nur auf der lokalen Ebene, in den Gemeinden und Kreisen sowie in einigen Einzelstaaten. In vielen Staaten allerdings sind die Parteien — wie im Bund — ebenfalls nur lockere Koordinationsgremien, sie können die Politik der lokalen Organisationen kaum beeinflussen, geschweige denn kontrollieren. Zugespitzt ist gesagt worden, daß es in den Vereinigten Staaten eigentlich keine nationalen Bundesparteien gibt, daß — im Vergleich zu den europäischen Parteien parlamentarischer Regierungssysteme — amerikanische „parties" Un-Parteien, ja Anti-Parteien sind.

So stellen z. B. die *Nationalausschüsse der beiden großen Parteien*, das Democratic National Committee und das Republican National Comitee (formal den Bundesvorständen unserer Parteien vergleichbar), lediglich unverbindliche Koordinationsgremien von Parteibünden dar. Ihre Aufgabe besteht darin, alle vier Jahre einen Parteikonvent zur Auswahl eines Präsidentschaftskandidaten und zur Verabschiedung einer Wahlplattform sowie der Parteistatuten vorzubereiten und durchzuführen. Der Nationalausschuß setzt sich aus den Delegierten der Einzelstaaten zusammen und ist schon wegen der großen Zahl seiner Mitglieder nicht aktionsfähig. Zum Democratic National Committee zählten 1976 320 Personen, darunter mindestens je vier aus den bevölkerungsmäßig kleinsten Staaten wie Alaska, Nevada oder Vermont und bis zu 18 Repräsentanten aus den beiden bevölkerungsstärksten Staaten New York und Kalifornien. Das dem National Comitee formal übergeordnete 26köpfige Executive Committee der

Demokraten koordiniert gleichsam unverbindlich das unverbindliche Koordinationsgremium, den Nationalausschuß. Der Parteivorsitzende (Chairman), bei den Demokraten bis zum 31. Januar 1977 der texanische Geschäftsmann Robert S. Strauss, seit dem 1. 2. 1977 Kenneth Curtis (ehemaliger Gouverneur von Maine und persönlicher Freund Carters), hat formal keine Machtbefugnisse und es bleibt oft seinem Geschick überlassen, ob die Bundespartei mehr als ein bloßes Etikett ist. Der eigentliche Parteivorsitzende ist der jeweilige Präsident bzw. (wenn die Partei bei den Wahlen unterlag) der Präsidentschaftskandidat, auf dessen Vorschlag der Nationalausschuß in der Regel auch den Parteivorsitzenden bestätigt.

Gehörte es noch vor einigen Jahren zu den Aufgaben der Nationalausschüsse, den Wahlkampf eines Präsidentschaftskandidaten organisieren und finanzieren zu helfen, so wurde diese Aufgabe durch die staatliche Wahlkampffinanzierung 1976 z. T. obsolet. Wie macht- und funktionslos die Gremien der Bundesparteien sein können, zeigte sich in extremer Weise am Wahlkampf Nixons 1972. Der sich um Wiederwahl bewerbende damalige Präsident baute seine Wahlkampforganisation unabhängig und ohne jede Verbindung zum Republican National Committee auf, führte seinen Wahlkampf direkt aus dem Weißen Haus und ohne den Namen seiner Partei zu erwähnen. Robert Dole, damals Vorsitzender des Republikanischen Nationalausschusses und Senator aus Kansas, konnte daher zu Recht nach den Watergate-Enthüllungen sagen, daß er und das Republican National Committee mit der Wiederwahl Nixons überhaupt nichts zu tun gehabt hätten. Es liegt auf der Hand, daß Nixon durch sein Verhalten die Republikanische Partei erheblich geschwächt hat. Im Unterschied dazu haben im Wahlkampf 1976 sowohl Gerald Ford wie Jimmy Carter sich bewußt bemüht, ihre Bundesparteien in den Wahlkampf einzubeziehen. Während zwischen Weißem Haus, President Ford Commitee und Republikanischem Nationalausschuß nur unregelmäßige Konsultationen stattfanden, da Ford seinen Amtsbonus als Präsident voll einsetzte und sein Wahlkampf professionell am Regierungssitz geplant wurde, war die Zusammenarbeit zwischen Carter-Organisation und Demokratischer Partei enger. Zwischen beiden Organisationen fanden nicht nur regelmäßig Besprechungen auf allen Ebenen, vom Bund bis in die Einzelstaaten, statt, sondern Verbindungsbüros mit hauptamtlichen Mitarbeitern wurden errichtet und der Wahlkampf arbeitsteilig organisiert.

Sozial stellen *amerikanische Parteien Wahlkartelle* wirtschaftlicher, gesellschaftlicher, ethnischer, rassischer u. a. Interessengruppen dar. Die nationalen und einzelstaatlichen Organisationen werden außer der gerade beschriebenen horizontalen Dezentralisation so zusätzlich noch vertikal in verschiedene Flügel und Fraktionen zerrissen (Caucus ist hierfür der gebräuchlichste Ausdruck).

Die Fragmentierung der Parteien wird durch den politischen Föderalismus und die — vergleicht man mit der Bundesrepublik — relativ große Autonomie der Kommunen, durch die große Zahl und Vielfalt der Wahlämter auf allen Ebenen und in sämtlichen Lebensbereichen begünstigt und verstärkt. Dieser Föderalismus konserviert die diffuse Parteistruktur um so mehr, als er nicht nur politisch-institutionell verankert ist, sondern durch regionsspezifische, einzelstaatliche und in wenigen Fällen sogar lokale Konzentration von Einzelkapitalen und Kapitalfraktionen historisch und gesellschaftlich begründet ist. Hinzu kommen die große Ausdehnung und Vielfalt des amerikanischen Kontinents, auch heute noch vorhandene Gegensätze zwischen den einzelnen Regionen, wirtschaftliche und sozialstrukturelle Unterschiede zwischen den Staaten, die sich in einer programmatisch-zentralistischen Partei des europäischen Typs nur schwer miteinander vereinbaren ließen.

Aus historischen Gründen und aufgrund politisch-institutioneller Regelungen hat sich ein Zweitparteiensystem herausgebildet, das amorphe Organisationen wie die der Republikaner und Demokraten begünstigt und sogenannte Dritte Parteien, die den europäischen ähneln könnten, benachteiligt. Eine solche Wirkung hat das Mehrheitswahlrecht, das automatisch jede Stimme, die für den Kandidaten einer Minderheitspartei abgegeben wird, unter den Tisch fallen läßt. Die Wahlgesetze aller Einzelstaaten schreiben die Mehrheitswahl vor, mögen sie auch sonst extrem voneinander differieren und selbst für die Wahlen zum Präsidenten und Kongreß sich von Bundesstaat zu Bundesstaat wesentlich unterscheiden, was wiederum nur ein Ausdruck für den beschriebenen politischen Föderalismus ist.

Nach dem bisher gesagten wird es auch verständlich, daß die *Mitglieder des Repräsentantenhauses und des Senats* sich als Interessenvertreter ihrer Wahlkreise, der Congressional Districts, und der Einzelstaaten, begreifen und eben nicht als Repräsentanten ihrer Partei, deren Etikett sie manchmal mehr zufällig als aus inhaltlichen Gründen tragen. Bei Abstimmungen über Gesetzentwürfe ist Fraktionsdisziplin im Kongreß unbekannt. In nur etwas mehr als einem Drittel aller namentlichen Abstimmungen, die 1976 in beiden Häusern des Kongresses stattfanden, standen sich eine Mehrheit von Demokraten auf der einen und eine Mehrheit von Republikanern auf der anderen Seite gegenüber. Der Mangel an Fraktionsdisziplin wird noch deutlicher, wenn das individuelle Abstimmungsverhalten einzelner Parlamentarier untersucht wird. So stimmte der den Demokraten zugerechnete Senator Byrd (Virginia) bei 81 Prozent aller namentlichen

Abstimmungen 1976 gegen die Mehrheit seiner Partei, die Republikanischen Senatoren Case (New Jersey) sowie Brooke (Massachussetts) und Schweiker (Pennsylvania, von Ronald Reagan 1976 zu seinem Vizepräsidentschaftskandidaten nominiert) zu 75 Prozent bzw. 73 Prozent gegen die Mehrheit ihrer Partei. Gleiches gilt für Mitglieder des Repräsentantenhauses: Bingham (Demokrat, New York), Devine (Republikaner, Ohio) und Robinson (Republikaner, Virginia) opponierten in 95 Prozent der namentlichen Abstimmungen gegen die Mehrheit ihrer Fraktion. Die politische Position eines Kongreßmitgliedes kann also nicht an seiner Fraktionszugehörigkeit abgelesen werden, sondern nur an seinem individuellen Abstimmungsverhalten, dem sogenannten voting record, der verschiedenen Interessengruppen dazu dient zu entscheiden, ob sie einen Parlamentarier im Wahlkampf organisatorisch und finanziell unterstützen oder nicht. Lediglich in Fragen der Organisation des Kongresses, der Besetzung der Ausschüsse, der Auswahl der Ausschußvorsitzenden, der Ernennung des Parlamentspräsidiums wird Fraktionsdisziplin eingehalten. Anders als in parlamentarischen Regierungssystemen wie in der Bundesrepublik und Großbritannien wird der Regierungschef im präsidentiellen Regierungssystem der Vereinigten Staaten nicht von der Mehrheit(sfraktion) des Parlaments, sondern in (indirekter) Volkswahl gewählt. Mithin bedarf es schon allein aus diesem Grund zum Funktionieren des politischen Systems in Amerika nicht der Fraktionsdisziplin. Das Fehlen relativ geschlossener Parteien in den politischen Institutionen des Regierungssystems hat für den einzelnen Parlamentarier eine weitere Folge: Die Repräsentanten und Senatoren sind in ihren Wahlkreisen und in Washington viel offener dem Druck und Einfluß von Interessengruppen als in parlamentarischen Systemen ausgesetzt, in denen die Abgeordneten sich hinter den Schutzschild der Fraktionsdisziplin und ihrer Parteiorganisation zurückziehen können. Einige der Bestechungsaffären, die in den letzten Jahren im Kongreß aufgedeckt worden sind — die koreanische Regierung hatte mehrere Parlamentarier bestochen, die Molkereilobby und einige Großunternehmen haben einigen Abgeordneten unerlaubte Wahlspenden zugesteckt — sind u. a. aus dem Mangel an Fraktionsdisziplin und dem Fehlen einer nationalen, finanzkräftigen Bundespartei zu erklären. Gleiches gilt übrigens für die meisten Einzelstaaten, auch hier gibt es in den Landtagen keine Fraktionsdisziplin. Lediglich in wenigen Staaten wie Minnesota und Wisconsin haben sich Ansätze zu — für amerikanische Verhältnisse — festgefügten, programmatischen Parteien entwickelt, deren Parlamentsvertreter sich gelegenthich der Fraktionsdisziplin beugen.

Ein weiterer Unterschied zu deutschen Parteien besteht darin, daß weder Republikaner noch Demokraten eine Parteimitgliedschaft nach unserem Verständnis kennen, also Parteibücher, regelmäßige Zahlung von Beiträgen, Besuch von Mitgliederversammlungen und Bekenntnis zu einem bestimmten Parteiprogramm unbekannt sind. Vielmehr gilt als *Parteimitglied,* wer bei seiner Eintragung in die Wählerliste beim zuständigen Wahlamt, beim sogenannten Registrieren (eine automatische Aufnahme in die Wählerliste wie in der Bundesrepublik gibt es nicht), seine Absicht zu Protokoll gibt, an den Vorwahlen, den „Primaries", einer bestimmten Partei teilnehmen zu wollen oder sich einer bestimmten Partei zuzurechnen. Diese Primaries dienen der innerparteilichen Auswahl und Nominierung von Kandidaten für kommunale, einzelstaatliche und bundesstaatliche Wahlämter sowie der Wahl von Parteifunktionären. Die Zahl der Vorwahlen für das Präsidentenamt ist in den letzten Jahren erheblich angestiegen. Fanden sie 1968 in 17 und 1972 bereits in 20 Staaten statt, so stieg deren Zahl 1976 auf 29 (und den District von Columbia). In mehr als der Hälfte der Staaten konnten die Parteimitglieder folglich am Auswahlverfahren ihres Präsidentschaftskandidaten teilnehmen, und der Nominierungsprozeß öffnete sich für Außenseiter und bundesweit wenig bekannte Politiker. Die erfolgreiche Kandidatur Jimmy Carters 1976, aber auch schon George McGoverns 1972 erklärt sich u. a. aus dieser Öffnung des innerparteilichen Willensbildungsprozesses. Der Nachteil für die sowieso schon machtlosen, dezentralisierten und fragmentierten Bundesparteien besteht darin, daß sie immer mehr Einfluß auf den Nominierungsprozeß verlieren, daß die Parteien zur leeren Hülse für das Auswahlverfahren, bestenfalls zu Nominierungsmaschinen zu werden drohen. Als Organisationen entwickelten sich die Bundesparteien so zunehmend zu Institutionen ohne demokratische Verantwortlichkeit, im genannten Fall ohne jede Haftung für ihren Präsidentschaftskandidaten. Früher hatten zumindest die lokalen und einige einzelstaatlichen Parteiorganisationen dadurch mehr Einfluß auf die Auswahl des Präsidentschaftskandidaten, daß lokal Nominierungsversammlungen und regional Nominierungsparteitage, sogenannte Caucuses, zusammentraten. Heute gibt es nur noch 22 dieser Caucus-Staaten. Im übrigen sind die innerparteilichen Statuten und gesetzlichen Regelungen für Vorwahlen und Caucuses von Staat zu Staat so verschieden, daß sie für den Außenstehenden nachgerade chaotisch erscheinen — auch dies ist wiederum ein Ausdruck für den politischen Föderalismus in Amerika.

Eine andere Aufgabe, die in Deutschland von den Parteien übernommen wird, fehlt in den USA, nämlich die *Finanzierung der Wahlkämpfe.* Bisher hatte jeder Kandidat seinen Wahlkampf entweder aus eigener Tasche zu bezahlen oder er mußte private Spenden eintreiben. Obwohl es seit Jahrzehnten eine rigide Offenlegungspflicht für die Wahlkampffinanzierung gibt, ist nicht zuletzt durch die Watergate-Affäre aufgedeckt worden, wie amerikanische Politiker bereits als Kandidaten dem Druck und Einfluß von Interessengruppen oder privaten Mäzenen ungeschützt ausgesetzt sein können. Zwar hat es schon kurz nach der Jahrhundertwende Vorschläge gegeben, Parteien und Kandidaten aus staatlichen Mitteln für ihren Wahlkampf zu unterstützen. Doch erst der für die Wahlen 1976 geltende novellierte Federal Election and Campaign Act ermöglichte staatliche Subventionen für die Präsidentenvorwahlen und -wahlen. Es ist heute abzusehen, daß die staatliche Wahlkampffinanzierung in den nächsten Jahren auf die Kongreßwahlen ausgedehnt wird. Doch werden die Parteien dadurch in ihrer Funktion nicht gestärkt, sondern weiter geschwächt: Die staatlichen Mittel fließen nämlich — mit der Ausnahme eines geringen Betrages bei den Präsidentenwahlen 1976 — direkt an die Kandidaten und nicht an die Parteien. Während bisher einige lokale und einzelstaatliche Parteiorganisationen ihren Kandidaten für Wahlämter wenigstens beim Eintreiben und Sammeln von Spenden halfen, wird diese Aufgabe künftig wohl entfallen.

Der heterogene, ja diffuse Charakter amerikanischer Parteien zeigt sich auch darin, daß weder Republikaner noch Demokraten ein die Parteimitglieder verbindendes und bindendes Programm besitzen. Die *Wahlplattformen,* die alle vier Jahre von den Konventen beschlossen werden, die auch die Präsidentschaftskandidaten nominieren, sind Ergebnis endloser Verhandlungen, ja Mauscheleien zwischen den verschiedensten Gruppen, Flügeln, Organisationen und Caucuses. Sie stellen jeweils einen ad-hoc-Kompromiß dar, eine Momentaufnahme sich z. T. sogar widersprechender politischer Aussagen und Auffassungen, die sich schnell wieder verflüchtigt. Dennoch sind diese Parteien nicht ideologielos, wie in manchen Handbüchern zum amerikanischen Regierungssystem zu lesen ist. Ihre Programmlosigkeit kann nicht darüber hinwegtäuschen, daß sie Vertreter einer ihnen gemeinsamen Ideologie vom amerikanischen Traum sind, zu deren Versatzstücken heute der Glaube an die Größe und Einmaligkeit Amerikas, die Heiligkeit des (Besitz-)Individualismus und die Unantastbarkeit des kapitalistischen Wirtschafts- und Gesellschaftssystems gehören.

Amerikanische Parteien waren nicht immer so fragmentiert und dezentralisiert, so macht- und funktionslos, wie sie sich uns heute darstellen. So gab es bereits um 1800 Ansätze zu dicht organisierten, sozial und programmatisch geschlossenen Parteien. Seitdem jedoch richtete sich jede Demokratisierungsbewegung in der amerikanischen Geschichte gegen eine Stärkung der Parteien. Hinzu kam, daß im 19. Jahrhundert, in einer Zeit, in der die Bedeutung des Präsidentenamtes (der einzigen wirklich bundesweiten Institution, wie wir im I. Kapitel gesehen hatten) für Wirtschaft und Politik noch gering war, sich soziale Interessen lokal und regional formulierten. Die vorhandenen Parteiorganisationen und Interessenverbände waren daher an Patronage und Einfluß in den Kommunen und Staaten mehr als an der sie kaum berührenden Bundespolitik interessiert. Hieraus haben sich die sogenannten *Parteimaschinen* entwickelt, versessen auf die Besetzung der zahlreichen Wahlämter und Stellen in den Stadt-, Kreis- und Landesverwaltungen, auf staatliche Aufträge und von der örtlichen Geschäftswelt erpreßte „Spenden". So undurchsichtig die Machenschaften der Parteimaschinen und ihrer Bosse oft waren, so eng sie mit der Maffia und anderen Verbrecherbanden zusammenarbeiteten und ihre Gewinne aus Kneipen, Spielhallen und Bordellen gezogen haben mögen, so übernahmen sie doch — wie wir heute sagen würden — sozialstaatliche Aufgaben. Da es eine Arbeitslosen- und Sozialversicherung nicht gab und Sozialämter fehlten, übernahmen in vielen Großstädten des Nordostens, in denen Proletarier und Einwanderer in Ghettos zusammengepfercht lebten, der Boß und seine Maschine es, Lebensmittel, Kleidung, kleine Geldbeträge und nicht zuletzt Alkohol an die Armen auszuteilen, um dafür am Wahltag dann reiche Stimmenernte zu halten. Mit der Abschaffung des Patronagesystems und der Bekämpfung organisierten Verbrechens durch Polizei und FBI ist die Allmacht der Parteibosse und ihrer Truppen fast überall gebrochen worden. In Kalifornien waren Republikanische und Demokratische Partei um die Jahrhundertwende z. B. fest in der Hand einer Eisenbahngesellschaft, der Southern Pacific. Eine Reformbewegung, die sich 1910 durchsetzte, demontierte schließlich mit Hilfe direktdemokratischer Instrumente wie Referendum, Gesetzesinitiative durch Wähler (Volksbegehren) und Recall die Parteimaschinen, so daß heute auf lokaler Ebene Parteien faktisch nicht existieren, der Staat als „nonpartisan" gilt. Eines der letzten Relikte der städtischen Parteimaschinen war die des Anfang 1977 verstorbenen Bürgermeisters von Chikago, Richard Daley. Da diese Parteimaschinen ein Parteietikett trugen, wurden in jenen Jahren oft bis in unsere Gegenwart fortwirkende Familientraditionen begründet, sich mit einer der beiden großen Parteien zu identifizieren und diese immer wieder zu wählen. Noch bis vor einem Jahrzehnt wurde als Hauptgrund bei Meinungsumfragen, warum Wähler ständig die Kandidaten einer bestimmten Partei wählten, angegeben, man wähle Demokratisch oder Republikanisch, weil schon die Eltern und Großeltern für diese Partei gestimmt hätten.

Außer den genannten traditionellen und persönlichen Gründen gab und gibt es natürlich weitere Ursachen dafür, daß einzelne Wähler und Wählergruppen sich mit einer bestimmten Partei identifizieren, sich auch als deren Mitglieder (im beschrieben spezifisch amerikanischen Verständnis) begreifen. Zu diesen Gründen gehört vor allem, daß trotz der von uns betonten Dezentralisation und Fragmentierung der Parteien diese dennoch und selbst als Bundesorganisation in der Vergangenheit mit bestimmten, wenn auch sehr allgemeinen und schwammigen Konzepten und politischen Handlungsweisen gleichgesetzt werden konnten. Dies wird im folgenden am Beispiel der sogenannten New-Deal-Koalition in der Demokratischen Partei weiter und konkreter ausgeführt werden.

Zuvor wollen wir jedoch auf eine Entwicklung im amerikanischen Parteiensystem noch kurz eingehen, die einige Politikwissenschaftler veranlaßt hat, von einer Gefahr der *Desintegration und Auflösung der Parteien* zu sprechen. Er ist beobachtet worden, daß die Wähler immer weniger ein „straight ticket" wählen, nämlich weniger nur Kandidaten einer Partei ihre Stimme geben. Stattdessen geben für die vielen Wahlämter, die zu besetzen sind, die Wähler ihre Stimmen an Kandidaten verschiedener Parteien, orientieren sich also weniger an der Partei als an den Personen, die für die einzelnen Positionen kandidieren. Die Zahl der „Einparteienbezirke", der Wahlkreise und Staaten, in denen Kandidaten jeweils nur einer Partei eine Mehrheit erhielten oder gewählt wurden, hat stetig abgenommen. Z. B. ist 1968 im Staat Arkansas ein Republikaner zum Gouverneur (Winthrop Rockefeller) und ein Demokrat zum Senator (J. William Fulbright) gewählt worden, während der Kandidat einer Dritten Partei, nämlich George C. Wallace, die Mehrheit der Stimmen bei der Präsidentenwahl erhielt. Eine Untersuchung des Wahlverhaltens in den einzelnen Wahlkreisen zum Repräsentantenhaus hat ergeben, daß vor 1912 in nur 1,6 Prozent bis 6,8 Prozent der Congressional Districts gewählter Kongreßabgeordneter und der Präsidentschaftskandidat, der im Wahlkreis eine Mehrheit erlangt hatte, nicht der gleichen Partei angehörten. Dieser Anteil ist dann allmählich auf einen Durchschnitt von ca. 15 Prozent in den zwanziger und dreißiger Jahren gestiegen, schnellte nach dem Zweiten Weltkrieg dann empor, um 1972 42 Prozent zu erreichen. Betrachtet man das Wahlverhalten der Wähler selbst, so wird die sich andeutende Tendenz noch deutlicher: Von 1948 bis 1972 ist der Anteil derjenigen, die für Präsident und Mitglied des Repräsentantenhauses Kandidaten verschiedener Parteien wählten, von 38 Prozent auf 62 Prozent gestiegen. Zwar lassen sich in diesem Wahlverhalten regionale Differenzen erkennen — im Süden etwa hat man von 1948 bis 1972 aus Unzufriedenheit mit den Demokratischen Präsidentschaftskandidaten, die als zu liberal erschienen, diese häufig nicht, wohl aber die Demokratischen Kongreßkandidaten gewählt —, doch ist die Tendenz eindeutig. Sie mag allerdings für das Jahr 1976 wegen der Kandidatur

Carters als einem Vertreter der Südstaaten abgeschwächt worden sein, doch liegen bislang hierfür keine Daten vor. Daß es sich bei dem Geschilderten nicht um eine zufällige, oberflächliche und nur auf die bundesstaatliche Ebene beschränkte Entwicklung handelt, zeigen die Wahlen in den Kommunen, Kreisen und Einzelstaaten. Hier ist nämlich der Anteil der „split tickets", jener Wahlscheine, auf denen Kandidaten von mindestens zwei Parteien gewählt worden sind, von 26 Prozent (1952) auf 58 Prozent (1972) gestiegen.

Es gibt einen weiteren Beleg für die Tatsache, daß die Wähler besonders in den letzten beiden Jahrzehnten immer mehr *von den Parteien abrücken* und sich immer weniger mit ihnen identifizieren. Wir wissen aus Meinungsumfragen wie aus den Daten über Wählerregistrierung, daß der Anteil derjenigen, die sich zu den Demokraten bekennen, von 47 Prozent (1952) ziemlich kontinuierlich auf 39 Prozent (Oktober 1976), der Anteil der Republikaner im gleichen Zeitraum von 27 Prozent auf 24 Prozent der registrierten Wähler gesunken ist. Dagegen ist der Anteil der Unabhängigen (man kann sich als „Independent" registrieren lassen, verliert dann aber u. U. — je nach Wahlgesetzen und Parteistatuten in den Einzelstaaten — das Recht, an den Vorwahlen teilzunehmen) von 22 Prozent auf 38 Prozent gestiegen. Die Gruppe der Parteiunabhängigen ist heute also fast so groß wie die der Demokraten. Die Republikaner sind heute in der Gefahr, zu einer Minderheitspartei zu werden. Bei der Wählergruppe mit College-Erziehung ist die zunehmende Entfremdung von den beiden großen etablierten Parteien am dramatischsten verlaufen und mag bereits Hinweise auf die Ursachen für diesen Prozeß geben. Während nach einer Umfrage des Gallup-Instituts 1944 sich 37 Prozent dieser Gruppe zu den Republikanern, 31 Prozent zu den Demokraten und 22 Prozent als Unabhängige bekannten, veränderten sich diese Zahlen bis 1960 kaum, um dann 1973 plötzlich so auszusehen: 30 Prozent Republikaner, 32 Prozent Demokraten und 38 Prozent Unabhängige.

Die *Gründe für das veränderte Wählerverhalten* und für die sich offensichtlich vollziehende Wandlung im Parteiensystem wollen wir kurz umreißen. In den 50er Jahren waren die amerikanischen Wähler politisch kaum engagiert, man war mit dem politischen Prozeß, den Institutionen und damit auch den Parteien zufrieden, fühlte sich verbunden mit „seiner" Partei. Seit Beginn der 60er Jahre brach in der amerikanischen Gesellschaft ein Problem nach dem anderen auf, durchlitten die Vereinigten Staaten mehrere Krisen: Rassenunruhen in den schwarzen Ghettos der Industriegebiete, Bürgerrechtskämpfe im Süden, das Elend der Städte, Ansteigen der Kriminalität und Drogensucht, die Ermordung von John F. Kennedy, Robert F. Kennedy und Martin Luther King als Ausdruck und Symbole latenter und aktueller Gewalt, der

Vietnamkrieg und der Rückzug der Vereinigten Staaten aus Südostasien, die Watergate-Affäre und schließlich die ökonomische Krise Mitte der 70er Jahre. In diesen eineinhalb Jahrzehnten wurden die amerikanischen Wähler wachgerüttelt und politisiert, die vordergründige Biedermeieridylle der 50er Jahre verflüchtigte sich. Besonders unter jüngeren Wählern, die in diesen Jahren zum ersten Mal an die Wahlurne gehen konnten, und im Bildungsbürgertum, prinzipiell aber in allen Bevölkerungsschichten breitete sich erkennbar Enttäuschung darüber aus, daß durch und in den politischen Institutionen die virulenten Probleme nicht gelöst werden konnten, die Institutionen vielmehr in den Augen vieler Amerikaner versagten. Dies drückte sich nicht nur in der veränderten Einschätzung des Präsidentenamtes aus, über die wir im I. Kapitel gesprochen haben, sondern betraf auch die Parteien. Die hervorbrechenden sozialen, wirtschaftlichen und politischen Probleme überlagerten und zerbrachen schließlich bei vielen die Identifikation mit einer der beiden Parteien. Die einzelnen Kandidaten beurteilte man immer weniger nach ihrer Parteizugehörigkeit, dafür um so mehr nach ihrer Einstellung zu einzelnen Fragen („issues" heißt hierfür der schillernde amerikanische Ausdruck). Der im amerikanischen politischen System sowieso vorhandene Zug zur Personalisierung wurde dadurch noch verstärkt. Die beiden großen Parteien konnten sich dem veränderten Wählerverhalten, das in sich selbst äußerst widersprüchlich und diffus ist, nicht anpassen. Wurden Politiker zu Präsidentschaftskandidaten nominiert, die eine (für amerikanische Verhältnisse) klare Position in gesellschaftspolitischen und anderen Fragen einnahmen — wie 1964 der Republikaner Barry Goldwater und 1972 der Demokrat George McGovern —, dann erlitten diese vernichtende Niederlagen (vgl. Anhang, Tabelle 2). Teile jener heterogenen Wählerkoalitionen, die sonst unter dem breiten Schirm mit dem Etikett „Demokraten" oder „Republikaner" Unterschlupf gefunden hatten, waren durch die vorübergehende programmatische Festlegung der Parteien („konservativ" bei Goldwater, „liberal" bei McGovern — auf beide Begriffe gehen wir noch ein) verprellt worden. Heute befinden sich die amerikanischen Parteien in dem Dilemma, daß sie entweder Teile ihrer traditionellen Wählergruppen verlieren, wenn sie sich politisch zu eindeutig festlegen, oder daß sie für die politisierten Wähler unattraktiv bleiben, wenn sie es bei schwammigen und nichtssagenden Wahlprogrammen belassen. Dieses Dilemma schwächt die amerikanischen Parteien als Institutionen des amerikanischen Regierungssystems heute mindestens ebenso wie die oben aufgezeigten strukturellen Besonderheiten.

Es bleibt abzuwarten, wie die Parteien und das Parteiensystem sich in Zukunft entwickeln werden. Von Politikwissenschaftlern werden zwei gegensätzliche Auffassungen vertreten. Die einen glauben, daß wegen der Orientierung politisierter Wähler an konkreten Problemen die schon seit Jahrzehnten vorausgesagte fundamentale Wandlung des Parteiensystems, ein „realignment" eintreffen werde, so daß sich schließlich eine große liberale („linke") und eine große konservative („rechte") Partei gegenüberstehen. Andere hingegen meinen, daß die Parteien weiter auseinanderfallen werden bis sie vielleicht sogar ganz von der Bildfläche verschwinden und die Wähler dann nur noch zwischen einzelnen Personen ohne Parteietikett entscheiden können.

Ob die Spekulation, daß die amerikanischen Parteien völlig zerfallen werden, eines Tages politische Wirklichkeit werden könnte, erscheint uns sehr zweifelhaft. Die Verfechter dieser These berücksichtigen zu wenig, daß trotz der Auflösungserscheinungen, der Dezentralisation und Fragmentierung der Parteien und trotz des vorhandenen bürgerlich-kapitalistischen Konsenses zwischen Republikanern und Demokraten diese gleichwohl Vertreter unterschiedlich akzentuierter *sozialer Interessen* sind, die sich zwar überlappen, deren grobe Konturen jedoch auch in und zwischen den Parteien erkennbar sind. Dies wird auch von den amerikanischen Wählern so gesehen, wie z. B. eine Meinungsumfrage vom August 1976 bestätigt. Die Mehrheit der Befragten sah in den Demokraten die Partei, die das Land besser vor Wirtschaftskrisen und insbesondere vor Arbeitslosigkeit bewahren könne, während die Republikaner eher mit wirtschaftlichem Niedergang in Verbindung gebracht wurden. Die Demokratische Partei wird von Wählern mit Begriffen wie Konjunkturaufschwung, Gewerkschaften und gesellschaftliche Minoritäten, die Republikanische Partei mit wirtschaftlicher Depression und Rezession, Großunternehmen und Country Club identifiziert. Verallgemeinert man von hier aus, so gelten — spätestens seit den 30er Jahren — die Demokraten als „liberal", die Republikaner als „konservativ". Diese Etikette dürfen in ihrer Bedeutung nicht mit den gleichlautenden deutschen Begriffen verwechselt werden. Während der deutsche Liberalismus gerade aus einer Tradition des Nachtwächterstaates (möglichst wenige Eingriffe des Staates in Wirtschaft und Gesellschaft) kommt, meint in der amerikanischen Politik „liberal" das genaue Gegenteil. Der „Liberalismus" des Reform-Präsidenten Franklin D. Roosevelt trug gerade zu vermehrter und intensiverer Staatstätigkeit bei, indem die Macht des Zentralstaates und die Mittel der Bundesregierung in der Situation der Weltwirtschaftskrise in den 30er Jahren dazu genutzt wurden, Probleme zu lösen zu versuchen, die bis dahin den Kommunen, Einzelstaaten oder privaten Verbänden und Organisationen überlassen worden waren. In der sozialwissenschaftlichen Literatur der Vereinigten Staaten wird in diesem Zusammenhang direkt von einer „Nationalisierung" gesprochen, nämlich von der

Herausbildung eines auch politisch zentralisierten Nationalstaates. Im Unterschied dazu beschreibt das Etikett „konservativ" die Opposition gegen die Eingriffe der Bundesregierung in alle Lebensbereiche, betont das Gewicht der Einzelstaaten, Kommunen und privater Organisationen und Verbände. In diesem Sinn hat Ronald Reagan, ehemaliger Gouverneur von Kalifornien und Aspirant für die Präsidentschaft in den Vorwahlen 1976, den Republikanischen Konservatismus nur folgerichtig vertreten, als er verlangte, daß 90 Milliarden Dollar aus dem Bundeshaushalt, die für die verschiedensten Sozialprogramme vorgesehen sind, auf die Staaten und Kommunen verteilt werden. Die amerikanischen Begriffe „liberal" und „konservativ" können inhaltlich am besten mit „staatsinterventionistisch" und „staatsabstinent" übersetzt werden: Die Demokraten befürworten im allgemeinen einen aktiven Bundesstaat, die Republikaner prinzipiell einen eher passiven.
In Deutschland ist manchmal zu hören und zu lesen, daß die Demokratische Partei einer europäischen Sozialdemokratie, die Republikanische einer europäisch-konservativen Partei wie der CDU gleiche. Dies scheint uns eine unzulässige Vereinfachung und damit Fälschung zu sein, weil nicht nur die oben ausführlich beschriebenen Differenzen zwischen deutschen und amerikanischen Parteien übersehen werden, sondern auch weil die *Stellung der Parteien im jeweiligen Regierungs- und Gesellschaftssystem* mißachtet wird. Wir hatten schon gesehen, daß die amerikanischen Parteien vor allen Dingen und zuerst Wahlorganisationen sind. So wird „Partei" in einem Handbuch zum amerikanischen Regierungssystem definiert als „a party is to elect", eine Partei ist dazu da, Kandidaten nominieren und wählen zu können. Mit Ausnahme der Personenauswahl sind amerikanische Parteien keine Institutionen, mit deren Hilfe der Wählerwille gegenüber den Einrichtungen des Regierungssystems wie Parlamenten und Regierungen vermittelt wird. Vielmehr wird die Stellungnahme des amerikanischen Bürgers zu je konkreten Fragen durch den einzelnen Abgeordneten, durch Interessenverbände oder ad-hoc gebildete Organisationen (single-purpose movement) den staatlichen Instanzen gegenüber formuliert. Umgekehrt werden staatliche Entscheidungen den Wählern gegenüber auch nicht durch die Parteien vermittelt und erklärt. Oder abstrakt formuliert: In viel geringerem Maß als die deutschen sind amerikanische Parteien Institutionen zur Legitimation des politischen Systems. Im Unterschied zu den deutschen Parteien sind amerikanische weniger „verstaatlicht", sie haben nicht die Qualität quasi-staatlicher Einrichtungen. Sie wirken viel weniger als die deutschen „bei der politischen Willensbildung des Volkes" mit (Artikel 21 des Grundgesetzes). Konkret: Als sozial heterogene und organisatorisch diffuse Wahlverbände können amerikanische Parteien sich nicht kontinuierlich und umfassend bemühen, ihre

Wähler aufzuklären und politisch zu bilden. Auf die Nominierung und Wahl von Kandidaten fixiert tragen sie zur Personalisierung und — so paradox dies klingen mag — zur Entpolitisierung der amerikanischen Politik bei. Politische, soziale und wirtschaftliche Fragen werden von ihnen nicht als Probleme einer je konkreten Gesellschaft angesprochen, sondern aus eben diesem Kontext gelöst und als moralische Fragen von Gut und Böse verallgemeinert. Von hier aus wird auch verständlich, wie als Reaktion auf Vietnam und Watergate die Schlagworte „Ehrlichkeit", „Aufrichtigkeit", „Sauberkeit" und „Vertrauen" zu einem bestimmenden Thema des Präsidentschaftswahlkampfes 1976 werden konnten. Die deutschen Parteien dagegen erheben zumindest den Anspruch, akute Probleme im Rahmen einer gesellschaftspolitischen Analyse und Konzeption (sei es die katholische Soziallehre, die evangelische Sozialethik oder der demokratische Sozialismus) begreifen und lösen zu wollen.

Am Schluß unserer Darstellung und allgemeinen Überlegungen dürfte es deutlicher geworden sein, warum Autoren schreiben konnten, amerikanische Parteien seien „Un-Parteien" oder sogar „Anti-Parteien", warum in einem Aufsehen erregenden Memorandum Anfang der 50er Jahre amerikanische Politikwissenschaftler beklagen konnten, ihre Parteien seien unverbindlich, ohne Verantwortung — verantwortungslos. Die amerikanischen Parteien sind in einem seit den 20er Jahren immer wieder kolportierten Ausspruch treffend charakterisiert worden: „I'm not a member of any organized political party, I'm a Democrat" — „Ich bin nicht Mitglied einer organisierten Partei, ich bin Demokrat". Eben diese Demokratische (Un-) Partei wollen wir uns im nächsten Abschnitt genauer ansehen.

2. Demokratische Partei und New-Deal-Koalition

Die Demokratische Partei kommt dem Typ der amerikanischen (Un-) Partei deswegen näher als die Republikanische, weil sie sozial heterogenere, geographisch breiter gestreute, programmatisch widersprüchlichere Bevölkerungsgruppen unter ihrem ausladenden Schirm zusammenfaßt. Glaubt man den Handbüchern zum Regierungssystem der Vereinigten Staaten, die zu Dutzenden für College-Studenten geschrieben worden sind, dann sind die Demokraten die Partei der Arbeiter, der Gewerkschaften, der Intellektuellen, des neuen Mittelstandes, der Katholiken, der Juden, der ethnischen Minderheiten, der Schwarzen, der Bewohner der Großstädte, der Südstaatler. Die Republikaner hingegen umfaßten im wesentlichen nur den weißen Mittelstand, die Farmer des Mittleren Westen, die Reichen und die Superreichen, die Weißen angelsächsischer Abstammung und die weißen Protestanten.

Dies war nicht immer so. Vielmehr hatte nach dem Bürgerkrieg (1861—1865) die *Republikanische Partei* sich im Norden als Motor des wirtschaftlichen und technischen Fortschritts sowie der städtischen Expansion hervorgetan. Im Vergleich zu den Demokraten relativ straff organisiert hatten ihre Präsidenten in den 80er und 90er Jahren den Schutzzoll befürwortet und so die Industrialisierung im eigenen Land gefördert, zudem durch direkten Eingriff der Bundesregierung der damals bedeutendsten Industrie, dem Eisenbahnbau und den Eisenbahngesellschaften, hilfreich unter die Arme gegriffen. Die Republikaner wurden so zur Partei des Wohlstandes und der bundesstaatlichen Autorität. Doch auch und gerade in den Städten, in denen die Industriearbeiterschaft lebte, hatte die Partei ihre Hochburgen. Die Demokratische Partei dagegen war viel lockerer organisiert. In der Tradition Jeffersons und als Partei des Südens, der im Bürgerkrieg unterlegen war, richteten sich Skepsis und Opposition der Demokraten gegen jede Art zentralstaatlicher Eingriffe der Bundesregierung in Wirtschaft und Gesellschaft.

Zwischen 1920 und 1936 vollzog sich dann eine grundlegende Veränderung des Parteiensystems, dessen neue Grundzüge bis heute erhalten geblieben sind und in dem die Demokraten zumindest potentiell zur Mehrheitspartei im Bund wurden. Dieser Wandel lag weniger darin begründet, daß Wähler von den Republikanern zu den Demokraten wechselten, als daß neue Gruppen der aktiven Wählerschaft beitraten, nämlich Jungwähler, Schwarze, Einwanderer der ersten und zweiten Generation und Frauen, die 1920 das Wahlrecht erhalten hatten. 1920 und 1924 betrug bei den Präsidentenwahlen die Wahlbeteiligung nur 44 Prozent. Es gab also ein nicht ausgeschöpftes Wählerpotential, das von einem Kandidaten, der bislang apathische Gruppen besonders ansprach, das vor allem aber unter den krisenhaften Auswirkungen der Weltwirtschaftskrise mobilisiert werden konnte.

Schon 1928 zeichneten sich jene Umrisse ab, die einige Jahre später der *New-Deal-Koalition* ihre Gestalt gaben. Gegen den populären Republikaner Herbert Hoover hatten die Demokraten Al Smith als Präsidentschaftskandidaten nominiert, ein Katholik, geboren in einem New Yorker Arbeiterviertel, seine Mutter aus Irland eingewandert. Dies war ein Mann, der die Situation der Arbeiterschaft und das Elend der Großstädte aus eigenem Erleben kannte, zudem ein Favorit der Einwanderer und ethnischen Gruppen. Al Smith wirkte auf einige der Bevölkerungsgruppen attraktiv, die bisher an Präsidentenwahlen nicht teilgenommen hatten. Tatsächlich stieg im Vergleich zu 1924 die Wahlbeteiligung um 26,5 Prozent. Auch wenn Smith die Wahlen verlor, erhielten die Demokraten zum ersten Mal in der amerikanischen Geschichte in den meisten Industriestädten des Nordens eine Mehrheit, darunter in den zwölf größten amerikanischen Städten. In Chikago, wo 1927 noch ein Republikanischer Bürgermeister gewählt worden war, erhielt Smith die überwältigende Mehrheit der ethnischen Stimmen, nämlich die der Litauer (77 Prozent), der Tschechen (73 Prozent), der Polen (71 Prozent), der Italiener (63 Prozent), der Juden (60 Prozent), der Deutschen (58 Prozent), der Jugoslawen (54 Prozent) und der Schweden (51 Prozent). 1928 wurde in der Stadt damit auch die Grundlage für die spätere Parteimaschine Bürgermeister Daleys gelegt.

1932 wurden die Konturen der New-Deal-Koalition noch deutlicher. Die sozialen Auswirkungen der Weltwirtschaftskrise — allein die Arbeitslosenquote erreichte in diesem Jahr 25 Prozent — trieb die Wähler in die Arme des Demokraten Franklin D. Roosevelt. Eine Klassenspaltung zwischen Republikanern und Demokraten zeichnete sich jetzt ab, die den bis dahin dominierenden Regionalismus überlagerte — die Demokraten blieben nicht auf den Süden beschränkt, wie umgekehrt die Republikaner bei den Präsidentschaftswahlen in den Südstaaten aufzuholen begannen.

Die Roosevelt-Koalition, die sich in den 30er Jahren voll herausbildete, umfaßte schließlich folgende Bevölkerungsgruppen, die durch Wirtschaftskrise und einige Erfolge der New-Deal-Politik mobilisiert worden waren und zu aktiven Wählern wurden:

1. *Industriearbeiter:* Ungelernte, Angelernte und Facharbeiter, in den großen Industriestädten des Nordens zu Hause und häufig erst im letzten halben Jahrhundert in die USA eingewandert, die schon 1928 für Al Smith gestimmt hatten, identifizierten sich zunehmend mit der Demokratischen Partei. Zu ihnen gesellten sich schließlich auch die kleinen und mittleren Angestellten. Wie sehr die Demokraten unter Roosevelt zur Partei des „kleinen Mannes" geworden waren, zeigt die folgende Tabelle zur Identifikation verschiedener Berufsgruppen mit den Parteien (1940):

	Repu-blikaner	Demo-kraten	Unabhän-gige	Andere
insgesamt	38	42	19	1
Akademiker	44	29	25	2
Geschäftsleute	48	29	22	1
Angestellte	36	40	22	2
Facharbeiter	36	44	19	1
angelernte Arbeiter	33	47	18	2
ungelernte Arbeiter	27	55	16	2

(Aus: *James L. Sundquist,* Dynamics of the Party System. Washington 1973 S. 202)

Besonders die Gewerkschaftsmitglieder fühlten sich mit den Demokraten verbunden und stimmten für Roosevelt. Mit den städtischen Industriearbeitern wurden auch die Parteimaschinen, die wir oben kurz beschrieben hatten, in die New-Deal-Koalition integriert.

2. *Schwarze:* Bis zum Ende der 20er Jahre wählten die Schwarzen, sofern sie überhaupt ihr Wahlrecht wahrnehmen konnten (besonders in den Südstaaten wurden sie durch hohe Wahlsteuern, schikanöse „Intelligenzprüfungen", Klauseln in einzelstaatlichen Wahlgesetzen und direkte Unterdrückung daran gehindert), traditionell die Partei des Sklavenbefreiers Abraham Lincoln, also Republikanisch. Doch bereits in den 20er Jahren unterstützen Republikanische Präsidenten weiße rassistische Politiker im Süden, in der Hoffnung, dort politisch Fuß fassen zu können. Auch distanzierten die Republikaner sich kaum vom Ku Klux Klan und unterstützten nur halbherzig die Anti-Lynch-Gesetzgebung, die die Neger im Süden vor weißen Übergriffen und Morden schützen sollte. War hier schon eine Entfremdung zwischen schwarzen Wählern und Republikanern eingetreten, so lebten und arbeiteten viele der wahlberechtigten Schwarzen in eben jenen Industriezentren des Nordens, die wie New York, Chikago, Philadelphia, Detroit, Cleveland und Pittsburgh von der Weltwirtschaftskrise besonders hart getroffen wurden. Doch erst einige sozialpolitische Erfolge Roosevelts brachten die Schwarzen in die New-Deal-Koalition, in der sie seitdem die stabilste Säule darstellen. Während 1932 nur 35 Prozent der Schwarzen für Roosevelt stimmten, stieg dieser Anteil 1936 und 1940 auf 70 Prozent.

3. *Katholiken:* Viele der städtischen Industriearbeiter waren Einwanderer der ersten oder zweiten Generation aus Ost- und Südeuropa und damit häufig Katholiken. Zudem wurden Katholiken in einigen Gebieten von der protestantisch-angelsächsischen Mehrheit politisch und sozial diskriminiert, sie fühlten sich hier als Minderheit. Es waren diese Gründe, die die Katholiken dann in das Rooseveltsche Lager brachten.

4. *Juden:* Gleiches gilt für die Juden, die bei Präsidentenwahlen bis 1932 noch mehrheitlich Republikanisch gewählt hatten, 1936 und 1940 aber zu fast 85 Prozent für Roosevelt stimmten. Außer den schon genannten sozialen Gründen zog die liberal-staatsinterventionistische Politik des Präsidenten insbesondere jüdische Intellektuelle an. Schließlich band die außenpolitische Entwicklung, der Kampf der Vereinigten Staaten gegen den deutschen Faschismus und die gegenüber Hitler manchmal ambivalente Haltung einiger Republikaner in den 30er Jahren die jüdischen Wähler fest an die Demokraten.

Wir sehen, daß die New-Deal-Koalition gesellschaftlich die Bevölkerungsgruppen umfaßte, die von der bundesstaatlichen Intervention —

die, wie wir im I. Kapitel gesehen haben, vom Präsidentenamt ausging — eine Verbesserung ihrer wirtschaftlichen und sozialen Lage erwarteten und deren Hoffnungen mit der New-Deal-Gesetzgebung (Arbeitsbeschaffungsprogramme, Sozialversicherung, Arbeitsgesetzgebung) wenigstens z. T. erfüllt wurden. Schließlich gaben bei Präsidentenwahlen die Südstaaten aus Tradition und trotz der liberalen Politik Roosevelts diesem ihre Unterstützung und obwohl seit 1936 eine wachsende Gruppe südstaatlicher Senatoren und Repräsentanten im Kongreß gegen den New Deal opponierte.

Betrachtet man die Breite der New-Deal-Koalition und die Tatsache, daß — wie wir oben gesehen hatten — sich fast doppelt so viele Wähler als Demokraten denn als Republikaner identifizieren, muß es überraschen, daß die Republikaner bei Präsidentenwahlen nicht nur eine reale Chance haben, sondern daß mit Dwight D. Eisenhower und Richard M. Nixon auch zwei Träger dieses Parteietiketts nach dem Zweiten Weltkrieg gewählt worden sind. Oben hatten wir bereits von jenen Auflösungstendenzen des Parteiensystems gesprochen, die besonders in den 60er Jahren auch die Demokratische Partei getroffen haben. Hinzu kommt aber, daß zahlenmäßig eben jene Bevölkerungsgruppen in den letzten drei Jahrzehnten abgenommen haben, die die Roosevelt-Wähler ausmachten.

Dieses *Schrumpfen der New-Deal-Koalition* zeigte sich an den folgenden Entwicklungen. Städtische Industriefacharbeiter und mit ihnen einige ethnische Gruppen wie italienische, polnische, tschechische und jugoslawische Einwanderer sowie Teile der Katholiken und Juden sind wirtschaftlich und sozial aufgestiegen, haben sich aus ihrer Minderheitenposition gelöst, zunehmend ein kleinbürgerlich-konservatives Bewußtsein entwickelt und ein entsprechendes Wahlverhalten an den Tag gelegt. Während 1940 und noch 1948 die weißen Industriearbeiter zu 12 Prozent über dem nationalen Durchschnitt für die Demokratischen Präsidentschaftskandidaten Roosevelt bzw. Harry S. Truman gestimmt hatten, waren dies 1968 bei Hubert H. Humphrey nur noch 3 Prozent, und 1972 stimmten sogar — allerdings unter besonderen Umständen — weiße Arbeiter verhältnismäßig weniger für McGovern als der Durchschnitt der Wähler (-4 Prozent). Außerdem hat der Anteil der gewerkschaftlich Organisierten, die unter Arbeitern und Angestellten den härtesten Stimmenblock für Demokratische Kandidaten darstellten, an der Gesamtzahl der Arbeitskräfte seit Anfang der 50er Jahre stagniert und dann abgenommen. Gerade in den expandierenden Wirtschaftszweigen sind die Gewerkschaften heute am schwächsten. Auch sind die meisten Gewerkschaften verglichen mit ihrer z. T. agressiven sozialreformerischen Politik in den 30er Jahren heute so konservativ geworden, daß zumindest der Bundesvorstand der AFL-CIO sich auf dem rechten

Flügel der alten New-Deal-Koalition befindet. Die Katholiken waren vom sozialen Aufstieg der Facharbeiterschaft ebenfalls so betroffen, daß der erzkonservative politische Autor Kevin P. Phillips 1969 hoffen konnte, in den städtisch-katholischen Wahlbezirken werde eine der Hochburgen einer künftigen Republikanischen Mehrheit liegen. Im übrigen ist auch insgesamt der Anteil der Arbeiter an der Zahl der Arbeitskräfte gesunken, der Anteil der Angestellten, die — von kurzfristigen Ausnahmen abgesehen — erfahrungsgemäß überwiegend den Republikanern zuneigen, gestiegen. In den Städten sind die Demokraten außer durch die genannten sozialen Veränderungen organisatorisch durch die Beseitigung der Parteimaschinen, die einst Patronage und damit auch Einfluß bei Präsidentenwahlen verhießen, getroffen worden. Von den Demokraten wurden vorübergehend in den 60er Jahren als Wähler lediglich die Söhne und Töchter des weißen Klein- und Bildungsbürgertums gewonnen, die von liberalen Kandidaten besonders angezogen wurden. Am schwerwiegendsten für das Schrumpfen der Roosevelt-Koalition ist jedoch gewesen, daß nach dem Zweiten Weltkrieg einige Südstaaten bei Präsidentenwahlen von den Demokraten abfielen, weil diese für den Süden zu liberale Kandidaten nominiert hatten. Hier hat erst in den letzten Jahren mit der Herausbildung des neuen Südens eine andere Entwicklung eingesetzt, auf die wir ausführlich im nächsten Kapitel eingehen werden.

Insgesamt kann festgehalten werden, daß die Klassenspaltung zwischen Republikanern und Demokraten, die in den Roosevelt-Jahren am schärfsten konturiert war, heute unschärfer geworden ist und durch die besonders in den letzten 15 Jahren parallel ablaufende Desintegration der Parteien noch weiter verwischt worden ist. Obwohl die New-Deal-Koalition geschwächt wurde, stellt sie aber nach wie vor — wie am Beispiel der Präsidentenwahlen 1976 noch gezeigt werden wird — die eigentliche Wählerbasis der Demokraten dar.

Erste Anzeichen für die strukturelle Schwäche der New-Deal-Koalition gab es 1956, als einige Schwarze und gewerkschaftlich organisierte Arbeiter den populären Eisenhower wählten. John F. Kennedy konnte 1960 die alte Koalition mit Unterstützung der Parteimaschinen im Norden zusammenhalten und gewann durch die Hilfe seines texanischen Vizepräsidenten-Kandidaten, Lyndon B. Johnson, die Mehrzahl der Südstaaten. Johnson selbst gelang es 1964 in einem Erdrutschsieg schwarze und weiße Südstaatler, Unternehmer und Gewerkschafter, Intellektuelle und traditionalistische Demokraten, Protestanten und Katholiken zu gewinnen. Die Wahlkampfstrategien und die Innenpolitik der Demokratischen Präsidenten(kandidaten) war jeweils darauf angelegt, die alte New-Deal-Koalition neu zu konstituieren. Die Schlagworte vom „Fair Deal" (Truman), von den „New Frontiers" (Kennedy) und von der „Great Society" (Johnson) verhießen einen aktiven Präsidenten und sollten an den New Deal Roosevelts erinnern.

Wir hatten gesehen, daß in den 60er Jahren die aufbrechenden sozialen und politischen Probleme die traditionelle Identifikation der Wähler mit einer bestimmten Partei zunehmend überlagerten. Die inneramerikanischen Auseinandersetzungen um den Vietnamkrieg zerrissen 1968 den bis dahin immer wieder notdürftig geflickten Demokratischen Schirm, die alte New-Deal-Koalition zerfiel in ihre Bestandteile. Johnson war an Vietnam gescheitert, als er unter dem Druck öffentlicher Proteste, studentischer Demonstrationen und von Niederlagen in den Vorwahlen seiner Partei am 31. 3. 1968 erklärte, nicht für eine weitere Amtsperiode kandidieren zu wollen. Die blutigen Straßenschlachten während des Demokratischen Parteitages in Chikago waren nur das äußere Zeichen dafür, wie zerrissen die Demokratische Partei war. Hubert H. Humphrey, den der Parteikonvent als Präsidentschaftskandidaten nominierte, repräsentierte die Reste der alten New-Deal-Koalition, die Gewerkschaften und die wenigen noch verbliebenen städtischen Parteimaschinen. Eugene McCarthy hingegen war der Anti-Vietnam-Kandidat, der die Neue Linke und jene besonders durch den Krieg politisierten und zutiefst verunsicherten Gruppen hinter sich gebracht hatte, die unter dem schillernden Sammelbegriff „New Politics" zusammengefaßt wurden, Studenten, Intellektuelle, oppositionelle Schwarze und Vertreter anderer Minoritäten, einige Frauenorganisationen, als Interessengruppe organisierte Homosexuelle. Die „New Politics"-Anhänger waren weder Proletarier noch Sozialisten oder Kommunisten, auch wenn ihr Vokabular manchmal dem orthoxen Marxismus entlehnt war. Sie standen vielmehr in der Tradition amerikanischer kleinbäuerlicher und kleinbürgerlicher Oppositionsbewegungen, sie waren radikal-demokratisch und forderten politische und soziale Reformen, stellten die kapitalistische Gesellschaft letztlich aber nicht infrage.

Robert F. Kennedy appellierte mit seinem reformerischen Populismus (auf diesen Begriff gehen wir im IV. Kapitel ausführlicher ein) an die gleichen Wählergruppen wie McCarthy und versuchte zugleich, die Demokratischen Traditionalisten zu gewinnen. George Wallace schließlich, Gouverneur von Alabama, repräsentierte den ursprünglich aus den Südstaaten kommenden Rassismus und reaktionären Populismus, der zunehmend im Norden — gerade auch unter der weißen Industriearbeiterschaft — Anhänger fand. Wallace kandidierte schließlich auf der Liste seiner eigens zu diesem Zweck gegründeten Partei, der American Independent Party, und zog bei den Wahlen insbesondere Stimmen von Nixon ab. Die Überraschung der Präsidentenwahlen 1968 bestand nicht darin, daß Humphrey gegen Nixon unterlag, sondern daß er, trotz des desolaten Zustandes der Demokratischen Partei, nur äußerst knapp verlor. Alle Experten sind sich darin einig, daß Humphrey Präsident geworden wäre, hätte die Wahl auch nur eine Woche später stattgefunden. Besonders den Gewerkschaften war es gelungen, nach dem Chikagoer Parteikonvent ihre Mitglieder, Arbeiter und kleine und mittlere Angestellte in einer vorher nie erlebten Aufklärungskampagne zu mobilisieren.

George McGovern ist 1972 mit Hilfe der „New Politics"-Gruppen nominiert worden, die dabei die Gewerkschaften mit ihrem Organisationspotential einschließlich der erfolgreichsten politischen Maschine in den USA und die Demokratischen Parteiorganisationen in den Großstädten — an ihrer Spitze die Daley-Maschine — verprellten. Nach seiner Nominierung konnte McGovern die Mehrheit der Gewerkschaften und der Demokratischen Großstadtorganisationen nicht mehr für sich gewinnen. So war er der Kandidat einer zwar relativ homogenen, aber viel zu schmalen Koalition. Nixon schnitt daher tief in die alte New-Deal-Koalition bei den Wahlen hinein: Für ihn stimmten 57 Prozent der Arbeiter, 54 Prozent der Haushalte, in denen ein Gewerkschaftsmitglied lebte, 52 Prozent der Katholiken, er gewann sogar über ein Drittel der jüdischen Stimmen. War die New-Deal-Koalition damit endgültig zerbrochen?

Die weiter unten folgende Analyse des Ergebnisses der Präsidentenwahlen 1976 wird auf diese Frage eine Antwort geben. Zuvor sollen jedoch noch einige Veränderungen in der Demokratischen Partei betrachtet werden, die das Auseinanderfallen der New-Deal-Koalition begünstigt und beschleunigt haben.

Während bis 1968 die Vertreter der New-Deal-Koalition die Demokratischen Parteitage und auch den Nationalausschuß beherrschten, setzten die Anhänger der „New Politics" durch, daß die *Parteistatuten* in einigen wesentlichen Punkten umgeschrieben wurden und damit auch das äußere Bild der Demokratischen Partei neu modelliert wurde. Die vom Chikagoer Parteitag eingesetzte innerparteiliche Reformkommission unter George McGovern (später, als dieser seine Präsidentschaftskandidatur erklärt hatte, unter Donald M. Fraser, Kongreßabgeordneter aus Minnesota) schlug dem Nationalausschuß der Demokraten die folgenden Statutenänderungen vor, die von diesem akzeptiert wurden und für den Parteikonvent 1972 galten:

1. Das größte öffentliche Aufsehen erregte die Einführung des sogenannten *Quotensystems*. Die Anhänger der „New Politics" hatten kritisiert, daß unter den Parteitagsdelegierten im Vergleich zur Demokratischen Wählerschaft und zu den Parteimitgliedern Frauen, Jungwähler (18—29 Jahre alt) und Schwarze unterrepräsentiert seien. Daher wurden die Parteiorganisationen in den Einzelstaaten ver-

pflichtet, alle notwendigen Schritte zu unternehmen, um sicherzustellen, daß Mitglieder dieser „Minderheitsgruppen" in vernünftigem Verhältnis zum Anteil ihrer Gruppe unter den Wählern als Parteitagsdelegierte gewählt wurden. Durch diese Satzungsänderung sahen besonders die Gewerkschaften ihren bisherigen Einfluß auf Demokratischen Parteitagen bedroht. Um die Absurdität eines Quotensystems zu illustrieren, das die Frauen mit einem Anteil von 51,3 Prozent an der Gesamtbevölkerung zu einer „Minderheitsgruppe" stempelte, hatte der Delegierte des Automobilarbeiterverbandes in der McGovern-Kommission verlangt, die Quoten entweder nach Einkommensgruppen oder nach Stellung der Wähler im Produktionsprozeß festzusetzen. Wäre ein solches Quotensystem beschlossen worden, hätten die Gewerkschaften ihre bisherige Macht wesentlich vergrößert, Studenten und Intellektuelle aber, die durch die schließlich beschlossene Satzungsänderung begünstigt worden waren, wären fast ohne Parteitagsmandate geblieben.

2. Das für die innerparteilichen Vorwahlen in vielen Staaten geltende „winner-take-all"-System wurde abgeschafft. Danach wurden nicht mehr dem Präsidentschaftskandidaten, der in einer Primary die (relative) Mehrheit der Stimmen gewonnen hatte, alle Parteitagsdelegierten dieses Staates zugesprochen, sondern im Prinzip erhielt jeder Präsidentschaftskandidat proportional zu den für ihn abgegebenen Stimmen auf ihn festgelegte Parteitagsdelegierte. Viele politische Beobachter hatten für 1972 und 1976 befürchtet, daß wegen der Beseitigung der „winner-take-all"-Regel kein Spitzenkandidat aus den Vorwahlen hervorgehen könnte und dann der Parteikonvent zu entscheiden haben würde, die Nominierung damit aber letztlich in den verrauchten Hinterzimmern von wenigen Fraktionsführern und Bossen getroffen würde. Bekanntlich ist das Gegenteil eingetroffen.

3. Auch die bis dahin für viele Einzelstaaten geltende „unit-rule" wurde gestrichen. Entsprechend mußte die Delegation eines Staates in Personal- und Sachfragen auf dem Parteitag nicht mehr geschlossen stimmen, sondern jeder einzelne Delegierte konnte selbst entscheiden, wie er stimmen wollte.

Die drei Satzungsänderungen waren Ausdruck des Mißtrauens gegen eine zu starke Parteiorganisation, sie schwächten insbesondere den Einfluß der Gewerkschaften und lokalen Parteiverbände, die, wie wir gesehen hatten, in einigen Großstädten über sozial relativ homogene und straffe Organisationen verfügten.

Der *Demokratische Parteikonvent 1972 in Miami* hatte daher im Vergleich zu seinen Vorgängern ein völlig verändertes Gesicht. Gewerkschaftler und Demokraten aus den städtischen Parteiorganisationen, Bürgermeister Demokratisch regierter Städte, Demokratische Mandatsträger wie Senatoren, Kongreß- und Landtagsabgeordnete waren zurückgedrängt worden. In den Caucus-Staaten waren sie häufig nach endlosen, ermüdenden Redeschlachten bei Abstimmungen in den frühen Morgenstunden gegen junge idealistische Intellektuelle unterlegen. Studenten, Schwarze, Frauen, Homosexuelle bestimmten die farbige, manchem Fernsehzuschauer allerdings auch chaotisch anmutende Szene des Parteitages. 80 Prozent der Parteitagsdelegierten hatten vorher noch nie an einem Parteitag teilgenommen, sie waren blutige politische Amateure. Im Vergleich zu 1968 war der Anteil der Jungwähler unter den Delegierten von 4 Prozent auf 21,4 Prozent, der Schwarzen von 5,5 Prozent auf 25,2 Prozent, der Frauen von 13 Prozent auf 39,9 Prozent gestiegen. Unterrepräsentiert blieben die weißen männlichen Arbeiter und Angestellten. Zum ersten Mal traten in Miami Frauen und Schwarze als besondere Fraktion, als „Caucus" auf.

In monatelanger Basisarbeit hatten die sogenannten Minderheitsgruppen die Kandidatur George McGoverns vorbereitet. Dieser galt im amerikanischen politischen Spektrum als ein „radikaler" Kandidat, ein „Prärie-Populist" aus South Dakota, der nicht nur für den sofortigen und bedingungslosen Rückzug der Vereinigten Staaten aus Südostasien eintrat, sondern der die amerikanische Rolle im internationalen System wesentlich reduzieren wollte und der stattdessen sozial- und innenpolitische Reformen wie ein garantiertes jährliches Mindesteinkommen und die Ausweitung der Sozialversicherung vorschlug.

Nach seiner vernichtenden Wahlniederlage gegen Nixon verlor McGovern jeden Einfluß in der Demokratischen Partei. Der vom Nationalausschuß gewählte neue Vorsitzende Robert Strauss ging sofort daran, den Schirm „Demokratische Partei" wieder zu reparieren und so weit aufzuspannen, daß die alte New-Deal-Koalition unter ihm Platz hatte. Der erste Schritt in diese Richtung bestand darin, 1974 einen Zwischenparteitag nach Kansas City einzuberufen (in der Geschichte der amerikanischen Parteien ohne Vorbild), um die verfeindeten Gruppen, Fraktionen, Flügel, Interessenverbände und lokalen und regionalen Parteiorganisationen wieder einander anzunähern. In Kansas City wurde das Quotensystem abgeschwächt, die Demokratische Bundespartei öffnete sich wieder den Gewerkschaften und Demokratischen Stadtorganisationen. Damit waren die Weichen für die Vorwahlen 1976 und den New Yorker Parteitag gestellt.

3. Die Präsidentenwahlen 1976

Die große Überraschung in den Vorwahlen der Demokratischen Partei war der Aufstieg und Sieg des am Beginn des Jahres 1976 kaum einem Amerikaner bekannten ehemaligen Gouverneurs von Georgia, *Jimmy Carter.* Fragten viele bei der ersten Primary in New Hampshire im Februar 1976 noch überrascht „Jimmy who?", „Wer ist eigentlich dieser Jimmy?", so blieb bald ein prominenter Präsidentschaftsaspirant nach dem anderen auf der Strecke. Carter brachte zudem das Kunststück fertig, noch vor Beginn des Demokratischen Parteikonvents in New York Anfang Juli 1976 die sozial, politisch und organisatorisch äußerst heterogene Partei hinter seiner Kandidatur zu vereinen. Dies stand im großen Gegensatz zu 1972, als aus den Vorwahlen zwar auch ein klarer Favorit hervorgegangen, durch die Nominierung George McGoverns aber, wie wir gesehen haben, die Partei in ihre Flügel und Fraktionen zerrissen worden war.

Die Situation in der Demokratischen Partei war vor der ersten Nominierungsversammlung im Caucus-Staat Iowa (19. 1. 1976) und vor der ersten Primary völlig unübersichtlich. Es gab keinen geheimen oder offenen Favoriten. Zwar wurde in Meinungsumfragen Hubert Humphrey als der populärste mögliche Kandidat genannt, doch wurde seine Kandidatur weder von den lokalen und regionalen Parteiorganisationen oder den Gewerkschaften aktiv gefördert, noch glaubte die Presse an seine Chance, noch war er selbst bereit, aktiv in die Vorwahlen einzugreifen. Zu Beginn des Jahres 1976 gab es etwa ein Dutzend aktiver und offiziell die Nominierung suchender Aspiranten, ein weiteres Dutzend — wie Humphrey oder wie Senator Edward Kennedy aus Massachusetts — bewarb sich ohne formelle Erklärung um die Nominierung.

Der Ablauf der *Vorwahlen* kann nach zwei Phasen unterschieden werden:

1. Von den dreizehn Primaries, die zwischen dem 24. Februar (New Hampshire) und 4. Mai (Georgia, Indiana, District of Columbia) stattfanden, gewann Carter elf und verlor nur die in New York und Massachusetts. Bis zu diesem Zeitpunkt waren bereits mehr als 35 Prozent der gewählten Parteitagsdelegierten auf ihn festgelegt, über doppelt soviel wie auf den nächst stärksten Konkurrenten, Senator Henry Jackson aus dem Staat Washington. Jackson hatte jedoch nach der Vorwahl in Pennsylvania (27. April) aufgegeben, die er trotz der Unterstützung durch lokale städtische Parteiorganisationen und einige Gewerkschaften an Carter verloren hatte. Außer Jackson waren so hoffnungsvolle Kandidaten wie Terry Sanford, Birch Bayh, Lloyd Bentsen, Fred Harris, Milton Shapp und Sargent Shriver aus dem Rennen gestiegen. Schärfster Konkurrent Carters war zu diesem Zeitpunkt der liberale Kongreßabgeordnete Morris Udall (Arizona), während George Wallace, dessen rassistisch-populistische Appelle weniger Resonanz als erwartet gefunden hatten, bereits aussichtslos abgeschlagen war.

2. In der zweiten Phase siegte Carter in den bis zum 6. Juni verbliebenen achtzehn Primaries nur noch in sieben, darunter mit hauchdünner Mehrheit gegen Udall in Michigan. Die ursprüngliche Anziehungskraft Carters schien verloren gegangen zu sein, wie auch später im letzten Monat seines Wahlkampfes gegen Ford der ursprüngliche Schwung immer mehr schwand. Doch wegen der Abschaffung des „winner-take-all"-Systems konnte Carter gleichwohl immer noch genügend Delegiertenstimmen für den Parteitag sammeln. Ihm kam außerdem zugute, daß seine beiden schärfsten Konkurrenten in der zweiten Phase der Vorwahlen, die erst nach dem 4. Mai in das Rennen gegangen waren, Senator Frank Church aus Idaho und Gouverneur Edmund Brown aus Kalifornien, mehr ihre Präsidentschaftskandidatur für 1980 oder 1984 anmelden wollten, als daß sie sich ernsthaft um die Nominierung 1976 bemühten.

Nach Abschluß der Vorwahlen und Nominierungsversammlungen in den Caucus-Staaten waren 1091 Parteitagsdelegierte auf Carter festgelegt, 1505 waren nötig, um die Nominierung zu gewinnen. Weit abgeschlagen verfügten Udall über 313 und Brown über 223 Delegiertenstimmen. Die endgültige Entscheidung fiel, als wenige Tage nach der letzten Vorwahl sowohl Bürgermeister Richard Daley von Chikago, der bekanntlich über eine der letzten funktionsfähigen Parteimaschinen in den Vereinigten Staaten herrschte, als auch George Wallace sich für Carter aussprachen. Der ehemalige Gouverneur aus Georgia konnte mit der Gewißheit zum Parteikonvent nach New York fahren, nominiert zu werden und eine Partei hinter sich vereint zu haben, die darauf brannte, nach acht Jahren Nixon und Ford, nach der vernichtenden Niederlage McGoverns vier Jahre zuvor und nach langen innerparteilichen Grabenkämpfen wieder einen der ihren ins Weiße Haus zu entsenden.

Abgesehen von anderen Ursachen, über die wir im Zusammenhang mit der Analyse des Wahlsieges Carters am 2. November 1976 sprechen werden, war der Erfolg des Außenseiters aus Georgia auch durch die Änderung der Demokratischen Parteistatuten möglich geworden. Die Abschaffung des „winner-take-all"-Systems, das durch das Prinzip proportionaler Repräsentation ersetzt worden war, und die erhöhte Zahl der Vorwahlen hatten den Einfluß der lokalen und einzelstaatlichen Parteiorganisationen geschwächt und es ermöglicht, daß ein bundesweit unbekannter Politiker sich durchsetzen konnte. Beispielhaft hierfür war die Vorwahl in Pennsylvania, in der Henry Jackson trotz der Wahlhilfe Demokratischer Parteimaschinen und mehrerer Gewerkschaften eine bittere Niederlage gegen Carter einstecken mußte und das Rennen um die Präsidentschaft aufgab.

Während des Vorwahlkampfes hatten sich auch jene Themen herausgeschält, die in die Wahlkampfplattform der Demokratischen Partei aufgenommen wurden und die die Anfang September beginnende Auseinandersetzung mit dem Kandidaten der Republikanischen Partei beherrschten: die latente Wirtschaftskrise, insbesondere das Arbeitslosenproblem; die Notwendigkeit einer Reorganisation und Straffung der Bundesregierung und ihrer Bürokratie; die Aufrichtigkeit und Redlichkeit der politischen Führung, insbesondere des Präsidenten — eine direkte Folge der Watergate-Affäre. Die Außenpolitik hatte im Vorwahlkampf der Demokraten keine Rolle gespielt.

A. Der Parteitag der Demokraten in New York

Der Demokratische Parteitag verlief in größter Harmonie und im Gegensatz zu den Schlachten, die in Miami Beach 1972 und in Chikago 1968 geschlagen worden waren. Der Präsidentschaftskandidat stand schon einige Wochen vor Tagungseröffnung fest, ernsthafte Auseinandersetzungen um das Parteistatut und das Wahlprogramm fanden nicht statt. Der Ausschuß, der im Auftrag des Demokratischen Nationalausschusses im Oktober 1975 begonnen hatte, die *Wahlkampfplattform* vorzubereiten, hatte eine ganze Serie von Anhörungen in verschiedenen Städten und Regionen Amerikas durchgeführt, in denen jeder seine Vorstellungen darlegen konnte. Um die Hearings nicht zum Schlachtfeld der Präsidentschaftsaspiranten werden zu lassen, war jeder von ihnen aufgefordert worden, einen ständigen Verbindungsmann zum Ausschuß zu ernennen. Der Entwurf der Wahlkampfplattform, der dem Parteikonvent unterbreitet und einhellig angenommen wurde, stellte politisch gleichsam das Parallelogramm der sonst auseinanderstrebenden Kräfte in der Demokratischen Partei dar. Niemand wurde vor den Kopf gestoßen und dennoch konnte jede Gruppe und Fraktion einige ihrer Wünsche und Vorstellungen wiederfinden. Wahlprogramme amerikanischer Bundesparteien legen aus Gründen, die wir bereits oben angeführt haben, niemanden fest, weder den Präsidentschaftskandidaten noch die Kandidaten für Senat oder Repräsentantenhaus. Sie ähneln eher einer politischen Gemischtwarenhandlung als einem geschlossenen Konzept, so auch die Demokratische Plattform 1976. Im Vergleich zur Republikanischen Partei enthielt diese Plattform allerdings eine eher staatsinterventionistische Position. Priorität im Wahlprogramm hatte die Beseitigung der Arbeitslosigkeit mit dem Ziel, die Arbeitslosenquote in vier Jahren auf 3 Prozent zu senken. Steuereinnahmen könnten, so wurde argumentiert, durch eine erfolgreiche Vollbeschäftigungspolitik wesentlich erhöht werden, so daß dadurch Gelder für die vorgeschlagenen Sozialprogramme frei würden. Als Mittel zur Beseitigung der Arbeitslosigkeit wurden Maßnahmen genannt,

die wie ein Echo aus dem New Deal klangen: bundesstaatliche Arbeitsbeschaffungsprogramme; direkte Subventionen an die Privatwirtschaft,
die Kommunen und Einzelstaaten zur Schaffung von Arbeitsplätzen;
Bereitstellung von Arbeitsplätzen in Bundesbehörden. Zu den geplanten Sozialprogrammen gehörten die Einrichtung einer umfassenden
nationalen Krankenversicherung sowie die Vereinfachung und Vereinheitlichung des bisherigen Sozialunterstützungssystems. Ferner wurde
eine grundlegende Steuerreform versprochen, die insbesondere jene
Löcher stopfen sollte, durch die Großverdiener und Großkorporationen
bisher schlüpfen und der Besteuerung entgehen konnten (so hatte z. B.
die Ford Motor Company im Jahr 1975 trotz riesiger Gewinne nicht
einen Cent bundesstaatliche Einkommenssteuer gezahlt).
In der letzten Phase der Beratungen im Plattform-Ausschuß hatten
sich die Verbindungsleute Carters, Joseph Duffy und Stuart Eizenstat,
voll durchgesetzt und dafür gesorgt, daß ein Wahlprogramm verabschiedet wurde, das ihrem Kandidaten nicht schaden würde. So wider-
setzten sie sich der Aufnahme von Passagen, die die besonderen Rechte
Homosexueller und die Abschaffung der Todesstrafe betrafen. In beiden Fragen befürchteten sie eine Verunsicherung der Carter-Wähler.
Auch während des Parteitages zeigten sich die verschiedenen *innerparteilichen Gruppen*, Fraktionen und Interessenverbände äußerst kom-
promißbereit und gaben Carter und seinen Leuten — einen sicheren
Wahlsieg am 2. November vor Augen, wenn die mühsam hergestellte
Einheit der Demokratischen Parteikoalition nur halten würde — in
allen Fragen nach, an denen sich 1972 und 1968 noch heftige Konflikte
entzündet hatten. Neben den üblichen Sitzungen der Delegationen der
Einzelstaaten begleiteten den Parteitag die regelmäßigen Tagungen der
Caucuses, nämlich die der Frauen, der Schwarzen, der Jugendlichen,
der Italo-Amerikaner, der Latino-Amerikaner und der Gewerkschafter.
Auf dem New Yorker Parteitag zeigte sich, daß sich seit 1972 die Fraktionen der Frauen und der Schwarzen, der *Women's Caucus und der
Black Caucus*, zu einer festgefügten organisatorischen Einheit mit
interner Struktur, Arbeitsteilung und Führungsspitze entwickelt hatten. Aus diesem Grund war ihr Einfluß relativ groß und obwohl der
Anteil der Frauen unter den Delegierten im Vergleich zu 1972 um fast
10 Prozent auf 30 Prozent, der Anteil der Schwarzen von 15 Prozent
auf 11 Prozent gesunken war. Z. B. hielt Barbara Jordan, schwarze
Kongreßabgeordnete und Delegierte aus Texas und Mitglied beider
Fraktionen eine viel beachtete programmatische Rede. Und Andrew
Young, schwarzer Kongreßabgeordneter aus Atlanta (Georgia) und
in der Bürgerrechtsbewegung einst einer der engsten Mitarbeiter von
Martin Luther King, war einer der Sprecher des Black Caucus und

zugleich einer der engsten Berater Jimmy Carters. Hatten 1972 schon die Präsidentschaftsaspiranten kurze Ansprachen vor den verschiedenen Gruppen gehalten, so wurden Bedeutung und Macht des Black Caucus und des Women's Caucus von Carter und Vertretern seiner Wahlkampforganisation so hoch eingeschätzt, daß sie mit beiden in förmliche Verhandlungen über die Parteiplattform eintraten, insbesondere aber über die künftige Politik eines möglichen Demokratischen Präsidenten in den beide Fraktionen am meisten betreffenden Politikbereichen, nämlich die Frauenemanzipation und eine Verbesserung der sozialen Situation der Schwarzen. Alle Anzeichen sprechen dafür, daß Carter auch personelle Zusicherungen gab. Der Erfolg der Verhandlungen zeigte sich, als Carter nach gewonnener Wahl bei der Regierungsbildung zwei Frauen und zwei Schwarze ins Kabinett aufnahm.

Die anderen Fraktionen waren während des Parteitages weniger straff organisiert als die beiden gerade genannten, sie stellten mehr Diskussionstribünen als ernstzunehmende Machtblöcke dar. Jedenfalls scheint der Caucus der Jungwähler kurz vor der Auflösung zu stehen, während die Gruppen der Juden und der älteren Bürger (Senior Citizens) in New York überhaupt nicht mehr in Erscheinung traten. Gleichwohl wurde erkennbar, daß die etablierten Fraktionen inzwischen die Delegationen der Einzelstaaten, deren Führer vor Abschaffung der „unit rule" den Parteitag beherrschten, überlagern und mit ihnen konkurrieren.

Daß eine Chance bestand, die New-Deal-Koalition bei den Präsidentenwahlen 1976 wieder zu begründen, zeigte sich an der im Vergleich zu 1972 großen Zahl von Gewerkschaftern und Bürgermeistern sowie Stadträten aus Demokratisch regierten Großstädten unter den Parteitagsdelegierten. In New York traten zum ersten Mal auf einem Demokratischen Parteitag auch Gewerkschafter als eigene Fraktion, als Caucus, auf. Viele Gewerkschaftsfunktionäre hatten von der Basisarbeit der „New Politics"-Anhänger gelernt und ihre Mitglieder mobilisiert, um sich zu Parteitagsdelegierten wählen zu lassen. Hierin könnte sich eine Wende im Verhalten der amerikanischen Gewerkschaften andeuten. Diese hatten seit dem New Deal die Taktik verfolgt, prinzipiell nicht in die Vorwahlen einzugreifen und erst nach den Konventen der beiden großen Parteien einen Kandidaten zu unterstützen, in der Regel den der Demokratischen Partei.

Als im Februar 1975 der Bundesvorstand der AFL-CIO an diese Tradition anknüpfte und einen entsprechenden Beschluß faßte, konstituierte sich dagegen das sogenannte *Labor Coalition Clearinghouse*. Zu diesem Zusammenschluß von acht (zeitweise neun) als liberal geltenden Gewerkschaften gehörten die United Auto Workers

UAW, die Communication Workers of America CWA, die American Federation of State, County, and Municipal Employees AFSCME, die International Association of Machinists IAM, die National Education Association NEA, die Graphic Arts International Union GAIU, die International Union of Electrical, Radio, and Machine Workers IUE, die United Mine Workers of America UMWA, und die Oil, Chemical, and Atomic Workers OCWA. Die Labor Coalition war aus einer losen Verbindung verschiedener Gewerkschaften beim Zwischenparteitag der Demokraten 1974 in Kansas City hervorgegangen. Obwohl in ihren Auffassungen durchaus nicht einheitlich, nahm sie politisch eine Mittelstellung zwischen der „New Politics"-Gruppe und dem Bundesvorstand der AFL-CIO ein. Es waren weniger die Vorsitzenden als die politischen Sekretäre der einzelnen Gewerkschaften, die der antreibende Motor der Koalition waren.

Erklärtes Ziel der Labor Coalition war es: 1. eine erfolgreiche Präsidentschaftskandidatur von Gouverneur George Wallace zu verhindern; 2. arbeitsteilig alle anderen Kandidaten zu fördern, um unter allen Umständen Zugang zu, möglichst aber auch Einfluß auf den Präsidentschaftskandidaten der Demokraten zu haben; 3. für den Fall, daß aus den Nominierungsversammlungen und Vorwahlen kein Favorit für die Präsidentschaftskandidatur hervorgehen sollte (was allgemein erwartet wurde), so viele Parteitagsdelegierte zu haben, daß der Gewerkschaftsblock den Ausschlag bei der Nominierung durch den Parteikonvent gab; 4. an der Abfassung der Wahlplattform beteiligt zu werden. In den Monaten vor den Primaries sympathisierten die Gewerkschafter der Labor Coalition mit Kandidaten wie Humphrey, Bayh, Udall und Jackson, nur wenige liebäugelten mit Carter. Im Vorwahlkampf in Wisconsin unterstützten dann z. B. die Koalitions-Gewerkschaften in sieben Wahldistrikten Udall, in zwei Carter und im bevölkerungsreichen Milwaukee Jackson — sichergestellt war nur, daß auf den Wahllisten der verschiedenen Kandidaten die eigenen Leute standen und gewählt wurden.

Die meisten anderen Gewerkschaften und auch der Bundesvorstand der AFL-CIO hielten sich zurück, blieben insbesondere gegenüber Carter zunächst distanziert, getreu dem Motto, in den Vorwahlen keinen Kandidaten zu unterstützen, weil man sonst andere ebenfalls kandidierende Freunde der Gewerkschaften verprellen könnte. Lediglich im Januar 1976 bildete sich ein „National Labor Committee for Jackson", das aus 15 Gewerkschaftsführern bestand, darunter fünf Mitgliedern des AFL-CIO Bundesvorstandes. Als schließlich die Woge der Vorwählergunst Carter emportrug, wurde von einigen AFL-CIO-Gewerkschaftern hektisch eine „ABC"-Bewegung zusammengesetzt, „Anybody But Carter", „Jeder — nur nicht Carter". Als Teil dieser Strategie war es wohl auch zu verstehen, daß zur gleichen Zeit der Vorsitzende der AFL-CIO von Kalifornien, John F. Henning, den Gouverneur seines Staates, Edmund G. Brown Jr., zu überzeugen half, noch in das Rennen um die Präsidentschaft einzusteigen.

Die Arbeit der Labor Coalition war so erfolgreich, daß von den 550 bis 600 gewerkschaftlich organisierten Delegierten des New Yorker Parteitages (bei insgesamt 3008 Delegierten) 418 aus den acht Gewerkschaften der Koalition kamen, die damit die größte Fraktion der Versammlung darstellte. In 46 einzelstaatlichen Delegationen wie im Women's Caucus und im Black Caucus saßen ihre Mitglieder. In der Nähe der Arena des Madison Square Gardens, des Tagungsortes, war ein Hauptquartier aufgeschlagen worden, ausgestattet mit allen denkbaren technischen Büroeinrichtungen. Fast 200 Gewerkschaftsfunktionäre, versehen mit Sprechfunkgeräten, hielten sich ständig in der Tagungsarena, in den Sitzungszimmern der Fraktionen und Staatsdelegationen, in den Hotelhallen und im Hauptquartier auf, so daß man nicht nur untereinander Informationen austauschen konnte, sondern im Bedarfsfall auch sofort taktische Korrekturen bei der Durchsetzung der eigenen Interessen hätten vorgenommen werden können. Ein Organisationsapparat war also für den Parteitag aufgebaut worden, dessen Potential überhaupt nicht eingesetzt werden konnte, da alle wichtigen Entscheidungen schon vor dem Eröffnungstag gefallen waren. Gleichwohl könnte hier der Grundstein für eine in die Zukunft reichende organisatorische und politische Veränderung der Demokratischen Partei, zumindest aber für die Ausweitung des gewerkschaftlichen Einflusses gelegt worden sein. Um Mißverständnissen bei deutschen Lesern vorzubeugen sei allerdings betont, daß hier nicht Ansätze für eine Arbeiterpartei europäischen Musters vorliegen — dafür fehlen alle Voraussetzungen. Die weitere Entwicklung der Labor Coalition, die sich nach dem Parteitag formal auflöste und deren Gewerkschaften gemeinsam mit dem Bundesverband AFL-CIO und allen seinen Einzelgewerkschaften Carter unterstützten, bleibt abzuwarten.

Europäische Beobachter tun sich schwer zu verstehen, warum als liberal geltende Gewerkschaften einen Präsidentschaftsaspiranten wie Jimmy Carter, der als Gouverneur von Georgia durch eine gewerkschaftsfreundliche Politik nicht aufgefallen war und in einzelnen Punkten sogar ausgesprochen anti-gewerkschaftlich gehandelt hatte, bereits in den Vorwahlen unterstützt haben. Dies soll kurz am Beispiel einer Mitgliedsgewerkschaft der Labor Coalition, dem *Automobilarbeiterverband UAW* erläutert werden, einer Gewerkschaft, die auf dem linken Flügel des amerikanischen politischen Spektrums steht und — falls dieser Begriff überhaupt übertragbar ist — in ihrer Grundposition als sozialdemokratisch bezeichnet werden könnte. Die UAW wird nicht nur seit Jahren von gewerkschaftsinternen Auseinandersetzungen zwischen einzelnen Fraktionen erschüttert, sondern in den Fabrikhallen ist es immer wieder zu Konflikten und Rassenspannungen zwischen weißen und schwarzen Arbeitern gekommen. Politisch drückte sich dies bei Präsidentschaftswahlen darin aus, daß die weißen UAW-Mitglieder 1968 und (in den Vorwahlen) 1972 überdurchschnittlich für den Rassisten George Wallace gestimmt hatten, während die Gewerkschaftsführung zu den liberalsten Amerikas gehörte. Daher erschien 1976 Jimmy Carter als Vertreter des neuen Südens (auf den neuen Süden gehen wir im folgenden Kapitel ein) als geeigneter Kompromißkandidat zwischen Gewerkschaftsvorstand, der am liebsten Humphrey favorisiert hätte, und weißen Gewerkschaftsmitgliedern, die — so wurde befürchtet — nach wie vor Wallace zuneigten. Die UAW in Florida, wo Wallace vier und acht Jahre zuvor seine großen Siege davongetragen hatte, erklärte schon im November 1975 Jimmy Carter zu ihrem offiziellen Kandidaten. Auch Leonard Woodcock, Präsident der UAW, sprach sich in der Florida-Primary für Carter aus und mobilisierte den dortigen Gewerkschaftsapparat. In diesem Staat leben 2 000 aktive und 11 000 im Ruhestand befindliche UAW-Mitglieder, häufig frühere Gewerkschaftssekretäre, die ein hervorragendes Organisationspotential zum Aufbau eines Wahlkampfapparates zur Unterstützung von Carter bildeten. Der Sieg Carters (34,5 Prozent) über Wallace (30,5 Prozent) in Florida (wie später auch der knappe Sieg Carters über Udall in der Vorwahl von Michigan, der Bastion des Automobilarbeiterverbandes) war vor allem der UAW und ihrem Präsidenten zu verdanken.

Während des New Yorker Parteitages blieben einige politische Gruppen im Hintergrund, die dennoch mit den Fraktionen der Gewerkschaften, der Frauen und der Schwarzen eng verbunden operierten, was als Zeichen dafür gelten konnte, daß die alte New-Deal-Koalition in ganzer Breite wieder restauriert werden würde. Dies war die *Coalition for a Democratic Majority* CDM, die nach der Niederlage McGoverns 1972 als ein Diskussionsforum für Intellektuelle gegründet worden war, um ein Gegengewicht gegen die Anhänger der „New Politics" zu schaffen. Die CDM erhielt finanzielle und organisatorische Hilfe aus dem AFL-CIO-Hauptquartier, darunter direkt von George Meany und Al Barkan, dem Direktor der politischen Maschine des Gewerkschaftsbundes. Nachdem es sich auf dem New Yorker Parteitag gezeigt hatte, daß McGovern und seine Gefolgsleute in der Demokratischen Partei endgültig isoliert waren, und nach dem Wahlsieg Carters sah die CDM ihr Ziel erreicht und diskutierte Anfang 1977, ob sie sich auflösen sollte.

Ebenfalls in enger Verbindung mit den Gewerkschaften agierte eine

Restgruppe der alten Sozialistischen Partei Amerikas, die *Social Demo-crats USA*. Mehrere ihrer Führer arbeiten hauptberuflich als Gewerk-schaftssekretäre der AFL-CIO. Diese Partei versteht sich als gemäßigt-liberale Fraktion innerhalb der Demokratischen Partei. Sie hat daher auf ihrem Parteitag, der im Anschluß an den Demokratischen Partei-konvent stattfand, beschlossen, keinen eigenen Präsidentschaftskandi-daten aufzustellen, sondern Carter und den ihnen seit langem eng ver-bundenen Walter F. Mondale zu unterstützen — bei gleichzeitiger Auf-rechterhaltung ihres grundsätzlichen Ziels, der Errichtung einer demo-kratisch-sozialistischen Gesellschaft. Das *Democratic Socialist Organi-zing Committee* schließlich ist ebenfalls aus der Sozialistischen Partei Amerikas hervorgegangen. Unter seinem Vorsitzenden Michael Har-rington, bekannt geworden durch mehrere gesellschaftskritische Bücher über die Vereinigten Staaten, steht links von den Social Democrats, lehnt sich eher an die Gewerkschaften der Labor Coalition als an den AFL-CIO-Bundesvorstand an, kritisiert aber zugleich die „New Poli-tics"-Positionen als zu unrealistisch, kleinbürgerlich und unverbunden mit der Arbeiterschaft.

Ebenfalls mehr im Hintergrund als die gefestigten Caucuses blieb wäh-rend des Parteitages die *Organisation Demokratischer Bürgermeister,* obwohl ihr Vorsitzender, der Bürgermeister von Milwaukee, eine der wichtigsten sozialpolitischen Reden des Konvents hielt und obwohl — von den Journalisten stark beachtet — eines ihrer Mitglieder, Bürger-meister Daley von Chikago, die Delegation von Illinois leitete. Der Einfluß dieser Bürgermeister in der locker wieder zusammengefügten New-Deal-Koalition darf trotz ihres vorsichtigen Agierens in New York nicht unterschätzt werden: Sie haben die Wahlkampfplattform wesentlich mitgeschrieben und präsentierten Carter nach seiner Nomi-nierung und wiederum nach seiner Wahl zum Präsidenten ihre Forde-rungen zur Sanierung der Großstädte.

Daß den verschiedenen Gruppen, die traditionell zur New-Deal-Koali-tion gerechnet werden, auf dem New Yorker Parteitag neue Bedeu-tung zukam, zeigte sich bei der wichtigsten Entscheidung, die während der Tagung fiel, nämlich der Nominierung des Kandidaten für das Vizepräsidentenamt, *Walter F. Mondale.* Mondale, zu dieser Zeit Senator des Staates Minnesota, gilt als liberaler Politiker, der sich im Kongreß insbesondere in der Sozialgesetzgebung hervorgetan hatte. Carter hat Mondale unter mehreren möglichen Kandidaten deswegen gewählt, weil dieser am ehesten in der Lage zu sein schien, die eigenen Schwächen als ein aus dem Süden kommender, in Washington unerfah-rener und (zumindest in der Demokratischen Partei) zu diesem Zeit-punkt als relativ konservativ geltender Präsidentschaftskandidat aus-zugleichen. Mondales Aufgabe im Wahlkampf bestand dann folgerichtig auch darin, im industriellen Nordosten und Mittelwesten die lokalen und einzelstaatlichen Parteiorganisationen (darunter die der Großstädte), die Gewerkschaften und die liberalen Intellektuellen an die Kandidatur Carters zu binden. Mondale hat diese Aufgabe nicht nur glänzend gelöst, sondern seine Nominierung ist wahlentscheidend gewesen.

B. Der Wahlkampf

Unmittelbar nach dem Demokratischen Parteikonvent lag Carter in Meinungsumfragen weit vor seinen beiden möglichen Republikanischen Konkurrenten, *Gerald Ford und Ronald Reagan*. Dies sollte kaum überraschen: Mehr als eine Woche lang stand der ehemalige Gouverneur aus Georgia im Zentrum der Fernseh- und Presseberichterstattung, während zur gleichen Zeit bei den Republikanern immer noch nicht entschieden war, wer ihr Präsidentschaftskandidat sein würde. Die Vorwahlen und Nominierungsversammlungen dieser Partei hatten keinen Favoriten ergeben. Niemals seit fast hundert Jahren ist ein amtierender Präsident der Republikaner so dicht an eine Niederlage in der eigenen Partei herangekommen wie Ford 1976. Die Gründe für die Schwäche Fords liegen nahe: Dieser hatte — im Unterschied zu seinem Konkurrenten Reagan — zuvor nie für ein nationales Amt kandidiert und verfügte auch als Präsident zunächst über keine Hausmacht in der eigenen Partei. Die größte Belastung für seine Kandidatur rührte aber von der Tatsache, daß er vom Watergate-Präsidenten Nixon als Vizepräsident ausgewählt worden und ohne Legitimation durch eine Präsidentenwahl ins Weiße Haus eingezogen war. Zudem hatte seine Begnadigung Nixons auch unter den Republikanern, die sich vom Makel eines korrupten und machtsüchtigen Präsidenten reinigen wollten, Empörung ausgelöst. Die Stärke Reagans hingegen lag gerade darin, daß er als Repräsentant des amerikanischen Neo-Konservatismus Ehrlichkeit, Aufrichtigkeit und Moral in der Politik verlangte. Dieser Neo-Konservatismus wird in Europa oft belächelt und in seiner Bedeutung erheblich unterschätzt. Er tritt nicht paternalistisch auf, sondern formuliert sein Selbstverständnis in der Auseinandersetzung mit dem Sozialstaat — in dessen prinzipieller Ablehnung. Er fließt hier mit der im I. Kapitel beschriebenen anti-institutionellen, fast anti-staatlichen Grundströmung in der amerikanischen Bevölkerung nach Vietnamkrieg und Watergate-Affäre zusammen. Reagan konnte auf eine ihm völlig ergebene, politisch aktive konservative Basis in der Republikanischen Partei zurückgreifen, die schon 1968 versucht hatte, ihn gegen Nixon zum Präsidentschaftskandidaten zu küren. Hinzu kam, daß er im Gegensatz zu Ford ein brillanter Wahlkämpfer ist. Nur durch ausgeklügelte

Raffinessen und die volle Ausnutzung aller Vorteile seines Amtes gelang es Ford, mit knapper Mehrheit vom Republikanischen Parteitag nominiert zu werden.

Nach Beginn der *heißen Wahlkampfphase* holte der Republikanische Kandidat schnell auf, so daß Anfang Oktober Carter und Ford in einem Kopf-an-Kopf-Rennen lagen. Im Unterschied zu allen anderen bisherigen Präsidentenwahlen, in denen in regelmäßigen Abständen Meinungsumfragen durchgeführt worden waren (seit 1936), lag 1976 der Anteil derjenigen, die sich nicht für den einen oder anderen Kandidaten entscheiden konnten, außergewöhnlich hoch. Zudem war die Festlegung auf einen Kandidaten oft nur vorübergehend, die Wähler änderten ständig ihre Meinung. Beides, so will uns scheinen, war wiederum ein Ausdruck für die im I. Kapitel beschriebene politische Apathie und allgemeine Unsicherheit. Diese wurden noch dadurch begünstigt, daß beide Kandidaten sich in ihren politischen Positionen nicht wesentlich, sondern nur in wenigen Punkten und in Nuancen unterschieden. Die Medien — allen voran das Fernsehen — taten ein übriges, daß die tatsächlich vorhandenen politischen Differenzen dem Wähler kaum zu Bewußtsein kommen konnten. Oberflächlich berichteten hochbezahlte Starjournalisten in den abendlichen Fernsehnachrichten, daß Ford sich wieder einmal versprochen habe, daß er die Namen der Orte verwechsele, in denen er Wahlkampfreden halte und daß Carter seinen Handkoffer selbst aus dem Flugzeug zu tragen pflege. Reden von Carter und Ford, in denen für den Fall ihrer Wahl ihre zukünftige Politik etwa gegenüber der Landwirtschaft oder in Fragen der Steuerreform erläutert wurden, reduzierten viele Berichterstatter auf eine freundliche und unterhaltsame Anekdote.

Lediglich die drei Fernsehdebatten zwischen Carter und Ford und die Debatte zwischen beiden Vizepräsidentschaftskandidaten hatten eine aufklärende Wirkung in der Weise, daß Demokraten und Republikaner sich ihrer potentiellen Wähler versichern konnten. Ein Wähleraustausch zwischen beiden Lagern fand nach den Fernsehdiskussionen nicht statt. So überraschend es klingen mag, war die Debatte zwischen Mondale und Fords Vizepräsidentenkandidaten, Robert Dole, für den Wahlausgang am bedeutendsten. Dole trat dabei so zynisch, arrogant und ohne jede politisch-inhaltliche Substanz auf, daß er sich disqualifizierte. Demgegenüber verstand es Mondale, sowohl durch zusammenhängende politische Argumentation als durch die ruhige und überlegte Art seines Auftretens seine präsidentiellen Qualitäten unter Beweis zu stellen.

Wegen des neuen *Wahlkampffinanzierungsgesetzes* (Federal Election Campaign Act) standen den Kandidaten zudem so wenig Mittel zur Verfügung, daß sie sich nur unzulänglich und anders als bei früheren

Präsidentenwahlen über die Medien oder mit eigener Werbung an die Wähler wenden konnten, um ihre unterschiedlichen Standpunkte zu verdeutlichen. Zwar hatte jeder der beiden Kandidaten der großen Parteien 21,8 Millionen Dollar staatlicher Wahlkampfmittel erhalten, doch durften darüber hinaus keine privaten Gelder aufgewendet werden. Dies war weniger als ein Drittel der Summe, die Nixon in seinem Wahlkampf 1972 ausgegeben hatte.

Angesichts dieser Geldknappheit waren beide Kandidaten 1976 auch gezwungen, von vornherein auf einen Wahlkampf in den Staaten zu verzichten, in denen ihre Aussichten gering waren, um dafür die vorhandenen Mittel in die Staaten fließen zu lassen, die auf der Kippe standen. Aus diesem Grund hat die Carter-Organisation die Rocky-Mountains-Staaten, die fest in den Neo-Konservativismus des Sunbelt eingefügt sind und in Präsidentenwahlen Republikanisch wählen, kampflos Ford überlassen. Selbst in den Wahlkampf in Kalifornien, einem der umstrittensten Staaten, wurden nur 350 000 Dollar investiert. Umgekehrt signalisierte bereits die Nominierung von Dole — Senator aus Kansas, der sich besonders um die Farmer des Mittelwestens bemühen sollte —, daß Fords Wahlmanager die Heimatregion Carters weitgehend abgeschrieben hatten. Tatsächlich gab es von Ford während des Wahlkampfes nur den Versuch, mit Blitzbesuchen in einigen Südstaaten seinen Opponenten zu irritieren und dessen Kräfte und vor allem finanzielle Mittel zu zersplittern. Die Materialschlachten um den Wähler wurden in den Industriestaaten des Nordostens und Mittelwestens geschlagen. Beide Wahlkampforganisationen setzten ihre Mittel überdurchschnittlich in New York, New Jersey, Pennsylvania, Ohio, Illinois und Wisconsin ein. Hier fiel schließlich auch die Entscheidung.

Nachdem Ford nominiert worden war, straffte und verbesserte er seine Wahlkampforganisation, die sich bis zum Parteitag von Kansas City in einem desolaten Zustand befunden hatte. Fortan wurde der *Wahlkampf des Präsidenten* hervorragend geplant und geführt. In der ersten Phase wurden die Reagan-Anhänger in die Wahlkampfmaschine aufgenommen, wurde die Organisation ausgebaut und geölt. In dieser Phase nutzte der Präsident die Vorzüge seines Amtes für die Wahlwerbung aus. Er blieb im Weißen Haus, gab sich staatsmännisch, traf mit ausländischen Besuchern zusammen, empfing verschiedene Delegationen und unterzeichnete im Rosengarten Gesetze. Während Carter durch das Land hetzte, beobachteten die Fernsehkameras in Washington einen verantwortungsfreudigen, von seinen Amtspflichten absorbierten und zugleich selbstbewußten und gelassenen Präsidenten.

In der zweiten Phase seines Wahlkampfes (12.—22. Oktober) reiste Ford durch einige Staaten des Nordosten und Mittelwesten. Aus dem staatsmännischen Präsidenten wurde jetzt ein hemdsärmeliger Politiker, der auf seinen Gegner einschlug, auch mal unter die Gürtellinie traf, der aber vor allem den Adressaten seines Wahlkampfes gefunden hatte, von dem er die entscheidenden Stimmen am Wahltag erhoffen konnte: Mr. Middle Amerika, dessen Einkommen von der Inflation — und eben nicht von der Arbeitslosigkeit — bedroht war und der an Steuererleichterungen interessiert war. Nach den Planungen seiner Wahlkampfmanager sollte Ford in dieser Phase mit Carter gleichziehen, um in den verbleibenden zehn Tagen einen knappen Vorsprung herauszuholen. Diese dritte Phase des Wahlkampfes (23. Oktober bis 1. November) war taktisch eine Kombination der ersten beiden: Mit allen Insignien seines Amtes ausgerüstet — vom Präsidentenwappen über die Air Force One bis hin zu kreisenden Polizeihubschraubern und Heerscharen von Sicherheitsbeamten auf den für die Autoeskorte freigehaltenen Straßen — kämpfte Ford, ohne sich einen Tag Ruhe zu gönnen, in fast hundert Städten und in den heiß umstrittenen Staaten. Er verzichtete weitgehend auf persönliche Angriffe gegen Carter, zeigte sich von seiner staatsmännischen Seite, trat auf wie Kaiser Wilhelm II. bei einem Besuch in der Provinz.

Im Gegensatz zu Fords *Wahlkampf* war *Carters* schlecht geplant, desorganisiert und hektisch, vieles blieb dem Zufall überlassen. Lediglich der Wahlkampfauftakt gelang: In einer Rede am Labor Day (6. September) in Warm Springs (Georgia), der Sommerfrische Franklin D. Roosevelts, erinnerte Carter an die großen Sozialprogramme der 30er Jahre, appellierte bewußt an die Wählergruppen, die die alte New-Deal-Koalition ausmachten und bekannte sich dadurch zur liberal-staatsinterventionistischen Tradition der Demokraten. Je mehr Carter sich jedoch in den folgenden Wochen als gemäßigt liberaler Demokrat profilierte, um so größer wurde die Gefahr, daß er einen Teil der Unterstützung bei konservativen Südstaatlern verlor. Dieser Vorgang erklärt, warum am Wahltag Carters Vorsprung in einigen Südstaaten knapp war, er Virginia und Oklahoma sogar verlor.

Im übrigen reagierte Carter nur auf den Wahlkampf Fords. Es zeigte sich, wie unerfahren der ehemalige Gouverneur Georgias und seine Berater noch in der nationalen Politik waren. Hatten sie sich in den Vorwahlen auf jeweils nur einen Staat konzentrieren müssen, so hätte jetzt strategisch ein das ganze Land umfassender Wahlkampf geplant werden müssen. Es ergaben sich dagegen Koordinationsprobleme und unnötige Konflikte mit dem Demokratischen Nationalausschuß, mit regionalen und lokalen Demokratischen Organisationen, mit den Demokratischen Kongreßmitgliedern, mit den Gewerkschaften und den Verbänden der Schwarzen. Z. B. wurde die dringend notwendige Unterstützung durch die AFL-CIO, durch ihre politische Maschine (das

Committee On Political Education COPE) und durch viele Einzelgewerkschaften dadurch gefährdet, daß Carter fast den Sprecher der
Labor Coalition, Bill Holayerter von den Maschinisten, zu seinem Verbindungsmann zu den Gewerkschaften ernannt hätte, ein Mann, der
von der AFL-CIO wegen seiner und der Koalition Tätigkeit in den
Vorwahlen mißtrauisch beargwöhnt worden war. Im Vergleich zu der
in letzter Minute zusammengesetzten, dann aber geschmiert laufenden
und von den Professionellen des Weißen Hauses bedienten Wahlkampfmaschine Fords schien die Carters auf halbem Weg zwischen seinem
Heimatort Plains und Washington festgefahren zu sein.
Trotz dieser Unzulänglichkeiten hatte die Carter-Organisation gegenüber Ford zwei entscheidende Vorteile. 1.) Wie wir oben schon gesehen haben, identifizieren sich mehr Wähler mit den Demokraten als
mit den Republikanern. 2.) Die alte New-Deal-Koalition, deren verschiedene Gruppen und Fraktionen Carter bereits auf dem New Yorker Parteitag wieder zusammenfügen konnte, enthält auch heute noch
bestimmte Organisationsmomente, die in der Republikanischen Partei
fehlen. Dies sind die Gewerkschaften, die Organisationen der Schwarzen und die Demokratischen Parteimaschinen in einigen Großstädten.
Nach dem neuen Wahlkampffinanzierungsgesetz konnten diese Organisationen einen Präsidentschaftskandidaten zwar nicht mehr direkt
durch Spenden und Abstellen hauptamtlicher Wahlhelfer unterstützen,
wohl aber indirekt durch entsprechende politische Beeinflussung der
eigenen Mitglieder und Anhänger. Vielleicht noch wichtiger für die
Demokratische Partei und Carters Kandidatur aber war, daß diese
Organisationen dafür eingesetzt werden konnten, potentielle Wähler
der New-Deal-Koalition zu überzeugen, sich bei den Wahlämtern registrieren zu lassen und ihr auf diese Weise erworbenes Wahlrecht auch
wahrzunehmen. Wir haben schon oben darauf hingewiesen, daß
nicht jeder theoretisch Wahlberechtigte automatisch in die Wählerlisten (wie in der Bundesrepublik) aufgenommen wird, sondern daß
man sich im allgemeinen einige Wochen vor der Wahl oder Primary
beim Wahlamt registrieren lassen muß. War diese Registrierung von
Wählern in den meisten Staaten der USA nach der Jahrhundertwende
als Reformmaßnahme eingeführt worden, um den bis dahin gängigen
Wahlbetrug auszuschließen, so liegt der soziale und politische Auswahlmechanismus, der damit verbunden ist, auf der Hand und kann empirisch belegt werden: Potentielle Wähler aus höheren Einkommensgruppen mit einer abgeschlossenen Collegeausbildung, die in den Vorstädten oder auf dem Lande wohnen und älter als 35 Jahre alt sind (tendenziell Anhänger Republikanischer Präsidentschaftskandidaten) nehmen die mit der Registrierung und dem Wahlakt verbundenen Umstände eher auf sich als jene potentiellen Wähler aus den unteren Ein-

kommensschichten und ohne abgeschlossene Schulausbildung, die in städtisch-industriellen Ballungsräumen wohnen und jünger als 35 Jahre alt sind. Spätestens seit 1936 haben Demokratische Präsidentschaftskandidaten ihre Wähler überdurchschnittlich aus eben diesen unteren sozialen Schichten, aus den rassischen, ethnischen und religiösen Minoritäten, der Arbeiterschaft und der Stadtbevölkerung rekrutiert. Auch wenn die zur New-Deal-Koalition zu rechnenden Wählergruppen in den letzten beiden Jahrzehnten zahlenmäßig geschrumpft waren, hingen im Wahljahr 1976, in dem so viele Zeichen auf eine vertiefte politische Apathie hindeuteten, Sieg oder Niederlage des Demokratischen Präsidentschaftskandidaten Jimmy Carter von der Realisierung des eigenen Wählerpotentials ab, davon, ob es gelingen würde, Schwarze, Mexiko-Amerikaner und andere ethnische Minderheiten und (gewerkschaftlich organisierte) Arbeiter in den Städten zu registrieren und am Wahltag zur Stimmabgabe zu bewegen.

Die *Gewerkschaften* stellten sich nach dem New Yorker Parteitag in vorher nie gekannter Geschlossenheit hinter Carter. Selbst wenn ein Rest Mißtrauen blieb, galt Carter im Vergleich zu Ford als das kleinere Übel. Nixons und Fords Wirtschaftspolitik hatten zu einer so hohen Arbeitslosigkeit geführt, daß die Macht der Gewerkschaften am Tarifverhandlungstisch und bei Streiks bedroht schien. Die Arbeitslosenquote war in den Jahren Republikanischer Herrschaft kontinuierlich gestiegen. Während im letzten Jahr der Johnson-Regierung die Arbeitslosenquote bei 3,6 Prozent gelegen hatte, kletterte sie 1975 auf 8,5 Prozent, die Höchstmarke seit der Weltwirtschaftskrise, sie sank danach nur geringfügig. Dabei war der Anteil der arbeitslosen Arbeiter (August 1976: 9,8 Prozent), der Schwarzen (19,8 Prozent), der Jugendlichen unter 20 Jahren (19,8 Prozent) und insbesondere der schwarzen Jugendlichen (ca. 40 Prozent) überdurchschnittlich hoch. Welcher soziale Sprengstoff sich hinter diesen trockenen Zahlen verbarg, zeigte sich im September 1976 in Detroit, einer überwiegend von Schwarzen bewohnten Stadt. Nur durch einen massiven Polizeieinsatz (und nächtliche Ausgangssperren) konnten revoltierende schwarze Jugendliche in die Slums abgedrängt werden; die brennende Lunte am Pulverfaß wurde ausgetreten, ohne daß die Ursachen für die bedrohliche Lage beseitigt worden wären. Die Hälfte bis zu drei Viertel der schwarzen Jugendlichen sind nämlich in Detroit arbeitslos.

Durch zwei politische Entscheidungen hatte Ford zudem diejenigen Gewerkschaften, die traditionell den Republikanern zuneigen und noch 1972 Nixon unterstützt hatten, verprellt. Auf Druck der amerikanischen Handelskammer und des Unternehmensverbandes National Association of Manufacturers NAM hatte er trotz vorheriger gegenteiliger Versprechungen gegen einen Gesetzentwurf, die sogenannte Commonsite picketing bill, sein Veto eingelegt, der die zerplitterten Baugewerkschaften im Streikfall gestärkt hätte. Gegen einen weiteren Gesetzentwurf, in dem festgelegt worden ist, daß ein bestimmter Prozentsatz importierten Erdöls in amerikanischen Schiffen hätte befördert werden müssen, hat der Präsident ebenfalls seinen Einspruch eingelegt. Damit waren sowohl die Baugewerkschaften wie die Hafen- und Seeleutegewerkschaften in die Arme des Demokratischen Präsidentschaftskandidaten getrieben worden. Lediglich die Transportarbeiter blieben neutral, die zwar noch während des Republikanischen Parteitages in Kansas City für Ford einen Empfang gegeben hatten, dann es aber nicht wagten, ihn offiziell zu unterstützen, weil ihre Mitglieder sonst dagegen rebelliert hätten.

Das Jahr 1976 sah die größte gewerkschaftliche Wahl- und Registrierungskampagne der amerikanischen Geschichte. In Städten, Kreisen und Einzelstaaten wurden Wahlkampfkomitees gebildet, die Gewerkschaften der AFL-CIO, der aufgelösten Labor Coalition und Unabhängige umfaßten. Sowohl Carter wie Kandidaten für das Repräsentantenhaus und den Senat wurden von ihnen unterstützt. Mehr als zehn Millionen Telefongespräche mit Wählern wurden geführt, 80 Millionen Flugblätter und Briefe ausgesandt. Schließlich arbeiteten 120 000 Gewerkschafter ehrenamtlich, um Bürger an die Wahlurnen zu bringen. Mehrere prominente Gewerkschaftssekretäre, seit Jahrzehnten in Wahlkämpfen erfahren, ließen sich in den letzten Wochen vor der Wahl auf die Gehaltsliste der Carter-Organisation setzen. Nebenorganisationen wurden gebildet, um besondere Bevölkerungsgruppen anzusprechen, „Frontlash" für Jungwähler, „Concerned Citizens for a Better Government" für ältere Bürger, „Labor Council for Latin American Advancement" für spanisch und portugiesisch sprechende Arbeiter, die meist aus Mexiko und Puerto Rico zugewandert sind.

Das im Wahlkampf wiedergewonnene politische Selbstbewußtsein der Gewerkschaften und ihre neu verankerte Machtposition in der Demokratischen Partei spiegelte sich in jener Antwort wieder, die Al Barkan, Direktor des COPE, gab, als er nach dem Wahlsieg Carters über das Verhältnis von AFL-CIO und Demokraten befragt wurde: „Die Partei kann uns bestenfalls gute Kandidaten und eine gute Wahlplattform bieten. Unser politischer Apparat aber ist dem der Partei weit überlegen."

Unterstützt von den Gewerkschaften und vom Demokratischen Nationalausschuß war eine *Koalition schwarzer Organisationen*, allen voran das Randolph Institut der AFL-CIO (das 15 000 schwarze Gewerkschaftsmitglieder koordinierte, die in städtischen Gemeinden eingesetzt wurden), bemüht, die Schwarzen in den Städten und im Süden zu registrieren. Auch der Black Caucus im Kongreß, die Gruppe schwarzer

Bundesparlamentarier, und Coretta King beteiligten sich an der Kampagne. Allein in den Südstaaten sind unter den Schlagworten „Operation Big Vote" und „Wake Up, Black America" vermutlich über 500 000 Schwarze registriert worden.

In den als wahlentscheidend angesehenen Staaten Kalifornien, Ohio, Illinois, Pennsylvania und Texas haben die Gewerkschaften, die Koalition schwarzer Organisationen und der Demokratische Nationalausschuß vier Millionen Dollar für die Wählerregistrierung ausgegeben.

Dieser organisatorischen Stärke der Gruppen der New-Deal-Koalition, die Carter zugute kam, hatte das President Ford Committee nichts Vergleichbares entgegenzusetzen, es konnte allenfalls auf einige intakte lokale und regionale Republikanische Parteiorganisationen zurückgreifen. Nach den Watergate-Enthüllungen und den scharfen Regelungen des Federal Election Campaign Act wagten einige Interessenverbände und Unternehmer es zudem nicht, mit ihren politischen Aktionskomitees Präsident Ford im Wahlkampf tatkräftig zu unterstützen.

Betrachtet man den politischen *Inhalt der Wahlkampfauseinandersetzung* zwischen Gerald Ford und Jimmy Carter, dann überrascht am meisten, wie gering die Differenzen zwischen beiden gewesen sind. Themen wie Bildung, Erziehung und Bürgerrechte, die noch vor wenigen Jahren die Wellen hochschlagen ließen, wurden nicht oder nur beiläufig angesprochen. Unterschiede in der Außen- und Verteidigungspolitik waren minimal. Die Umrisse eines verschiedenen „liberalen" bzw. „konservativen" Staats- und Gesellschaftsverständnisses wurden hingegen in Fragen der Wirtschafts- und Finanzpolitik erkennbar. Carter und Mondale stellten das Arbeitslosenproblem in den Mittelpunkt ihrer Reden, um sowohl die volle Unterstützung der Gewerkschaften und ihrer Mitglieder als auch die Stimmen der von Arbeitslosigkeit und Armut besonders bedrohten Bevölkerungsgruppen zu erhalten. Umgekehrt zielte die Strategie Fords dahin, die Erfolge seiner Regierung in der Inflationsbekämpfung — die Inflationsrate war von 11 Prozent (1974) auf 6,1 Prozent (Juli 1976) gesunken — herauszustreichen. Dadurch sollten jene potentiell Republikanischen Wählergruppen (Selbständige, mittlere und höhere Angestellte, Farmer) angesprochen werden, die Arbeitslosigkeit und Armut kaum zu befürchten haben, deren Einkommen aber durch latente Geldentwertung beschnitten wird. Carter deutete verschiedentlich an, staatliche Steuerungsinstrumente zur Durchsetzung wirtschafts- und sozialpolitischer Ziele aktiv und reformerisch einsetzen zu wollen. Ford hingegen lehnte prinzipiell den staatlichen Eingriff in Wirtschaft und Gesellschaft ab, da das freie Spiel der Kräfte auf dem Markt angeblich noch immer so funktioniere, daß das Gemeinwohl hergestellt werde.

Die tatsächlich vorhandenen politischen Unterschiede zwischen beiden

Kandidaten sind den Wählern — aus schon genannten Gründen — kaum bewußt gemacht worden. Zusätzlich noch gefördert von den Anstrengungen der Werbeagenten, Imagemaker und Meinungsforscher beider Lager wurden die Differenzen zwischen Demokraten und Republikanern, zwischen einer mehr staatsinterventionistischen und einer eher staatsabstinenten, einer gemäßigt-„liberalen" und einer gemäßigt-„konservativen" Grundposition personalistisch auf die beiden Kandidaten als Einzelpersonen verkürzt. An der Oberfläche mußte es dann so erscheinen, als wären persönliche Schnitzer, die den Kandidaten unterliefen, wahlentscheidend gewesen. Zu ihnen gehörten: Carters Interview mit dem „Playboy", in dem er am Rande über „Wollust" und „Ehebruch in Gedanken" gesprochen und zwei milde Kraftausdrücke benutzt hatte; eine Äußerung Carters über seine Steuerpolitik; die Äußerung Carters in der dritten Fernsehdebatte, er werde keine amerikanischen Truppen in Jugoslawien einsetzen, falls nach dem Tod Titos die Sowjetunion interveniere; der Ausrutscher Fords in der zweiten Fernsehdebatte, Osteuropa werde nicht von den Sowjets beherrscht; das zu lange Zögern Fords, seinen Landwirtschaftsminister zu entlassen, als dieser in einem Interview abfällige rassistische Bemerkungen hatte fallen lassen. Von uns wird keineswegs behauptet, die genannten Fehler hätten die Wähler in ihrem Urteil über die Kandidaten nicht beeinflußt. Doch hat die amerikanische Presse, erpicht auf das Sensationelle und Anekdotische, ihre Bedeutung bis ins Absurde übertrieben.

C. Das Wahlergebnis

Wie erwartet, war das Wahlergebnis knapp (vgl. Anhang, Tabelle 4). Carter gewann 51 Prozent der abgegebenen Stimmen, Ford 48 Prozent. 1 Prozent entfiel auf andere Kandidaten, darunter 650 000 Stimmen auf den parteilosen Eugene McCarthy und 170 000 Stimmen auf Lester G. Maddox von der American Independent Party, die George Wallace 1968 für seine Kandidatur benutzt hatte. Carter hatte einen Vorsprung von 1,75 Millionen Stimmen vor Ford. Doch sieht die amerikanische Verfassung nicht die direkte und unmittelbare Wahl des Präsidenten durch das Volk, sondern durch ein *Wahlmännergremium (Electoral College)* vor. Jeder Staat entsendet in dieses Gremium so viele Wahlmänner, wie er Mitglieder im Kongreß hat, also Repräsentanten und Senatoren zusammen. Die Wahlmänner eines Staates werden nicht proportional zu den abgegebenen Popularstimmen auf die Präsidentschaftskandidaten festgelegt, sondern dem Präsidentschaftskandidaten, der die meisten Popularstimmen erreicht (und sei es auch nur eine Stimme mehr als der nächste Konkurrent), werden alle Wahlmännerstimmen dieses Staates zugesprochen: Hier gilt also das — in den Vorwahlen der Demokratischen Partei abgeschaffte — „winner-take-all"-System.

Im Electoral College hatte Carter eine Mehrheit von 297 zu 241 (notwendige absolute Mehrheit: 270) Stimmen. Trotz des relativ großen Vorsprungs an Popularstimmen, der beträchtlicher gewesen ist als der Kennedys vor Nixon 1960 und der Nixons vor Humphrey 1968, war dies die knappste Mehrheit im Wahlmännergremium, die es seit der Wahl Wilsons 1916 gegeben hat. Theoretisch ist es durchaus denkbar, daß ein Kandidat im Electoral College gewinnt, ohne eine Mehrheit der Popularstimmen erhalten zu haben. Hätten z. B. in Ohio und Hawaii jeweils nur 4 000 Wähler für Ford statt für Carter gestimmt, wären die Wahlmännerstimmen dieser Staaten an Ford gefallen und dieser wäre mit 270 zu 268 Stimmen im Electoral College Präsident geworden. Dieses Zahlenspiel verdeutlicht, wie reformbedürftig das Wahlverfahren für die Präsidentenwahl ist: Gerald Ford, der erste amerikanische Vizepräsident, der ohne Nominierung durch seine Partei und ohne vom Volk gewählt worden zu sein, 1974 ins Präsidentenamt aufgerückt war, bliebe in dem von uns konstruierten Fall auch nach seiner Wahl zum Präsidenten ohne Legitimation durch eine Mehrheit der Wähler. Andererseits hätte Carter im Wahlmännergremium voraussichtlich eine Mehrheit von 323 zu 215 Stimmen erhalten, wenn Eugene McCarthy, der in seinem Wahlkampf an politisch enttäuschte Demokraten der „New Politics"-Gruppen appelliert hatte und Wähler von Carter abzog, in Iowa, Maine, Oklahoma und Oregon nicht kandidiert hätte: In diesen Staaten, die an die Republikaner fielen, war die Differenz zwischen Carter und Ford geringer als die Zahl der Stimmen, die McCarthy erhalten hatte.

Warum konnte Jimmy Carter — ein Mann ohne nationale Prominenz, zwei Jahre vor dem Wahltag fast ohne Anhang in der Demokratischen Partei, ein Politiker aus dem tiefen Süden zudem, dessen Akzent für den Durchschnittsamerikaner fremd klingt und dessen fundamentalistischer Protestantismus manchem suspekt war — die Präsidentschaftskandidatur der Demokratischen Partei gewinnen und schließlich zum Präsidenten gewählt werden? Einige der Ursachen, die das „Carter-Phänomen" erklären können, haben wir bereits angesprochen. Doch ist die Antwort auf diese Frage vielschichtig und komplex. Die wichtigsten Gründe, die den Erfolg Jimmy Carters ausmachten, sollen im folgenden bedacht werden.

1. Die Entscheidung für Carter ist in den heiß umkämpften Industriestaaten des Nordostens gefallen, in New York, Pennsylvania und Ohio. Analysiert man die soziale Zusammensetzung der Wähler, die für den ehemaligen Gouverneur von Georgia gestimmt haben (vgl.

Anhang, Tabelle 5) und bezieht das ein, was wir bereits über den Verlauf des Demokratischen Parteitages und des Wahlkampfes gesagt haben, so ist unverkennbar, daß es Carter und den Demokraten gelungen ist, die alte *New-Deal-Koalition* (wenn auch mit einigen Modifikationen) wieder zusammenzufügen. Hier liegt der wichtigste Grund für Carters Sieg in den drei genannten Staaten und im Land überhaupt. Für Carter haben überproportional gestimmt: Schwarze und andere Minoritäten, Arbeiter, Gewerkschaftsmitglieder und ihre Familienangehörigen, Mitglieder unterer Einkommensgruppen, Großstadtbewohner, Katholiken und Juden. Eine leichte Modifikation der traditionellen Demokratischen Wählermehrheit ergab sich dadurch, daß für den Baptisten Carter relativ mehr Protestanten als bei früheren Präsidentenwahlen für Demokratische Kandidaten stimmten und daß die Katholiken ihre Stimmen zwischen den Kandidaten der beiden großen Parteien gleichmäßiger als üblich verteilten.

Die genannten sozialen Gruppen der New-Deal-Koalition wurden durch den für Carter scheinbar soliden Wählerstamm aus den Südstaaten ergänzt. Daß dieser einst für die Demokraten solide Süden nicht mehr existiert, wurde oben schon angedeutet, und wir werden den Aufstieg des neuen, wirtschaftlich, sozial und politisch grundlegend veränderten Süden im nächsten Kapitel behandeln. Wie sehr der Süden heute von dem der 30er Jahre verschieden ist, zeigte sich darin, daß Carter trotz seines Vorteils, ein „Sohn der Südstaaten" zu sein, in Meinungsumfragen um so mehr an Anhängern in seiner Heimatregion verlor, desto sichtbarer er als gemäßigt-liberaler Kandidat auftrat. Offensichtlich sind die konservativen Wähler im Süden zu Ford umgeschwenkt. Aus dem gleichen Grund verlor Carter in fünf Rocky-Mountains-Staaten (Arizona, Colorado, Idaho, Utah und Wyoming), die zum konservativen „Sunbelt" gerechnet werden, mit noch größerer Stimmendifferenz zu seinem Republikanischen Kontrahenten als Kennedy und Humphrey gegen Nixon.

Durch eine Abweichung vom bisher üblichen Wahlverhalten wurde die New-Deal-Koalition in einem entscheidenden Punkt ergänzt: In den landwirtschaftlichen Gebieten des Mittleren Westen schnitt Carter überraschend gut und bedeutend besser ab als seine Demokratischen Vorgänger 1960 und 1968. Hierzu zählen die Staaten Iowa, Kansas, Nord- und Süd-Dakota, die gleichwohl an Ford gingen. In Ohio hingegen, einem Staat, der in einen industrialisierten Norden und einen überwiegend agrarischen Süden geteilt ist, machten die Stimmen, die Carter von Farmern mehr erhielt als normalerweise Demokratische Präsidentschaftskandidaten, den Unterschied zwischen Sieg und Niederlage aus.

2. Carter traf jene *Grundstimmung der amerikanischen Wähler*, die unartikuliert und diffus, mehr als Vorurteil denn als rationale Kritik nach den sozialen Unruhen der 60er Jahre, nach den Enttäuschungen des amerikanischen Rückzugs aus Vietnam und der Watergate-Affäre sich gegen Washington, die Bundesbürokratie, kurz gegen die politischen Institutionen und Politiker schlechthin ausgebreitet hatte. In den Vorwahlen schien Carter unverbraucht und frisch, ein Mann, der mit Washington und dem Establishment des Nordostens unmöglich in Verbindung gebracht werden konnte. Carter trat als Ingenieur und Planer, als erfolgreicher ehemaliger Gouverneur, mehr als charmanter Technokrat aus dem Süden denn als Politiker auf. Und als der Schwung seines Wahlkampfes gegen Ford ins Stocken geriet, als taktische Mängel und organisatorische Zerfahrenheit ihn fast straucheln ließen, fiel Carter in die Rhetorik seines Vorwahlkampfes zurück, beschwor Vertrauen und Liebe zwischen den Menschen, Mißtrauen gegen die Regierungen und Bürokratien. So paradox die Formulierung des amerikanischen Politikwissenschaftlers Walter Dean Burnham klingen mag, sie traf doch den Kern: Carter kandidierte gegen, nicht für das Präsidentenamt.

3. Carter repräsentierte zudem eine Unterströmung amerikanischer Geschichte und Gesellschaft, die lange verdeckt war, aber so genuin amerikanisch ist, daß sie vom europäischen Beobachter kaum begriffen wird und selbst amerikanischen Kommentatoren oft ein Rätsel bleibt. Gemeint sind der *Neo-Populismus* und eine *religiös-spirituelle Erweckungsbewegung,* die unterschwellig den Wahlkampf mitbestimmten, auf je verschiedene Weise sichtbar wurden und die gerade angesprochene Grundstimmung unter den amerikanischen Wählern noch verstärkten. Sie schlugen zu Gunsten von Carter aus. Beide erscheinen uns für das Verständnis amerikanischer Politik in der Gegenwart (und auch für die Analyse der Präsidentenwahlen 1976) so zentral, daß wir sie im IV. Kapitel besonders untersuchen wollen.

4. Der unaufhaltsame Aufstieg Jimmy Carters, sein überraschender Erfolg in der Demokratischen Nominierungsversammlung in Iowa und sein Sieg in der Vorwahl von New Hampshire erschienen als *Verwirklichung des amerikanischen Traums* vom Land der unbegrenzten Möglichkeiten: vom Tellerwäscher zum Millionär, vom armen Erdnußfarmer des Südens zum Präsidenten, aus dem Dorf Plains in die Weltstadt Washington. Übersehen wird dabei, daß Carter als Gouverneur von Georgia und als Millionär in das Rennen um die Präsidentschaft eingestiegen war. Doch nicht zuletzt die scheinbare Verwirklichung des amerikanischen Mythos in der Person Carters gewann ihm Anhänger, gab ihm in den Vorwahlen und im Wahlkampf Auftrieb, machte die

Presse, die Radio- und Fernsehstationen während der Vorwahlen neugierig und verhalf ihm zu nationaler Publizität.

5. Carter hatte seinen Kampf um die Nominierung als Präsidentschaftskandidat der Demokratischen Partei *langfristig und minutiös geplant*. Als er im August 1972 beschloß, sich 1976 um das Präsidentenamt zu bewerben, sammelte er einen Kreis junger, intelligenter Rechtsanwälte um sich, mit denen er z. T. schon als Gouverneur von Georgia zusammengearbeitet hatte. Zu ihnen gehörten u. a. Jody Powell (Pressesprecher während des Wahlkampfes, später im Weißen Haus) und Hamilton Jordan (Wahlkampfleiter, dann Assistent des Präsidenten). Die politische Unerfahrenheit der jungen Technokraten, die Carter berieten, wurde allerdings im Wahlkampf gegen Ford sehr schnell sichtbar, wie wir oben ausgeführt haben. Immerhin kam es Carter zugute, daß er als Sprecher der Gouverneure der Südstaaten und — vom Parteivorsitzenden Robert Strauss dazu ernannt — als Wahlkampfleiter des Demokratischen Nationalausschusses für die Kongreßwahlen 1974 seine politischen Verbindungen über Georgia hinaus ausgedehnt hatte.

In einem Satz läßt sich das Ergebnis der Präsidentenwahlen 1976 so zusammenfassen, daß ein neuer Mann mit Hilfe einer alten Koalition in der Demokratischen Partei, eben der New-Deal-Koalition, die durch den neuen Süden ergänzt wurde, gewählt worden ist. Um so fragwürdiger erscheint uns Carters Äußerung, die er während der Vorwahlen und des Wahlkampfes wiederholt hat und die an Verbände, Interessengruppen und Organisationen in wie außerhalb der Demokratischen Partei gerichtet war, daß er niemandem etwas schulde, dem Volk aber alles. Wir hatten gesehen, daß Carter in Wirklichkeit bereits während des New Yorker Parteitages mit dem Women's Caucus und mit dem Black Caucus feste Vereinbarungen getroffen hat und daß er ohne deren Unterstützung, vor allem aber ohne die Anstrengungen der Gewerkschaften nicht gewählt worden wäre. Der Ablauf der Kabinettsbildung zeigte ohnedies im personellen Bereich, daß der neue Präsident sehr wohl auf Gruppen in der Demokratischen Partei Rücksicht nehmen muß, daß er diesen seine Wahl schuldet, wie diese umgekehrt in ihn bestimmte Erwartungen setzen. Auch und gerade in seinem Verhältnis zum Kongreß wird Carter auf diese Gruppen — allen voran wiederum die Gewerkschaften, die fast zwei Drittel der Mitglieder beider Häuser des Kongresses in einigen Fragen hinter sich wissen — Rücksicht nehmen müssen, wenn er seine Programme und Gesetzesvorschläge überhaupt durchsetzen will. Der neue Präsident ist eben nicht mehr ein Außenseiter aus der Provinz, sondern er ist fest in die herkömmliche amerikanische Politik und jenes Washingtoner Establishment integriert, gegen das er einst angetreten war.

In den letzten Jahren ist die Zahl der Veröffentlichungen über das amerikanische Parteiensystem — ausgelöst durch die provokative These von der Desintegration, ja möglichen Auflösung der Parteien — stark angestiegen. Die Kontroverse wurde eröffnet mit einer Arbeit von *Walter Dean Burnham*, Critical Elections and the Mainsprings of American Politics. New York 1970. *Burnham* verfolgte die verschiedenen strukturellen Veränderungen amerikanischer Parteien ins 19. Jahrhundert zurück und kam im historischen Vergleich zu dem Ergebnis, daß für die Zukunft die Existenz der Parteien überhaupt bedroht sei. Die sich daraus entwickelnde Kontroverse ist u. a. aufgenommen worden in: *James L. Sundquist*, Dynamics of the Party System. Alignment and Realignment of Political Parties in the United States. Washington D. C. 1973; William Nisbet Chambers und Walter Dean Burnham (Hrg.), The American Party Systems. Stages of Political Development. New York 1975 (2. Auflage); *Norman H. Nie, Sidney Verba* und *John R. Petrocik*, The Changing American Voter. Cambridge und London 1976. Die meisten empirischen Daten, die diesen Arbeiten zugrundeliegen, sind vom Survey Research Center an der Universität of Michigan, Ann Arbor (Mich.), gesammelt und z. T. (seit den Präsidentenwahlen 1952 regelmäßig) erhoben worden. Entsprechende Veröffentlichungen der Mitarbeiter dieses Institutes — u. a. von *Angus Campbell, Philipp E. Converse, Warren E. Miller* und *Donald E. Stokes* — liegen vor. Als Einführung in die neuere Geschichte amerikanischer Parteien ist geeignet Paul L. Murphy (Hrg.), Political Parties in American History, Bd. 3: 1890 — Present. New York 1974. Die jüngste Geschichte der Demokratischen Partei behandelt *Herbert S. Parmet,* The Democrats. The Years after FDR. New York 1976. Herausbildung und Zusammensetzung der New-Deal-Koalition stehen im Mittelpunkt der Untersuchungen von *Everett Carll Ladd, Jr.* und *Charles D. Hadley,* Transformations of the American Party System. Political Coalitions from the New Deal to the 1970s. New York 1975 und *Richard M. Scammon* und *Ben J. Wattenberg,* The Real Majority. New York 1971. Auf die sich bereits 1928 herausbildende Wählerkoalition, die später das Etikett des New Deal erhielt, hat als erster mit Nachdruck aufmerksam gemacht *Samuel Lubell,* The Future of American Politics. New York 1951 (insbesondere das Kapitel „Revolt of the City"). Die besten Untersuchungen über Wahlkampffinanzierung hat vorgelegt *Herbert E. Alexander,* Money in Politics. Washington D. C. 1972. Die Finanzierung der Wahlkämpfe von Nixon und McGovern 1972, dem Jahr der Watergate-Affäre, ist vom gleichen Autor untersucht worden: Financing the 1972 Election. Lexington, Toronto und London 1976.

Eine parallele Veröffentlichung für die Präsidentenwahlen 1976 ist vorgesehen. Den Demokratischen Parteitag 1972 haben analysiert *Dennis G. Sullivan, Jeffrey L. Pressman, Benjamin I. Page* und *John J. Lyons,* The Politics of Representation. The Democratic Convention 1972, New York 1974. Eine erste Darstellung und Interpretation der Wahl Carters findet sich in *Peter Lösche,* Die amerikanischen Präsidentenwahlen 1976. Ein Beitrag zum Regierungs- und Gesellschaftssystem der USA, in: aus politik und zeitgeschichte, B 50/76 (11. Dezember 1976). Weitere Informationen über die Wahlen können ermittelt werden aus Congressional Quarterly (Hrg.), Elections '76. Washington D. C. 1976 und dies. (Hrg.), Candidates '76. Washington D. C. 1976.

III.
Der neue Süden — Mythos oder Wirklichkeit?

Der neue Süden ist heute zu einem Schlagwort geworden, das Politiker wie Politikwissenschaftler, amerikanische Journalisten wie europäische Korrespondenten bedeutungsvoll und schwammig zugleich gebrauchen. Jimmy Carter, so hieß es schon lange vor seiner Wahl zum Präsidenten der Vereinigten Staaten, repräsentiere eben diesen neuen Süden. Und um das Gesagte zu verstärken, wurde darauf hingewiesen, daß der letzte Präsident aus dem Süden vor 128 Jahren gewählt worden sei, Zachary Taylor aus Virginia — obwohl doch auch Woodrow Wilson in Virginia geboren worden war und Lyndon B. Johnson jedem als Texaner, also als Südstaatler in Erinnerung sein mußte. Erst mit der Wahl Carters, so hieß es in einigen ironisierenden Kommentaren, sei der Bürgerkrieg zwischen dem Süden und Norden endgültig überwunden worden. Erst jetzt sei eine Region, die vom Rest der Nation diskriminiert worden sei und die doch selbst einen großen Teil ihrer eigenen Bevölkerung, die Schwarzen, diskriminiert hatte, in den Hauptstrom amerikanischer Politik und Gesellschaft zurückgekehrt. Seit dem Bürgerkrieg ist in jeder Generation der „neue Süden" proklamiert worden. Was bedeutet und umfaßt — angesichts dieser Verwirrung mit Schlagworten und historischen Ungenauigkeiten — eigentlich der Süden, was im Unterschied dazu der „neue Süden"?
Eine klare und eindeutige Festlegung beider Begriffe gibt es nicht. Natürliche, physisch-geographische Grenzen bestehen nicht, die den *Süden* von den anderen Regionen der Vereinigten Staaten trennen. Vielmehr besteht geographisch der Süden selbst aus mehreren Regionen, der Küstenregion am Atlantik und am Golf von Mexiko, den Appalachen, den Schwemmflächen und dem Tal des Mississippi, den Mittelgebirgen der Ozarks und Boston westlich des großen Flusses und schließlich den großen Ebenen im Westen. Genauer läßt der Süden sich durch seine gemeinsame Geschichte und kulturelle Tradition beschreiben. Der alte Süden vor dem Bürgerkrieg war sozialstrukturell bestimmt von reichen Plantagenbesitzern, armen Weißen und schwarzen Sklaven. Doch gab es auch weiße Kleinsiedler, einige freie Schwarze und eine

Stadtbevölkerung, in der sich Ansätze zu einem Bürgertum entwickelt hatten. Sklaverei, Niederlage im Bürgerkrieg und der Wiederaufbau nach dem Krieg, die sogenannte Rekonstruktion, prägten den Süden in besonderer Weise. Zwar wurde in der Periode der Rekonstruktion der Süden sozial und wirtschaftlich wesentlich verändert und der aufblühende Kapitalismus gleichsam nach Süden ausgedehnt. Doch blieb diese Region im Unterschied zur Industriegesellschaft im Norden und Mittelwesten bis weit in unser Jahrhundert hinein wirtschaftlich von der Landwirtschaft abhängig. Auch änderten die juristisch-formale Sklavenbefreiung und die entsprechenden Zusatzartikel zur Verfassung wenig an der tatsächlichen Unterdrückung der Schwarzen. Noch 1954 prangten überall in den Südstaaten an Trinkbrunnen, Toiletten, Restaurants und Schwimmbädern die Schilder „Whites Only" — „Nur für Weiße", Symbol sozialer Trennung zwischen Schwarz und Weiß — Zeichen auch wirtschaftlicher Ausbeutung und politischer Ungleichheit der Schwarzen. Historisch werden zum Süden jene Staaten gezählt, die auf Seiten der Konföderation im Bürgerkrieg gegen den Norden kämpften: Alabama, Arkansas, Florida, Georgia, Louisiana, Mississippi, North Carolina, South Carolina, Tennessee, Texas und Virginia. Hinzu kommen die beiden Sklavenhalterstaaten, die im Bürgerkrieg von der Konföderation für sich reklamiert wurden: Missouri und Kentucky. Statistisch, wenn auch mit weniger historischer Berechtigung werden heute vom amerikanischen Statistischen Bundesamt noch Oklahoma, West Virginia, Maryland und Delaware (allerdings wiederum nicht Missouri) zum Süden gerechnet. Das Gebiet der alten Konföderation ist trotz der gemeinsamen Geschichte keine wirtschaftliche, soziale und kulturelle Einheit. In ihm leben 55 Millionen Menschen, darunter 20 Prozent Schwarze und ein buntes Gemisch von Mexiko-Amerikanern in Texas, Katholiken in Louisiana, Kubanern und Juden in Miami, neuerdings auch Vietnamesen an der Golfküste und weit verbreitet angelsächsische Baptisten.

Das einzige Beständige ist in den Südstaaten nach dem Zweiten Weltkrieg die Veränderung gewesen. Wirtschaftliche, soziale und politische Veränderungen vollzogen sich schneller als in anderen Regionen der Vereinigten Staaten, das Ergebnis war ein Süden im Übergang, war schließlich der neue Süden.

1. Wirtschaftliche Veränderungen

Wenn man heute in Amerika vom neuen Süden spricht, ist immer der industrialisierte Süden gemeint. Die *Industrialisierung* begann im Süden später als im Nordosten und Mittelwesten, sie setzte erst nach der

Jahrhundertwende ein. Allerdings waren in der Zeit des Ersten Weltkrieges bereits einige industrielle Zentren entstanden. Dazu gehörte z. B. Birmingham (Alabama) als Zentrum der Eisen- und Stahlindustrie. Doch blieb dieser Industriezweig bis in unsere Gegenwart vom Norden dominiert, war von Kapital, Management und durch das Mittel unternehmerischer Preisregulierung von Banken und Großkorporationen des Nordens abhängig, so daß Pittsburgh sowie Gary und Chikago die nationalen Stahlzentren blieben.

Wenn auch nicht ohne die Investitionen aus dem Norden, so entwickelten sich im Süden doch zwei Industriezweige relativ selbständig, nämlich die auf den landwirtschaftlichen Produkten der Region basierende Textilindustrie und die Tabakverarbeitung. Wurde zunächst nur Baumwolle in den Textilfabriken verarbeitet, so wuchs nach dem Zweiten Weltkrieg die Bedeutung der Kunstfaser: Im engen Zusammenhang mit der Textilherstellung hat sich in den Südstaaten daher die chemische Industrie entwickelt, die zunächst der Herstellung von Kunstfasern diente, inzwischen aber in andere Bereiche expandierte. Die tabakverarbeitende Industrie, insbesondere Zigarettenfabriken waren von der Konkurrenz anderer Regionen der Vereinigten Staaten und des Auslands nicht nur weitgehend unabhängig, sondern das produzierte Genußmittel konnte relativ konjunkturunabhängig und bis vor einigen Jahren in ständig steigenden Mengen abgesetzt werden. Die Zigarettenindustrie ist — besonders was die relative Unabhängigkeit vom Konjunkturverlauf angeht — zum Vorbild für einen in den letzten beiden Jahrzehnten stark expandierenden Wirtschaftsbereich des Südens geworden, nämlich die Lebensmittelherstellung und -konservierung.

Doch ist der eigentliche Vorreiter des neuen Südens die Erdölindustrie gewesen, die nach Ölfunden in Texas, Oklahoma und Louisiana bald nach der Jahrhundertwende aufblühte. Die daraus entstehende petrochemische Industrie entwickelte sich zur bedeutendsten des ganzen Landes, 80 Prozent aller petrochemischen Produkte kamen nach dem Zweiten Weltkrieg aus dem Süden, darunter fast 80 Prozent des Kunstdüngers. Der Erste Weltkrieg, insbesondere aber die Rüstungsproduktion während des Zweiten Weltkrieges beschleunigten die Industrialisierung und das ökonomische Wachstum der Südstaaten. So wurde der Süden nach dem letzten Weltkrieg zum Zentrum der Atom-, Luft- und Raumfahrtindustrie und (gemeinsam mit dem Westen) der elektronischen Industrie. Diese Region ist mithin Standort jener Industrien, die nicht nur Teil des sogenannten militärisch-industriellen Komplexes darstellen, sondern zu den modernsten gehören. Außer der schon genannten Lebensmittelindustrie expandierten seit 1970 zudem Wirtschaftsbereiche in den Dienstleistungen, insbesondere Banken, Immobilien und Kleinhandel.

Grob gesprochen sind heute im Süden die wirtschaftlich stärker expandierenden, im Mittelwesten und Nordosten (Wisconsin, Illinois, Michigan, Indiana, Ohio, New York, Pennsylvania, New Jersey, Massachusetts, Conneticut) hingegen die stagnierenden Industrien — wie z. B. die Eisen- und Stahlindustrie — angesiedelt. Für die Jahre 1950 bis 1975 betrug das jährliche Wirtschaftswachstum im Süden 4,4 Prozent, in den Vereinigten Staaten insgesamt nur 3,4 Prozent. 1970 bis 1975 hatte jeder Industriezweig im Süden — mit der Ausnahme des Bergbaus — eine größere Wachstumsrate als im Norden. In den Jahren 1970 bis 1974 hat der Anteil des Nordostens und Mittelwestens an der Gesamtzahl der Beschäftigten (ohne Landwirtschaft) um 3,1 Prozent abgenommen, im Süden hingegen um 2,0 Prozent zugenommen. Die Hauptursache für diese Veränderung war im Norden, daß unrentable Unternehmen geschlossen wurden, im Süden hingegen profitable Unternehmen expandierten. Als zweite Ursache ist die Abwanderung von Betrieben aus dem Norden in den Süden zu nennen: Von den genannten 3,1 Prozent Verlust an Beschäftigten im Norden gehen 1,5 Prozent auf das Konto derartiger Wanderungsbewegungen von einer Region in die andere. Hinzu kommt, daß Großkorporationen und multinationale Konzerne in den letzten Jahren stärker im Süden als im Norden investieren. Zu den bekanntesten Beispielen gehört der Aufbau von Produktionsstätten von Volvo in Virginia, von Michelin in South Carolina, von Northern Telecom (einem kanadischen Hersteller von Fernsehgeräten) in mehreren Südstaaten und der Farbwerke Hoechst in South Carolina.

Parallel zur Industrialisierung dieser Region erfolgte auch die Industrialisierung, Intensivierung, Extensivierung und Verwissenschaftlichung der dortigen *Landwirtschaft*. Zwei Beispiele für die Mechanisierung, die sich erst nach 1945 durchsetzte, seien genannt: Als Zugkräfte dienten in Alabama bis vor zwanzig Jahren vor allem Maultiere. 1941 gab es in diesem Staat nur 7 683 Traktoren, deren Zahl dann bis 1950 auf 45 000 und bis 1970 auf über 200 000 stieg. Nach der Erfindung der Baumwollpflückmaschine in den 30er Jahren setzte diese sich nach dem Zweiten Weltkrieg durch, vertrieb dann aber eine große Zahl von Arbeitskräften aus der Landwirtschaft. Seit dem New Deal, vor allem aber wiederum nach dem Weltkrieg wurde die Landwirtschaft mit Hilfe wissenschaftlicher Methoden und durch den Gebrauch von Kunstdünger und Schädlingsbekämpfungsmitteln sowohl intensiviert wie durch Auflassung von Feldern für die Weidewirtschaft extensiviert. Insgesamt ist die Bedeutung der Landwirtschaft für die Wirtschaft der Südstaaten in den letzten beiden Jahrzehnten erheblich gesunken. Die Zahl der Farmen ist in den elf Staaten der ehemaligen Konföderation durch

Zusammenlegung oder Aufgabe unprofitabler Bauernhöfe von 2 750 000 im Jahre 1900 auf 1 460 000 im Jahr 1959 und auf ca. 500 000 im Jahr 1970 gesunken — die Entwicklung ist also in den letzten eineinhalb Jahrzehnten am dramatischsten verlaufen, genau in dem Zeitraum, in dem die modernsten Industrien im Süden Fuß faßten. Die Zahl der in der Landwirtschaft Beschäftigten ist entsprechend rapide gesunken: von 2 800 000 im Jahr 1950 auf 850 000 im Jahr 1970, d. h. u. a. daß etwa 15 Prozent aller Beschäftigten in diesen beiden Jahrzehnten aus landwirtschaftlichen Gebieten in die Städte abwanderten. Im Vergleich zu den übrigen Regionen der Vereinigten Staaten ist seit 1950 die Zahl der in der Landwirtschaft Beschäftigten im Süden auch weit überproportional (im Süden um 69,5 Prozent, in den anderen Regionen um 55,1 Prozent) gesunken, was sowohl ein Zeichen für die rapiden wirtschaftlichen Veränderungen in dieser Region nach dem Zweiten Weltkrieg ist als auch für das Nachholen von Prozessen, die im Rest der USA früher stattgefunden haben.

Die hier knapp skizzierte Entwicklung bedeutet allerdings nicht, daß der Süden den alten industriellen Nordosten und Mittelwesten wirtschaftlich überholt hätte. Vielmehr schließt sich die Schere, die sich seit dem Bürgerkrieg wirtschaftlich zwischen Nord und Süd immer weiter geöffnet hatte, im letzten Jahrzehnt allmählich wieder. Das rapide wirtschaftliche Wachstum der Südstaaten ist in den letzten Jahrzehnten auch durch *bundesstaatliche Investitionen* gefördert worden. Zwischen Fachwissenschaftlern ist in den Vereinigten Staaten darüber der Streit entbrannt, ob die Bundesregierung ungerechtfertigt mehr Mittel in den Süden fließen läßt als sie dort an Bundessteuern erhebt. Tatsächlich wurden im Haushaltsjahr 1975 in den nördlichen Staaten New York, New Jersey und Pennsylvania 10 Milliarden Dollar mehr an Bundessteuern erhoben als durch Bundesprogramme wieder zurückflossen, während in die elf Staaten der alten Konföderation 8,7 Milliarden Dollar Bundesmittel mehr geleitet als durch Bundessteuern erhoben wurden. Vergleicht man die Bundessteuern und Bundesausgaben pro Kopf der Bevölkerung zwischen Norden und Süden für das Haushaltsjahr 1975, so ergibt sich auch hier, daß mehr Bundesmittel in den Süden flossen als an Bundessteuern dort erhoben worden sind (im Süden 1356 Dollar Bundesausgaben zu 1188 Dollar Bundessteuern; im Norden 1260 Dollar Bundesausgaben zu 1516 Dollar Bundessteuern). In diesen Zahlen spiegelt sich zunächst nur, daß nach absoluten Daten der Süden nach wie vor die wirtschaftlich schwächere Region ist und daß durch den Bundeshaushalt ein — geringer — regionaler Finanzausgleich stattfindet. Werden die Bundesmittel nach verschiedenen Programmen aufgeschlüsselt, dann ergibt sich, daß die Verteidigungsausgaben pro Einwohner im Süden erheblich höher sind als im

Norden. Anders formuliert: Bundesmittel sind insbesondere in Form von Gehältern an die Beschäftigten auf Militärbasen gegangen, die im Süden in relativ großer Zahl vorhanden sind, und sie sind in genau jene Industrien geflossen, von denen wir schon oben sagten, daß sie zu den modernsten und expandierenden gehören, nämlich Luft- und Raumfahrt und elektronische Rüstungsindustrie. Bei fast allen anderen Bundesprogrammen — wie z. B. Wohlfahrtsunterstützung und Rentenzahlungen — gibt es an Ausgaben pro Einwohner zwischen den Süd- und Nordstaaten keine wesentlichen Unterschiede.

In die Diskussion um die finanzielle Bevorzugung des Südens und die Benachteiligung des Nordens ist auch das Argument eingeführt worden, daß die *Zahl der Beschäftigten im öffentlichen Dienst* in den Südstaaten erheblich schneller steige als in den Nordstaaten: Im Zeitraum 1970—1975 im Süden um 23,5 Prozent, im Norden hingegen nur um 11,8 Prozent. Differenziert man diese Daten allerdings nach den verschiedenen Regierungsebenen, so zeigt es sich, daß in beiden Regionen die Erweiterung des öffentlichen Dienstes vor allem in den Kommunen und Einzelstaaten stattgefunden hat. Während im Norden die Zahl der Bundesbediensteten abgenommen und die Zahl der kommunalen und einzelstaatlichen Beschäftigten geringer als im Süden gestiegen ist, ist die Zahl der Bundesbeschäftigten im Süden weiter angestiegen. Die Ursachen hierfür sind vielfältig. Zu ihnen gehören u. a.: 1) Im Süden werden erst jetzt dem Norden vergleichbare öffentliche Dienste und eine Infrastruktur geschaffen und dafür öffentliche Bedienstete eingestellt. So sind z. B. in den letzten Jahren in den Südstaaten mit Hilfe von Bundesgeldern noch Autobahnen gebaut worden, während im Norden diese Gelder nur zum Erhalt bereits bestehender Schnellstraßen verwendet wurden. Es überrascht daher nicht, daß pro Kopf im Süden mehr Bundesgelder für Autobahnen als im Norden investiert wurden. 2) Durch die relativ große Zahl von Militärbasen erhöht sich auch die Zahl der Bundesbeschäftigten in den Südstaaten. 3) Die wachsende Zahl der Angestellten des Bundes spiegelt zudem die im Vergleich zum Norden schneller wachsenden Bevölkerungszahlen.

Galt noch vor zwei Jahrzehnten der Süden als das Armenhaus der Nation, so zeigt ein regionaler Vergleich des *Lebensstandards* und anderer wirtschaftlicher Indikatoren, daß die Differenzen zwischen den Regionen — u. a. durch bundesstaatliche Sozialmaßnahmen, von denen wir im Zusammenhang mit dem New Deal bereits kurz gesprochen hatten — geringer geworden sind und der Süden aufgeholt hat. Z. B. betrug in den ersten drei Jahrzehnten unseres Jahrhunderts der Durchschnittslohn eines Industriearbeiters im Süden nur zwei Drittel des nationalen Durchschnitts. Im Jahr 1975 hingegen betrug der durchschnittliche Stundenlohn eines Industriearbeiters im Süden 3,98 Dollar, im nationalen Durchschnitt 4,81 Dollar. Das durchschnittliche Realeinkommen ist im Norden nach wie vor um ca. 20 Prozent höher als im Süden, wenn auch die Differenz zwischen beiden seit 1950 geringer geworden ist. So liegt das durchschnittliche persönliche Realeinkommen in jedem der Südstaaten unter dem Bundesdurchschnitt und von den Staaten des Nordostens und Mittelwestens nur in Wisconsin und Indiana darunter. Im Süden ist zudem die Einkommensverteilung ungleicher als im Norden, der Gegensatz zwischen arm und reich größer. Dies zeigt sich z. B. darin, daß 1970 im Süden 20,9 Prozent der Bevölkerung unter der offiziellen Armutsgrenze lebten, im Norden hingegen nur 9,7 Prozent.

Betrachtet man hingegen die *Arbeitslosen- und Beschäftigtenziffern*, dann bestätigt sich das, was wir über die expandierende Wirtschaft des Südens gesagt haben. So lag 1975 die nationale Arbeitslosenquote bei 8,5 Prozent, im Norden bei 9,9 Prozent und im Süden bei 8,3 Prozent. Noch deutlicher werden die aktuellen wirtschaftlichen Probleme des Nordens mit seinen traditionellen Industrien, wenn die Arbeitslosenquote für die Jahre 1970—1974 herangezogen wird: Sie betrug im Bundesdurchschnitt 5,4 Prozent, im Norden 5,6 Prozent und im Süden nur 4,6 Prozent. Zudem ist die Zahl der Beschäftigten (ohne Landwirtschaft) in den Jahren 1970—1975 im Süden überproportional gestiegen, nämlich um 16,7 Prozent, im Bundesdurchschnitt hingegen nur um 8,6 Prozent und im Norden gar nur um 1,3 Prozent. Anders formuliert: Es ist im Süden gelungen, die durch die Strukturveränderung der Landwirtschaft freigesetzten Arbeitskräfte in andere Wirtschaftsbereiche aufzunehmen.

Der gerade knapp skizzierte industrielle und ökonomische Aufstieg des Südens ist von einigen Autoren der amerikanischen Neuen Linken zum Anlaß genommen worden, zwei unterschiedliche Fraktionen im amerikanischen Kapitalismus auszumachen, die zugleich einer regionalen Zuordnung entsprechen sollen. Die eine Kapitalfraktion stelle das „neue Geld" dar, nämlich die nach dem Zweiten Weltkrieg emporgewachsenen elektronischen Rüstungs- und Weltraumindustrien, die am amerikanischen Markt orientierte Lebensmittel- und Erdölindustrie, Immobilien und einige Industrien im Dienstleistungsbereich, geographisch im Süden (und Westen) der USA zu lokalisieren, daher kurz die *Cowboys* genannt. Im Unterschied dazu bildeten die *Yankees* aus dem Nordosten die andere Kapitalfraktion, nämlich die am Weltmarkt orientierten multinationalen Konzerne, die traditionellen Schwer- und Massengüterindustrien und Wall Street, das „alte Geld". Daraus werden dann politische Schlußfolgerungen gezogen, daß nämlich mit Nixon die Cowboys den Staat erobert, in der Watergate-Affäre die Yankees aber wieder die Oberhand gewonnen hätten. Wirkt die Übertragung der

Cowboy—Yankee—These in den politischen Bereich so absurd, daß wir sie nicht weiter ausführen wollen, so ist die schematische Zuordnung zu zwei Kapitalfraktionen zu undifferenziert — z. B. werden Verflechtungen zwischen Nord- und Süd-Kapitalen einfach ignoriert — und historisch unzulässig, da etwa die expandierenden Industrien des Südens vor allem mit Kapital aus der Wall Street aufgebaut wurden. Gleichwohl spiegelt diese These die in den letzten zwanzig Jahren ökonomisch unvergleichlich gewachsene Bedeutung des Südens und deutet an, wie bisherige Interpretationen amerikanischer Gesellschaft und Geschichte verändert werden müssen.

2. Soziale Veränderungen

Gleichzeitig mit der wirtschaftlichen Umwälzung des Südens sind soziale Veränderungen abgelaufen, die gerade im letzten Jahrzehnt — beschleunigt durch politische Maßnahmen, die zunächst von der Bundesregierung ausgingen — eine entscheidende Wende genommen zu haben scheinen. Dies erhellt schlaglichtartig durch einen Blick auf die sich verändernde *Bevölkerungsstruktur* des Südens und auf die Wanderungsbewegung zwischen den Regionen.

Im Zeitraum 1970 bis 1975 ist die Bevölkerung im Süden um 8,9 Prozent gewachsen, im Norden hingegen nur um 1 Prozent. Nimmt man den Staat Florida aus, der in den letzten Jahrzehnten vor allem Rentner angezogen hat und der daher einen Bevölkerungszuwachs von 22,9 Prozent in den genannten fünf Jahren erlebt hat, bleibt für die übrigen Südstaaten immer noch eine Zuwachsrate von 7 Prozent. Zwar liegt im Süden die Geburtsrate höher als in den anderen Regionen der Vereinigten Staaten, doch hat der Süden in den Jahren 1970—1975 4,6 Prozent seiner Bevölkerung durch Zuwanderung aus anderen Regionen, insbesondere aus dem alten industriellen Nordosten und Mittelwesten gewonnen. 1,8 Prozent seiner Bevölkerung hat der Norden durch Abwanderung verloren, und die Bevölkerungszahl ist nur deswegen nicht gesunken, weil nach wie vor aus anderen Regionen eine Zuwanderung in den Norden stattfindet und die Abwanderung ausgleicht. Zwischen Norden und Süden findet in beiden Richtungen eine starke Bevölkerungsbewegung statt, doch ist der Süden seit einigen Jahren der Nettogewinner. Dies bedeutet eine Umkehrung des seit den 1870er Jahren vorherrschenden Trends. Bereits in den 1960er Jahren verzeichnete der Süden Wanderungsgewinne durch weiße Zuwanderer aus dem Norden. Und nach Angaben des Bureau of the Census, des für die Volkszählung zuständigen Bundesamtes, findet seit Anfang der 70er Jahre sogar eine Rückwanderung von Schwarzen in den Süden statt. Bis vor einem Jahrzehnt waren viele arme Weiße der Südstaaten, nämlich entwurzelte Landarbeiter sowie ungelernte und angelernte Arbeiter aus den Städten, nach Norden gegangen, um wirtschaftlicher Not und sozialem Elend in ihrer Heimat zu entrinnen und als Industriearbeiter ihr Glück zu versuchen. Nahezu gigantisch war der Auszug der Schwarzen, die der Unterdrückung im Süden seit der Jahrhundertwende in Scharen entflohen. So verließen in dem Jahrzehnt von 1910 bis 1920 5 Prozent der schwarzen Bevölkerung den Süden, im darauffolgenden Jahrzehnt noch einmal 8 Prozent, so daß 1930 1,8 Millionen Schwarze, die im Süden geboren worden waren, dort nicht mehr lebten. Wohnten 1940 noch 25 Prozent der amerikanischen schwarzen Bevölkerung im Süden, so waren es 1970 nur noch 20 Prozent. Umgekehrt stieg der Anteil der Schwarzen an der Bevölkerung des Nordostens im gleichen Zeitraum von 5 Prozent auf 11 Prozent. Der Auswanderungsstrom Schwarzer aus dem Süden war bis in die 60er Jahre ständig gestiegen und begann erst zu diesem Zeitpunkt allmählich zu verebben. Trotz der geschilderten Wanderungsbewegungen unterscheidet sich auch heute noch die Bevölkerungsstruktur der Südstaaten vom übrigen Amerika u. a. darin, daß hier drei Mal mehr Schwarze leben, daß unter den Weißen der Anteil derjenigen mit angelsächsischer Abstammung größer, der mit osteuropäischer Herkunft geringer ist als sonst im Land.

War im vorigen Abschnitt von der rapide abnehmenden Bedeutung der Landwirtschaft bereits gesprochen worden, so ist die Kehrseite dieser Entwicklung die *Urbanisierung* des Südens. Hier leben heute 55,2 Prozent der Bevölkerung in Städten, allerdings immer noch weniger als im Norden (73 Prozent). Doch gibt es im Süden bereits 54 Städte mit mehr als 100 000 Einwohnern, mehr als in jeder anderen Region der Vereinigten Staaten. Für das Jahr 2000 sagen Bevölkerungsstatistiker für den Süden 14 Stadtregionen mit mehr als 2 Millionen Einwohnern voraus. Seit Jahrzehnten wohnt in diesen Städten ein weißes, kapitalstarkes Bürgertum, das in seiner Zusammensetzung sich in den letzten Jahren durch die Zuwanderung von Angestellten, mittleren Managergruppen und Intellektuellen, die in den modernen Industrien (Elektronik, Luft- und Raumschiffahrt, Chemie) ihre Arbeitsplätze finden, verändert. Relativ neu ist die Tatsache, daß in einigen Großstädten — wie z. B. in Atlanta (Georgia) — ein schwarzes Bürgertum entstanden ist, das ebenfalls durch Zuwanderung aus dem Norden ergänzt wird. Die Rückwanderer nämlich gehören zur schwarzen Mittelklasse und verfügen über eine gute Schulbildung; sie entfliehen der Kriminalität, den schlechten Schulen und der Gefahr der Arbeitslosigkeit in den städtischen Ghettos der Schwarzen im Norden.

Daten, die die neuere Entwicklung und insbesondere die *Rückwande-*

rung der schwarzen Bevölkerung betreffen und für den ganzen Süden gelten, liegen bisher nicht vor, lediglich aus lokalen Untersuchungen kann verallgemeinert werden. Es bleibt abzuwarten, ob und welche Signalwirkung die Rückwanderung von Schwarzen in den Süden und die mögliche Konsolidierung eines schwarzen Bürgertums hat. Die sich andeutende Veränderung ist im Zusammenhang der gesamten Geschichte des Südens zu sehen. Nicht nur waren die Schwarzen in dieser Region bis 1865 Sklaven, sondern sie blieben auch nach dem Bürgerkrieg diejenigen, die am brutalsten ausgebeutet wurden. Trotz gleicher Arbeit erhielten sie z. B. oft nur ein Viertel des Lohnes von weißen Arbeitern. Eine vorsichtige Änderung setzte erst mit dem New Deal ein: Im Rahmen der Arbeitsbeschaffungsprogramme erhielten Schwarze zum ersten Mal für die gleiche Arbeit auch den gleichen Lohn wie die Weißen. Einen entscheidenden Schritt bedeutete dann die Bürgerrechtsgesetzgebung unter Präsident Lyndon B. Johnson in den 60er Jahren. Hier zeigte es sich dann, daß der Süden gegenüber dem Norden sogar gewisse Vorteile darin hatte, die Gleichstellung der Schwarzen zu verwirklichen. Im Verhältnis zwischen Schwarz und Weiß war im Süden immer ein patriarchalisches Moment vorhanden, so daß die Beziehungen zwischen Schwarzen und Weißen persönlicher, im Norden hingegen viel abstrakter waren. Vielleicht ist dies auch ein Grund dafür, daß die Integration der öffentlichen Schulen im Süden, nachdem sie durch Urteile des amerikanischen Obersten Gerichtes erzwungen worden war, viel weiter fortgeschritten ist als im Norden, in den sich in den letzten Jahren die Rassenunruhen verlagert haben.

Noch eine weitere grundlegende Veränderung zeichnet sich in den letzten Jahren im Süden zumindest als Möglichkeit ab, nämlich die *gewerkschaftliche Organisierung* von Arbeitern und Angestellten. Der Süden ist seit Jahrzehnten für Industrieunternehmen des Nordens u. a. wegen des Überangebots an billigen Arbeitskräften, wegen der niedrigen Löhne und weil Gewerkschaften in den Betrieben weitgehend fehlten, attraktiv gewesen. In den 20er und 30er Jahren waren in den Südstaaten in blutigen Schlachten die Gewerkschaften von den Unternehmern immer wieder niedergekämpft worden. Auch während des Zweiten Weltkrieges, auf dem Höhepunkt der Erfolge der amerikanischen Gewerkschaftsbewegung, wurden nur 30 Prozent der Industriearbeiter im Süden organisiert, hingegen gehörten im Bundesdurchschnitt 54 Prozent der Industriearbeiter Gewerkschaften an. Als 1947 eine konservative Mehrheit auch gegen das Veto von Präsident Truman den Taft-Hartley Act, der den Einfluß der Gewerkschaften eindämmen sollte, durch den Kongreß brachte, wurden in mehreren Südstaaten sogenannte „Right-to-work-laws" verabschiedet, Gesetze, nach denen der union shop verboten wurde, nämlich eine Bestimmung in Tarifverträgen, die sich gegen „Trittbrettfahrer" richtete und vorsieht, daß alle Angehörigen eines Betriebes innerhalb einer bestimmten Frist nach Abschluß eines Tarifvertrages Mitglied der Gewerkschaft werden. Diese Gesetze haben zwar die Bemühungen der Gewerkschaften, Mitglieder zu organisieren, nicht direkt beeinflußt, doch ist das politische Klima zwischen Gewerkschaften, Unternehmensverbänden und staatlichen Institutionen erheblich verschlechtert worden. Bis in die Mitte der 70er Jahre sind die Bemühungen der Gewerkschaften, die Betriebe des Südens zu organisieren, nur wenig erfolgreich gewesen.

Doch haben die wirtschaftlichen, sozialen und politischen Veränderungen des Südens in den letzten Jahren die Situation für die Gewerkschaften so verbessert, daß sie 1976 große Organisierungskampagnen vorbereitet haben. Die Faktoren, die die gewerkschaftliche Organisierung der Arbeiter und Angestellten heute im Süden begünstigen, sind: 1) Die Industrialisierung der Region, der Niedergang der Landwirtschaft und das Ende der sogenannten Company Towns, der Gemeinden, die von einem Unternehmen völlig beherrscht wurden; 2) Im Vergleich zu anderen Regionen gibt es im Süden, wie wir gesehen haben, kein Überangebot an Arbeitskräften mehr. Die Arbeitslosenquote ist hier geringer als im Norden. Auch kommen aus der Landwirtschaft keine neuen Arbeitskräfte, da deren Intensivierung und Industrialisierung weitgehend abgeschlossen ist; 3) Die Einstellung der Bevölkerung — einschließlich der weißen Arbeiterschaft — gegenüber den Gewerkschaften hat sich gewandelt; die Gewerkschaften werden nicht mehr als fremd und kommunistisch unterwandert empfunden; 4) Nicht nur im Bund, sondern auch in den Kommunen und Einzelstaaten des Südens haben die Gewerkschaften politisch an Bedeutung gewonnen; 5) Die Gewerkschaftsorganisationen des Nordens üben Druck aus und geben entsprechende finanzielle und personelle Unterstützung, den Süden gewerkschaftlich zu organisieren, weil die Konkurrenz der dortigen Industrien gefürchtet wird; 6) Schwarze, die gegenüber gewerkschaftlicher Organisierung im Süden offener sind als Weiße, bei denen Unternehmer noch Rassenvorurteile gegen ihre Gewerkschaftsmitgliedschaft ausspielen konnten, werden in immer größerer Zahl Industriearbeiter, so daß der Rassendünkel der Weißen allmählich fällt; 7) Aus dem Norden zuwandernde Arbeiter und Angestellte haben bereits positive Erfahrung mit Gewerkschaften gemacht, waren oft selbst gewerkschaftlich organisiert; 8) Im ganzen Land nimmt die Tendenz bei Angestellten zu, sich gewerkschaftlich zu organisieren, was wiederum Auswirkungen auf den Süden hat.

Beispielhaft seien einige Ansätze genannt, aus denen heraus die erfolgreiche gewerkschaftliche Organisierung des Südens in nächster Zukunft sich entwickeln könnte: 1) 1975 gab es in jedem Südstaat mindestens ein A. Philipp Randolph-Institut, in dem — von der AFL-CIO unterstützt — schwarze Gewerkschaftsfunktionäre ausgebildet werden. Diese Institute stellen zugleich den Kern jener politischen Maschine dar, die — wie wir im vorigen Kapitel gesehen haben — eng mit dem Committee On Political Education COPE verbunden Wahlkämpfe unter der schwarzen Bevölkerung organisiert. 2) Der Automobilarbeiterverband UAW hat sich in einem 1976 mit den Ford Motorwerken abgeschlossenen Tarifvertrag zusichern lassen, daß das Unternehmen die gewerkschaftliche Organisierung seiner Arbeiter in den Südstaaten nicht behindern wird. 3) Ende 1976 hat die Textilarbeitergewerkschaft Amalgamated Clothing and Textile Workers Union einen Boykott gegen alle Produkte des zweitgrößten amerikanischen Textilherstellers, J. P. Stevens and Co., begonnen. Stevens and Co. ist nach dem Zweiten Weltkrieg wegen der niedrigen Löhne aus dem Norden in den Süden gezogen, unterhält heute 85 Fabriken mit 44 000 Arbeitern, vorwiegend in North Carolina und South Carolina. Das Unternehmen ist inzwischen ein multinationaler Konzern geworden mit einem Jahresumsatz von 1,4 Milliarden Dollar (1975). Ziel des gewerkschaftlichen Boykotts ist es nicht nur, die Beschäftigten von J. P. Stevens, sondern alle 550 000 Textilarbeiter im Süden zu organisieren und damit auch andere Industriezweige für die gewerkschaftliche Organisation zu öffnen. Unterstützt von der AFL-CIO und ihren Mitgliedsgewerkschaften werden bei diesem Boykott und folgenden Streiks voraussichtlich mehr als 10 Millionen Dollar vom Textilarbeiterverband eingesetzt werden.

3. Politische Veränderungen

Den entscheidenden Wendepunkt in der politischen Entwicklung des Südens stellte die Bürgerrechtsgesetzgebung von 1964/65 mit ihren gravierenden Folgen für das amerikanische politische System insgesamt, besonders aber für die Südstaaten und ihre Parteien dar. Diese Gesetze waren eine Antwort auf die seit Beginn der 60er sich verschärfenden und offen aufbrechenden sozialen Konflikte, die sich bereits unter der Präsidentschaft Eisenhowers (1953—1961) angehäuft hatten, ohne daß zu jener Zeit von der Exekutive oder vom Kongreß wesentliche Anstöße zur politischen oder wirtschaftlichen Gleichstellung der Schwarzen ausgegangen wären.
Als die Bürgerrechtsbewegung im August 1963 mit einem Marsch von 250 000 Menschen nach Washington, der unter der Leitung von Martin Luther King, Roy Wilkins und A. Philipp Randolph stand, ihren Höhepunkt erreichte, begann der Kongreß mit seinen Beratungen über den späteren Civil Rights Act. Gegen den Widerstand mehrerer Sena-

toren aus dem Süden, angeführt von James Eastland (Mississippi) und Strom Thurmond (South Carolina), verabschiedeten beide Häuser des Kongresses 1964 schließlich unter dem Druck der Öffentlichkeit und von Präsident Johnson die bedeutendsten Bürgerrechtsgesetze, die je das amerikanische Parlament passiert hatten. Zu den wichtigsten Bestimmungen des *Civil Rights Act* gehörten: 1) Verbot der bis dahin vor allem in Südstaaten stattfindenden Diskriminierung von Schwarzen (und anderen Minoritäten) in Hotels, Restaurants, Tankstellen usw.; 2) Verbot der Diskriminierung aufgrund der Hautfarbe oder Religion durch Unternehmer und Gewerkschaften; 3) die Bundesexekutive wurde ermächtigt, Bundesmittel für Sozial-, Bau- oder andere Programme zu sperren, wenn bei deren Durchführung gegen Minoritäten diskriminiert wurde, auch besonders dann, wenn an der Durchführung dieser Programme Einzelstaaten oder Kommunen finanziell oder organisatorisch beteiligt waren; 4) das Justizministerium wurde autorisiert, die Aufhebung der Rassentrennung — die sogenannte Desegregation — in Schulen, Schwimmbädern, Büchereien, auf Spielplätzen usw. zu erzwingen; 5) verschärfte Gegenmaßnahmen wurden für den Fall vorgesehen, daß bei der Ausübung des aktiven oder passiven Wahlrechts Minoritäten diskriminiert wurden; 6) eine Bundesbehörde wurde geschaffen, die den Kommunen bei der Lösung von Rassenkonflikten helfen sollte. Entscheidend war, daß zur Durchsetzung aller Maßnahmen den Bundesbehörden entsprechende Kompetenzen übertragen wurden, so daß die Worte des Gesetzes nicht leere Deklamation blieben.

Der *Voting Rights Act* von 1965 schließlich konkretisierte und erweiterte jene Maßnahmen, die das Recht der Bürger sichern sollten, sich als Wähler registrieren zu lassen und an Wahlen teilnehmen zu können. Das Gesetz sah strenge Durchführungsbestimmungen für jene Stimmbezirke in den Vereinigten Staaten vor, in denen bei den Wahlen im November 1964 weniger als die Hälfte der potentiellen Wähler registriert waren oder in denen sogenannte Intelligenztests (literacy tests) galten, nach deren erfolgreichem Bestehen man erst das Wahlrecht erhielt. Konkret bedeutete dies, daß das Gesetz sieben Südstaaten betraf, in denen die Diskriminierung der Schwarzen bei Ausübung ihrer Bürgerrechte am brutalsten gehandhabt worden war. Hierzu gehörte auch Sunflower County, Mississippi, die Heimat von Senator James Eastland. In diesem Kreis waren 1965 80 Prozent der 8 783 weißen Bewohner im Wahlalter registriert, dagegen nur 1,1 Prozent der 13 524 Schwarzen. Auf der Grundlage des Voting Rights Act untersagte daher im gleichen Jahr ein Bundesgericht Wahlen zu den kommunalen Körperschaften des Kreises bis zu dem Zeitpunkt, an dem wenigstens die Hälfte der Bewohner im Wahlalter sich hatten registrieren lassen.

Welche große Bedeutung die Wahlgesetzgebung des Jahres 1965 für den Süden und die schwarze Minorität gehabt hat, wird erkennbar, wenn man sieht, mit welchen Mitteln Schwarze bei der Wahrnehmung ihres Wahlrechts in der Vergangenheit behindert worden waren:

1. In den 90er Jahren wurden in mehreren Südstaaten die gerade erwähnten *„Intelligenztests"* eingeführt, durch die angeblich nur überprüft werden sollte, ob ein potentieller Wähler des Lesens mächtig war, um sich aus Zeitungen und anderen gedruckten Quellen informieren zu können. Einem — schwarzen — Bürger, der ansonsten alle Voraussetzungen zur Eintragung in die Wählerliste erfüllte, wurde aufgefordert, einen Abschnitt der Verfassung vorzulesen, auswendig vorzutragen oder zu interpretieren. Daß hier der Willkür der — weißen — Registrierungsbeamten Tür und Tor geöffnet war, liegt auf der Hand. So berichtet Andrew Young, Schwarzer und einst einer der engsten Mitarbeiter von Martin Luther King, dann Kongreßabgeordneter für Atlanta (Georgia) und später Botschafter der Vereinigten Staaten bei den Vereinten Nationen, daß sein Bruder an dem Tag, an dem er nach langjährigem Studium seine Doktorprüfung als Zahnarzt abgelegt hatte, ins Wahlamt ging, sich einem „literacy test" unterwerfen mußte — und durchfiel.

2. 1898 wurde in die Verfassung von Louisiana die *„Großvaterklausel"* aufgenommen und dann von anderen Südstaaten übernommen: Wessen Großvater danach vor 1867 — nämlich bei den letzten Wahlen vor der Sklavenbefreiung von 1865 — bereits gewählt hatte, brauchte den „literacy test" nicht abzulegen. Dadurch sollten weiße Analphabeten automatisch das Wahlrecht erhalten, das Schwarzen nach wie vor verwehrt wurde.

3. Bis 1908 wurde in allen Südstaaten eine *Wahlsteuer,* die sogenannte poll tax, eingeführt, nach deren Entrichtung man erst an Wahlen und Vorwahlen teilnehmen konnte. Hatte diese Steuer schon eine auslesende Wirkung gegenüber armen Weißen, vor allem aber gegenüber Schwarzen, so wurde die Erlangung des Wahlrechts in einigen Staaten noch dadurch erschwert, daß die poll tax einige Monate vor dem Wahltag zu entrichten war.

4. In einigen Staaten erhielt automatisch derjenige das Wahlrecht, der über *Grundbesitz* verfügte: Auch diese Regelung war gegen die Schwarzen gerichtet, traf aber auch die Ärmsten der Weißen.

5. In einigen Staaten wurde schließlich durch Gesetz oder auch nur aufgrund von Gerichtsentscheidungen festgelegt, daß Parteien private Vereinigungen seien und diese mithin autonom und ohne Einfluß des Staates ihre Statuten beschließen könnten. Diese Statuten schlossen dann aus, daß an den innerparteilichen Vorwahlen Schwarze teilnehmen konnten. Wurde dieses Verfahren auch in einigen Nordstaaten

praktiziert, so hatte in den Staaten, in denen — wie im Süden — nur eine Partei existierte und in denen in der Vorwahl mit der Nominierung eines Kandidaten auch faktisch die Entscheidung darüber fiel, wer später gewählt wurde, die „weiße Vorwahl" (white primary) die Konsequenz, daß die Schwarzen vom politischen Prozeß ausgeschlossen wurden.

Formal waren alle hier genannten Verfassungsänderungen in den Einzelstaaten, die gesetzlichen und gerichtlichen Regelungen so abgefaßt, daß die Buchstaben des Zusatzartikel XV zur amerikanischen Bundesverfassung, in dem das Wahlrecht ohne Rücksicht auf Rasse, Farbe oder frühere Sklaverei jedem Bürger garantiert werden sollte, nicht verletzt wurden. War die politische Diskriminierung von Schwarzen formal auch nicht legalisiert, so war doch die verdeckte um so wirkungsvoller.

Einige der beschriebenen Mittel, mit denen Schwarze politisch diskriminiert wurden, waren schon 1965 außer Kraft getreten oder gesetzt worden. So hat die „Großvater-Klausel" sich aus Altersgründen der Wähler selbst überlebt. Und 1964 ist durch den Zusatzartikel XXIV zur Bundesverfassung die Wahlsteuer abgeschafft worden. Ein Schritt in Richtung auf die politische Gleichstellung der Schwarzen stellte auch das Urteil des Obersten Bundesgerichts im Fall Brown v. Board of Education (1954) dar, nach der die Rassentrennung in Schulen für verfassungswidrig erklärt wurde. Auch hatte als Ausdruck der zunehmenden Politisierung der Schwarzen durch die Bürgerrechtsbewegung die Zahl registrierter schwarzer Wähler von 1960—1964 um 500 000 zugenommen. Doch brachte erst der Voting Rights Act 1965 die Wende.

Die Bürgerrechtsbewegung ist zu Ende der 60er Jahre von den Straßen in die Wahlkabinen und damit in die Stadträte, Landtage und den Kongreß übergewechselt. 1975 hatte sich in den sieben Staaten, die vom Voting Rights Act direkt betroffen waren, die Zahl registrierter schwarzer Wähler mehr als verdoppelt. In diesem Jahr waren in den elf Staaten der alten Konföderation 3,5 Millionen Schwarze als Wähler registriert. Selbst in Mississippi, der alten Hochburg politischer Diskriminierung, waren 1972 59 Prozent aller Schwarzen in die Wahllisten eingetragen. Durch den Eintritt der Schwarzen in die aktive Wählerschaft ist seit 1960 die Wahlbeteiligung im Süden ständig gestiegen, während sie im gleichen Zeitraum in den anderen Regionen der Vereinigten Staaten sank.

Der Voting Rights Act hat auch direkte Auswirkungen auf den politischen Prozeß in Kommunen, Kreisen und Einzelstaaten des Südens gehabt. Z. B. saßen 1975 in den Landtagen der Südstaaten fast 100 schwarze Abgeordnete. Die Zahl der Schwarzen, die im Süden in Ämter gewählt wurde, stieg von 72 (1965) auf 1652 (1975) — dies machte allerdings immer noch nur 2 Prozent aller Wahlämter aus, bei einem schwarzen Wähleranteil von 20 Prozent. 1975 gab es 66 schwarze Bürgermeister in Gemeinden mit einer zumeist schwarzen Mehrheit unter der Wahlbevölkerung. Ausnahmen hiervon waren Maynard Jackson, Bürgermeister von Atlanta (Georgia) und Clarence Lightner, Bürgermeister von Raleigh (North Carolina), dessen Wahl deswegen bedeutsam und vielleicht in die Zukunft weisend gewesen ist, weil er nicht wegen seiner Hautfarbe — in der Stadt gibt es nur einen Anteil von 25 Prozent Schwarzen an der Bevölkerung —, sondern wegen seiner liberalen politischen Grundauffassungen gegen einen weißen konservativen Kandidaten gewählt worden ist, der zudem von den Geschäftsleuten der Stadt unterstützt worden war.

Im Süden sind die Schwarzen in den letzten zehn Jahren zunehmend aus Objekten zu Teilnehmern des politischen Prozesses geworden. Hier lag die große innenpolitische Leistung von Lyndon B. Johnson als Präsident, die wegen seiner Eskalation des Vietnamkrieges und wegen seines Scheiterns an diesem Krieg heute in Vergessenheit zu fallen droht. Gleichwohl können die großen Fortschritte, die zur politischen Gleichberechtigung der Schwarzen im Süden gemacht worden sind, nicht darüber hinwegtäuschen, daß diese Bevölkerungsgruppe nach wie vor wirtschaftlich benachteiligt ist: Z. B. ist das Problem, wie der Wahlkampf eines Kandidaten finanziert werden soll, für einen Schwarzen viel schwerer zu lösen als für einen Weißen.

Die gerade untersuchte zunehmende politische Emanzipation der Schwarzen im Süden hat dazu beigetragen, daß das *Parteiensystem* dieser Region in den letzten Jahrzehnten grundlegend verändert worden ist. Wir hatten im II. Kapitel gesehen, daß unter Franklin D. Roosevelt die New-Deal-Koalition bei Präsidentenwahlen immer durch den Stimmenblock des „soliden Südens" ergänzt worden ist, daß nämlich in den 30er Jahren und bis 1944 die Südstaaten zu 70 Prozent und mehr für den Demokratischen Kandidaten stimmten. Zwar verbarg schon damals das Schlagwort vom „solid South" die Tatsache, daß es auch in dieser Region Wahlkreise gab, die — wie in den Appalachen — seit dem Bürgerkrieg stets Republikanisch gewählt hatten. Zudem bestanden auch in der Demokratischen Partei große Gegensätze, wie etwa der zwischen der reinen Patronagemaschine von Harry Byrd in Virginia und der Parteiorganisation in Texas, die von den Interessen der dortigen Erdölindustrie beherrscht wurde. Der „solide Süden" der Demokraten war also politisch durchaus bunt und in die verschiedenen lokalen und einzelstaatlichen Parteiorganisationen zerteilt. Nach dem Zweiten Weltkrieg zerbrach jedoch auch bei Präsidentenwahlen der „solide Süden", Demokratische Kandidaten konnten sich ihrer traditionellen Hochburg nicht mehr sicher sein. Erste Anzeichen für das mögliche Zerfallen der Verbindung von New-Deal-Koalition und Süden hatte es schon nach 1936 gegeben, als im Kongreß einige südstaatliche Demokratische Senatoren besonders scharf gegen die Sozialprogramme der Regierung opponierten und mit konservativen Republikanern eine parlamentarische Anti-New-Deal-Koalition eingingen, die im Parlament wiederholt über eine Mehrheit verfügte.

1948 zerbrach dann in der Demokratischen Partei jene Wählerkoalition, die zu den Präsidentenwahlen immer wieder zwischen Nord und Süd hergestellt worden ist. Harry S. Truman, der als Vizepräsident nach dem Tod Roosevelt diesem im Amte gefolgt war, übernahm nicht nur innenpolitisch das Erbe seines Vorgängers und versuchte es weiter zu entwickeln, sondern er hatte durch Executive Order mehrere Anweisungen gegeben, die die Lage der Schwarzen u. a. in den Streitkräften verbessern sollten. Auf dem Demokratischen Parteitag 1948 kam es deswegen zum Zusammenstoß zwischen Liberalen aus dem Nordosten und konservativen Südstaatlern. Truman wurde als Präsidentschaftskandidat gegen das Votum der Delegationen aus dem Süden nominiert, die unmittelbar nach dem Parteitag zusammentrafen, für die Präsidentenwahlen eine „States' Rights Party" gründeten und ihren eigenen Kandidaten, Strom Thurmond (South Carolina), aufstellten. Thurmond gewann neben seinem Heimatstaat drei weitere Staaten, nämlich Mississippi, Louisiana und Alabama. Im Wahlkampf waren Rassenvorurteile gegen die Schwarzen von diesen sogenannten Dixiecrats (abgeleitet von der populären Bezeichnung für die Südstaaten „Dixieland") mobilisiert und die Rechte der Einzelstaaten gegen die Eingriffe der Bundesregierung betont worden. Damit war der solide Süden zerbrochen, obwohl die Dixiecrats die Demokratische Partei nicht endgültig verließen, in der Hoffnung, wieder Einfluß bei Präsidentenwahlen zu gewinnen und um die Demokratischen Mitglieder des Kongresses aus den Südstaaten nicht ihres politischen Einflusses zu berauben, den sie aufgrund ihrer hohen Seniorität besonders in den Ausschüssen des Parlaments hatten.

In den folgenden zwei Jahrzehnten blieb die parteipolitische Situation im Süden zunächst bei Präsidentenwahlen, dann aber auch bei Wahlen zum Kongreß und zu den Parlamenten der Einzelstaaten und Kommunen unübersichtlich und verwirrend. Die Demokraten verloren, die Republikaner gewannen Stimmen. Doch blieb zwischen beiden Parteien eine Wählergruppe, die von den Dixiecrats kommend Kandidaten Dritter Parteien, wie 1968 George Wallace, zuneigte. Da 1952 ein solcher Kandidat fehlte, verbanden sich ehemalige Dixiecrats und konservative Republikaner aus den städtischen Zentren des Südens und gaben Dwight D. Eisenhower in Tennessee, Florida und Texas eine Mehrheit. Im Rückblick kann heute festgestellt werden, daß sich bereits zu diesem Zeitpunkt eine Veränderung des Wahlverhaltens in der Weise herauszuschälen begann, daß zwischen einem konservativen Kandidaten (Republikaner) und einem liberalen Kandidaten (Demokrat) gewählt wurde und alte Parteiidentifikationen eine geringere Rolle spielten. Bei den Präsidentenwahlen 1960 war der Süden wieder zwischen drei Kandidaten zerrissen, zwischen John F. Kennedy, Nixon und Harry Byrd, der als Unabhängiger auftrat.

Die endgültige Überwindung des „Einparteiensystems" durch ein *Zweiparteiensystem* im Süden wurde in den 60er Jahren dann deutlich erkennbar. Konservative ehemalige Demokraten aus dem Süden und die Mehrheit der Republikaner stimmten politisch in vielen Punkten überein. Zu den Gemeinsamkeiten gehörten: Betonung der Rechte der Einzelstaaten gegenüber der Zentralregierung in Washington; angestrebte Kürzung des Bundeshaushalts und insbesondere der Mittel für Sozialprogramme; Eintreten für Steuersenkungen; Gegnerschaft zu den Gewerkschaften. Auf dieser Grundlage konzipierte Barry Goldwater schon 1961 seine „südliche Strategie", die den Republikanern mit Hilfe des konservativen Südens eine solide Mehrheit bei Präsidentenwahlen bringen sollte. Diese „Southern Strategy" ist bis heute eines der — immer wieder variierten, im Kern aber erhalten gebliebenen — Wahlkampfkonzepte der Republikaner. Anhänger Goldwaters verdrängten 1963/64 in den Südstaaten die Liberalen aus der Republikanischen Partei und übernahmen selbst die meisten lokalen und einzelstaatlichen Organisationen. Als Teil seiner Strategie stimmte Goldwater im Senat 1964 demonstrativ gegen den Civil Rights Act, um eben die konservativen Demokraten im Süden zu gewinnen. Trotz des Erdrutschsieges von Johnson brachte Goldwater als Präsidentschaftskandidat der Republikaner 1964 große Teile des Südens hinter sich und gewann die Staaten Mississippi (mit 87 Prozent der Stimmen), South Carolina, Georgia, Alabama und Louisiana. Seine Unterstützung bei den Wählern entsprach ziemlich genau der Thurmonds von 1948.

Obwohl im Süden eine kleine Gruppe Liberaler in der Republikanischen Partei verblieb, zog diese doch alle reaktionären Kräfte an und wurde zur konservativen Partei der Region. Demonstrativ traten erzkonservative Demokraten zu den Republikanern über, darunter John Connally, ehemaliger Gouverneur von Texas. Auch bei Wahlen in den Kommunen und Einzelstaaten entwickelte die Republikanische Partei sich zum konservativen Sammelbecken. Parallel dazu entpuppte sich die Demokratische Partei auch im Süden als institutioneller Rahmen für jene Gruppen, die zur New-Deal-Koalition zählen. Durch den Voting Rights Act von 1965 wurden auch die Schwarzen Aktivmitglieder dieser Koalition. Daraus entstand u. a. in verschiedenen Stadtregionen eine feste Verbindung von Schwarzen und liberalen Weißen, der auch die Wähler folgten: Zwischen 1968 und 1970 gelang es den gemäßigt-liberalen Demokraten in fünf Südstaaten besser als den Republikanern, das Wählerreservoir der Wallace-Anhänger auszuschöpfen. Bereits zu diesem Zeitpunkt zeichnete sich der Niedergang des rassistischen Wallace-Populismus ab. Und bis in die jüngste Zeit sind in Kommunen und Einzelstaaten ältere Konservative von jüngeren Liberalen aus der Demokratischen Partei verdrängt worden, so 1972 in Virginia, einst Hochburg des Demokratischen Konservatismus. 1975 berichtete der Journalist David Broder (Washington Post) von einer politischen Reise durch die Südstaaten, daß die Demokraten im Norden und Süden sich nicht unterschieden, daß sie im Süden vielleicht sogar etwas progressiver seien.

Die parteipolitische Angleichung des Südens an die anderen Regionen der Vereinigten Staaten, seine „Nationalisierung" und die Herausbildung eines Zweiparteiensystems, wird auch durch die Daten bestätigt, die zur Identifikation der Wähler mit Parteien vorliegen. So sank 1936 — 1974 im Süden der Anteil derjenigen, die sich als Demokraten bezeichnen, von 78 Prozent auf 51 Prozent; der Anteil der Republikaner stieg im gleichen Zeitraum von 13 Prozent auf 18 Prozent, der Anteil der Unabhängigen von 9 Prozent auf 31 Prozent.

Auch die Präsidentenwahlen 1972 bestätigten diese Entwicklung. Der überwältigende Sieg Nixons im Süden war weniger ein Zeichen der Zustimmung für den Präsidenten als ein Hinweis darauf, daß McGovern — der Demokratische Kandidat — abgelehnt wurde. Dieser gewann nur einen Staat in der ganzen Nation, nämlich Massachusetts. Schließlich bestätigten auch die Präsidentenwahlen 1976, daß wir es heute in den Südstaaten mit einem Zweiparteiensystem zu tun haben, das sich in seinen politischen Konturen nicht wesentlich vom Rest der USA unterscheidet. Zwar schnitt Carter im Süden besser als jeder andere Demokratische Präsidentschaftskandidat seit Roosevelt 1944 ab, und 26 Prozent der Wähler wechselten im Vergleich zu den vorhergehenden Wahlen vom Republikanischen zum Demokratischen Kandidaten (im übrigen Land gab es nur eine Verschiebung von 10 Prozent). Doch kam Carter hier ein zusätzlicher Bonus als Sohn der Region zugute, und Ford gewann immerhin eine Mehrheit in zwei Südstaaten, in Virginia und Oklahoma. Daß der Süden bei Präsidentenwahlen künftig wieder Demokratisch wählt wie vor 1944, ist sehr zweifelhaft. Im Süden gibt es heute wie in den anderen Regionen der Vereinigten Staten ein Zweiparteiensystem. Der alte Süden, der „solide" den Demokraten bei Präsidentenwahlen unterstützte, besteht heute nicht mehr, die wirtschaftlichen, sozialen und politischen Veränderungen der letzten drei Jahrzehnte sind zu tiefgreifend gewesen.

Die hier vorgetragene These wird auch durch die Politik der Abgeordneten und Senatoren aus den *Südstaaten im Kongreß* bestätigt. Denn jene Kräfte, die in den Einzelstaaten des Südens politische Veränderungen gebracht haben, schlagen seit einigen Jahren auch im Bundesparlament durch. Nach der Annahme des Voting Rights Act und der daraus folgenden veränderten Zusammensetzung der Wählerschaft im Süden können die folgenden Wandlungen im Kongreß registriert werden:

1. Der politische Einfluß der Senatoren und Repräsentanten aus dem Süden ist geringer geworden. Waren die Südstaatler aufgrund des Einparteiensystems im Süden, das ihnen die Wiederwahl gleichsam garantierte, und des in beiden Häusern des Kongresses herrschenden Senioritätsprinzips in allen Machtpositionen auf dem Kapitol zu finden, so hat sich spätestens 1977 die Situation endgültig verändert. Nicht nur hat sich im Süden ein Zweiparteisystem herausgebildet, sondern im Repräsentantenhaus ist das Senioritätsprinzip durchlöchert und — wie wir im I. Kapitel gesehen hatten — durch den Aufstieg des Democratic Caucus weitgehend ersetzt worden: Die Demokratische Fraktion entscheidet über die Zusammensetzung der Ausschüsse und die Bestellung der Vorsitzenden. Auch im Senat ist das Senioritätsprinzip geschwächt worden. Zudem hat sich im Senat der einst fast allmächtige „Southern Caucus" aufgelöst, ein Zusammenschluß der Senatoren aus den Südstaaten, der früher in der Lage war, sozialpolitische und Bürgerrechtsgesetze ganz zu blockieren oder wenigstens abzuschwächen und zu verzögern. Wurde dieser Caucus einst von Rassenvorurteilen zusammengehalten, so sind allein schon aus wahltaktischen Gründen nach dem Eintritt der Schwarzen in die aktive Wählerschaft Demokratische Senatoren gezwungen, auf diese neuen Wähler im jeweiligen Heimatstaat Rücksicht zu nehmen. Sie haben daher den Southern Caucus verlassen.

2. Doch nicht nur wahltaktische Überlegungen spielen eine Rolle. Waren noch vor zehn Jahren fast ausschließlich konservative Demokraten im Süden gewählt worden, die im Kongreß mit den konservativen Republikanern eine anti-liberale Koalition eingingen, so sind in stets größerer Zahl gemäßigt-liberale Demokraten aus dem Süden nach Washington entsandt worden. In Fragen der Sozial- und Bürgerrechtsgesetzgebung stimmen diese zunehmend mit ihren Kollegen aus den anderen Regionen, so daß sich sogar Ansätze für eine politische Vereinheitlichung der Demokraten im Kongreß herauskristallisiert haben.

3. Im Unterschied zu den Demokraten sind die Republikaner, wie wir gesehen haben, zur konservativen Partei im Süden geworden. Dies ist auch im Kongreß spürbar, in dem die Senatoren und Repräsentanten aus dem Süden — gemessen an ihrem Abstimmungsverhalten — konservativer votieren als ihre Republikanischen Kollegen aus dem Nor-

den. Unter den Republikanischen Senatoren aus dem Süden sind die konservativsten amerikanischen Politiker der Gegenwart zu finden, darunter Jesse Helms (North Carolina), dem Ambitionen auf die Präsidentschaft bzw. auf Gründung einer eigenen konservativen Partei nachgesagt werden; Strom Thurmond (South Carolina), 1948 Präsidentschaftskandidat der States' Rights Party und seit 1956 im Senat; John G. Tower (Texas) und William L. Scott (Virginia).

4. Selbst in der für einen Repräsentanten oder Senator aus dem Süden bislang heikelsten Frage, der der Bürgerrechtsgesetzgebung, hat ein Umschwung stattgefunden. 1975 hat zum ersten Mal in diesem Jahrhundert eine Mehrheit der Abgeordneten aus dem Süden ein Bürgerrechtsgesetz befürwortet. Bei der Abstimmung über die siebenjährige Verlängerung des Voting Rights Act stimmte der Kongreß wie folgt:

	dafür	*dagegen*
Repräsentantenhaus	341	70
Demokraten aus dem Süden	52	26
Republikaner aus dem Süden	10	17
Senat	77	12
Demokraten aus dem Süden	9	6
Republikaner aus dem Süden	2	4

Diese Abstimmung spiegelte noch einmal sehr deutlich die politische Umschichtung im Parteisystem des Südens, die Herausbildung der Demokraten als der gemäßigt-liberalen, die der Republikaner als der konservativen Partei. Bedenkt man zudem, daß — wie im I. Kapitel ausgeführt wurde — die Senatoren und Repräsentanten direkt an ihre Staaten bzw. Wahlkreise gebunden und bei politischen Abstimmungen nicht der Fraktionsdisziplin unterworfen sind, so wird auch hier das veränderte Wählerverhalten deutlich: Im Süden hat die Republikanische Partei sich von der Tradition Abraham Lincolns losgesagt, die Demokratische Partei von den Belastungen des rassistischen Konservatismus weitgehend gelöst.

Die Annäherung der Demokraten aus dem Süden an den Hauptstrom ihrer Partei hat sich auch insoweit vollzogen, als sie politisch eng mit den *Gewerkschaften* kooperieren, also auch im Süden ein organisatorisches Moment der New-Deal-Koalition Bestandteil der Demokratischen Partei geworden ist. Demokratische Kandidaten suchen heute die finanzielle und organisatorische Unterstützung der Gewerkschaften für ihre Wahlkämpfe, die noch vor einigen Jahren einem Todeskuß gleichgekommen wäre. Eine informelle Koalition zwischen Gewerkschaften und Schwarzen besteht seit 1965 in jedem Südstaat, in Texas unter Einschluß der Mexiko-Amerikaner und in Oklahoma mit seiner progressiv-populistischen Tradition unter Einbeziehung von Farmerverbänden.

Der soziale Aufstieg und die in den letzten zwanzig Jahren gewonnene wirtschaftliche Stärke des Südens zeigt sich politisch nicht nur an Veränderungen der Wählerschaft und des Parteisystems oder am verstärkten Einfluß der Gewerkschaften, sondern schlägt sich auch in der nationalen Politik nieder. War der Süden einst die wirtschaftlich rückständigste Region der Vereinigten Staaten, so wird der neue Süden heute insbesondere von Politikern aus dem alten industriellen Nordosten und Mittelwesten als Konkurrent um Wirtschaftsaufträge und bei der Verteilung von Bundesmitteln gesehen. Politisch sind aus diesem Grund die sozialen und wirtschaftlichen Interessen der einst ökonomisch expandierendsten und stärksten Region gegen den Süden auf zwei Ebenen zusammengeschlossen worden.

Im September 1976 verbanden sich die 204 Mitglieder des Repräsentantenhauses (Demokraten und Republikaner) aus den 16 Staaten des Nordostens und Mittelwestens unter dem Vorsitz des Demokratischen Abgeordneten Michael Harrington (Massachusetts; nicht zu verwechseln mit dem amerikanischen Sozialisten gleichen Namens) zu einer *Northeast-Midwest Economic Advancement Coalition*. Angesichts der Strukturkrise der Industrie im alten Norden, der hohen Arbeitslosenquote und der Abwanderung wohlhabender Bevölkerungsgruppen aus dem Norden in den Süden, die bisher dort zum Steueraufkommen erheblich beigetragen haben, hat dieser neue Caucus im Kongreß sich das Ziel gesetzt, dafür zu sorgen, daß in den nächsten Jahren mehr Bundesmittel in die eigene Region umgeleitet werden. Es wird argumentiert, daß überdurchschnittliche Bundesinvestitionen im Süden nicht mehr berechtigt seien, da der Norden heute zum wirtschaftlich-strukturellen Krisengebiet des Landes geworden sei. Der Caucus hat u. a. gefordert, daß der Bund voll die Lasten der Wohlfahrtsunterstützung übernehmen solle, die bisher von Bund und Einzelstaaten gemeinsam getragen werden, die aber die Länder des Nordostens und Mittelwestens überproportional belasteten. Weitere Schritte werden erwogen, um den Finanzausgleich zwischen den Einzelstaaten und Regionen zugunsten des Nordens zu verändern. Um weitere Informationen zu sammeln, hat der Caucus im Dezember 1976 in Chikago und Boston Hearings durchgeführt. Seit Anfang 1977 werden vier hauptamtliche wissenschaftliche Mitarbeiter zur Vorbereitung entsprechender Gesetzentwürfe beschäftigt.

Bereits im Juni 1976 haben sich mit ähnlicher Zielsetzung die Gouverneure von New York, Massachusetts, Connecticut, Pennsylvania, New Jersey, Rhode Island und Vermont — alle Demokraten — zur *Coalition of Northeast Governors* zusammengeschlossen. Öffentlich ist von ihnen der Vorwurf erhoben worden, daß in ihren Staaten 25 Prozent der Bundessteuern eingenommen werden, in sie aber nur 18 Prozent des Verteidigungshaushalts, 15 Prozent der Bundesmittel für Autobahnen und 13 Prozent der Bundesmittel für Flugzeugbau und Raumfahrt (in den Süden hingegen 60 Prozent) zurückflössen. Außer dem Verlangen, daß der Bund einen größeren Teil der Kosten für die Wohlfahrtsunterstützung übernehmen solle, haben die Gouverneure insbesondere Bundesinvestitionen für die Verbesserung der Verkehrswege gefordert, namentlich für den Wiederaufbau der zusammengebrochenen und verrottenden Eisenbahnen, den Ausbau der Schiffahrtswege und den Unterhalt der Autobahnen, der von den Einzelstaaten nicht mehr finanziert werden kann. Bereits vor dem Amtsantritt des neuen Präsidenten trafen die Gouverneure mit Carter zusammen, um ihre Ansprüche anzumelden. Sie arbeiten zudem mit der Northeast-Midwest Economic Advancement Coalition im Kongreß zusammen.

4. Jimmy Carter — Repräsentant des neuen Süden

In Georgia, dem Heimatstaat Jimmy Carters, in dem er 1970 bis 1974 Gouverneur — einem Ministerpräsidenten in einem Land der Bundesrepublik vergleichbar — gewesen ist, haben sich nach dem Zweiten Weltkrieg genau jene wirtschaftlichen, sozialen und politischen Veränderungen vollzogen, die wir für den gesamten Süden beschrieben haben. Atlanta, die Hauptstadt Georgias, ist mit seinen 1,8 Millionen Einwohnern, seinen Banken, Forschungsinstituten und modernen Industrien zu einer Metropole des neuen Süden geworden. Für die in den 50er und 60er Jahren aufblühende Stadt, in der es nicht zu Rassenkrawallen wie in den Städten des Nordostens und Mittelwestens gekommen war, ist der Satz geprägt worden, man sei dort viel zu geschäftig, um Zeit zu haben, sich gegenseitig zu hassen. Heute lebt in den Vorstädten ein schwarzes und weißes Bürgertum und in der Innenstadt gibt es die ersten Anzeichen dafür, daß auch an den Metropolen des Südens die allgemeine Krise der Städte in Amerika nicht spurlos vorübergeht.

Jimmy Carter ist Produkt und zugleich Repräsentant der sich verändernden Wirtschaft, Gesellschaft und Politik von Georgia. Dies zeigte sich z. B. an seinem bis heute umstrittenen *Wahlkampf um das Gouverneursamt von Georgia im Jahr 1970*. In den Vorwahlen der Demokratischen Partei und im Wahlkampf appellierte Carter damals an die Wähler von George Wallace, der 1968 bei den Präsidentenwahlen in Georgia 50 Prozent der Stimmen errungen hatte, und an die Anhänger des ehemaligen Gouverneurs von Georgia, Lester Maddox, ein erzkonservativer und rassistischer Politiker. Bewußt ließ Carter in seinen

Reden Bemerkungen fallen, die rassistisch interpretiert werden konnten und durch die er versuchte, seine potentiellen Wähler zu mobilisieren. Seinem schärfsten Opponenten in der Demokratischen Vorwahl, Carl Sanders, warf Carter vor (hier eine populistische Tradition aufnehmend), er sei der Vertreter der Banken und Großunternehmen Atlantas; und bis heute ist es nicht geklärt, ob ein rassistisches Pamphlet gegen Sanders nicht aus dem Carter-Lager gekommen ist. Zur gleichen Zeit, in der er in seinen Wahlreden rassistisch interpretierbare Codeworte benutzte, versprach Carter, daß er im Fall seiner Wahl Schwarze in so großer Zahl in hohe Regierungsämter berufen werde, wie keiner seiner Vorgänger. Tatsächlich erhielt Carter sowohl die Unterstützung der Schwarzen auf dem flachen Land und in den Kleinstädten wie die vieler weißer Arbeiter in städtischen Wahlbezirken und weißer Farmer in den Agrargebieten. Im Wahlkampf präsentierte Carter sich zudem als Anti-Establishment-Kandidat, der gegen Atlanta antrat — die Parallele zu seinem Vorwahlkampf um die Nominierung als Demokratischer Präsidentschaftskandidat liegt auf der Hand.

Die vielfältige, schillernde, heterogene, auseinanderstrebende Gruppen verbindende Wählerkoalition, die Carter bei seiner Wahl zum Gouverneur 1970 hinter sich sammelte, zeigt vielleicht am deutlichsten, wie sehr Carter Repräsentant des im Übergang befindlichen Süden gewesen ist.

Carters Politik als Gouverneur unterschied sich dann erheblich von der Rhetorik des Wahlkampfes. Bereits in seiner Antrittsrede setzte er ein deutliches Zeichen, indem er erklärte: „Ich sage Ihnen offen, daß die Zeiten rassischer Diskriminierung vorbei sind ... Ein armer, vom flachen Lande kommender, einflußloser oder schwarzer Mitbürger darf nicht noch dadurch zusätzlich belastet werden, daß er keine Chance auf gute Ausbildung, einen Arbeitsplatz oder Gerechtigkeit hat." Carter hat sich dann zur Überraschung vieler seiner weißen Wähler als ein Politiker entpuppt, der die Bürgerrechtsgesetzgebung Johnsons ernst genommen und mehr zur politischen und sozialen Gleichstellung der Schwarzen in seinem Staat beigetragen hatte als die lautstarken Liberalen des Nordostens in ihren Staaten. Carter berief 50 Schwarze in hohe Verwaltungsämter, zu Beginn seiner Amtszeit gab es nur drei. In einem symbolischen Akt verfügte Carter, daß im Staatshaus von Atlanta ein Bild des ermordeten Bürgerrechtlers Martin Luther King aufgehängt und in seinem Beisein enthüllt wurde — bereits zu dieser Zeit hatte Carter, wie später dann auch am Beginn seiner Präsidentschaft, ein Gespür für politische Symbole. Wegen seiner liberalen Politik besonders gegenüber den Schwarzen lag Carter ständig im Konflikt mit seinem Stellvertreter, dem rassistischen Lester Maddox, der als Lieutenant Governor unabhängig von ihm gewählt worden

war, dessen Unterstützung im Wahlkampf ihm aber durchaus will-
kommen gewesen war.

Carters Gouverneurszeit zeichnete sich ferner dadurch aus, daß die
Justiz und Exekutive Georgias grundlegend reorganisiert worden ist.
300 Behörden wurden in 22 zusammengefaßt, bürokratischer Leerlauf
vermindert. Zudem versuchte Carter, für den Staatshaushalt das sogenannte Null-Wachstum (zero budget) zu verwirklichen, den Etat
nicht mehr als die Inflationsrate steigen zu lassen. Jede Behörde hatte
die Notwendigkeit für eine Stelle im öffentlichen Dienst nachzuweisen
und Prioritäten in ihrem jeweiligen Stellenkegel zu setzen. Trotz aller
gegenteiliger Bemühungen ist aber in den vier Jahren der Amtszeit
Carters die Zahl der öffentlichen Angestellten von 34 322 auf 42 000
gestiegen. Wie die genannten Beispiele zeigen, begriff Carter sich im
Gouverneurspalast von Atlanta als Technokrat — und auch hier liegen
Parallelen zu seiner Präsidentschaft auf der Hand —, der jedoch auch
politisch Prioritäten setzte. Dazu gehörte nicht nur seine Politik gegenüber der schwarzen Minderheit, sondern z. B. hatte auch der Umwelt-
schutz Vorrang.

Jimmy Carter wurde während seiner Amtszeit zu einem der prominen-
testen, national allerdings weithin unbekannt bleibenden Politiker des
neuen Südens. In Georgia sind außer Carter zu diesem *neuen Typ des
gemäßigt-liberalen Demokraten* die beiden Senatoren zu zählen, Sam
Nunn und Herman Talmadge, der als Gouverneur von Georgia in den
50er Jahren noch zu den rassistischen Konservativen zählte. Die Demokratische Partei Georgias stellt heute eine Koalition von Gruppen dar,
die denen in den Parteiorganisationen vieler Nordstaaten durchaus
ähnelt. Zu dieser Koalition gehören: 1) Die Organisationen der
Schwarzen, die oft aus der Bürgerrechtsbewegung hervorgegangen sind
und deren bekanntester Vetreter Andrew Young ist, 1972 als erster
Schwarzer aus dem tiefen Süden in den Kongreß — und zudem in
einem mehrheitlich weißen Wahlkreis — gewählt; 2) Patronage-Demo-
kraten, die auf Empfehlung ihrer Parteiführer in den öffentlichen
Dienst und die Justizverwaltung gelangt sind und die das personelle
Gerippe für lokale Parteiorganisationen bilden; 3) die Gewerkschaften,
deren wachsender politische Einfluß Carter dazu bewegte, als Gouverneur einmal wöchentlich mit dem Vorsitzenden der AFL-CIO von
Georgia, Herb Mabry, zum Frühstück zusammenzutreffen, um anstehende Probleme gemeinsam zu diskutieren; 4) Weiße vom flachen
Land, die — obwohl konservativ — aus Mißtrauen gegen die snobisti-
schen städtischen Republikaner den Demokraten treu geblieben sind;
5) einige weiße städtische Liberale und Intellektuelle; 6) Manager und
Unternehmer der größten Banken und Großkorporationen von
Georgia.

Als Vertreter des neuen Südens, wie er sich beispielhaft in Georgia ausgepägt hatte, konnte Carter sich um die Präsidentschaft erfolgreich bewerben, Vorwahlen der Demokratischen Partei sowohl in seiner Heimatregion als auch in den städtischen Industriezentren des Nordostens und Mittelwestens gewinnen. Dabei erhielt Carters Bewerbung dadurch besonderen Auftrieb, daß er ähnlich wie von einigen Gewerkschaften auch von Führern schwarzer Organisationen nicht wegen seiner besonderen Qualifikationen oder weil er ihnen politisch am nächsten gestanden hätte, anfangs unterstützt worden ist, sondern weil er der Kandidat war, der am ehesten George Wallace verhindern konnte. Schließlich konnte auch am Wahltag Jimmy Carter eine Mehrheit dadurch gewinnen, daß er national als Repräsentant des neuen Südens aufgetreten war und daher die Nominierung eines der bekanntesten Liberalen in der Demokratischen Partei, Walter F. Mondales, zum Vizepräsidentschaftskandidat nicht als fauler taktischer Trick erschien. Vielmehr bot die Politik Carters als Gouverneur von Georgia die Gewähr dafür, daß er als Präsident sich nicht von den Interessen der Schwarzen, der Gewerkschaften und der Liberalen lösen würde. Er war der geeignete Kandidat, der neuen Süden und alte New-Deal-Koalition zu einer Mehrheit bei Präsidentenwahlen zu verbinden vermochte.

Literatur

Analysen und Berichte über den neuen Süden liegen bisher fast nur in Aufsätzen vor, die in Fachzeitschriften veröffentlicht worden sind. Einen Überblick über die Geschichte des Südens von der Kolonialzeit bis in die Gegenwart gibt *Monroe Lee Billington,* The American South. A Brief History. New York 1971. Derselbe Autor behandelt die politische Entwicklung des Südens insbesondere in den letzten drei Jahrzehnten in: The Political South in the Twentieth Century. New York 1975. Die Kontroverse, die um den politischen und sozialen Aufstieg des Südens und die angebliche Bevorzugung dieser Region mit bundesstaatlichen Mitteln entbrannt ist, greifen zwei Wissenschaftler auf, die im Auftrag einer Bundesbehörde, der Economic Development Administration im U.S. Departement of Commerce, die ökonomische Struktur und Entwicklung des Nordens und Südens verglichen haben: *C. L. Jusenius* und *L. C. Ledebur,* A Myth in the Making: The Southern Economic Challenge and Northern Economic Decline (als Manuskript gedruckt, Washington im November 1976; demnächst voraussichtlich zu beziehen durch die U.S. Government Printing Office). Die Autoren untersuchen im einzelnen die Wanderungsbewegung zwischen beiden Regionen, Lebensstandard, Beschäftigung und Arbeitslosigkeit im Norden und Süden sowie die Auswirkungen des Finanzausgleichs zwischen beiden Regionen. Der Mangel der Untersuchung liegt darin, daß nur Daten für die Jahre 1970—1975 herangezogen worden sind und so die historische Perspektive völlig fehlt. Die Cowboy-Yankee-These, die von mehreren Autoren der Neuen Linken vertreten wird, hat am ausführlichsten entfaltet *Kirkpatrick Sale*, Power Shift: The Rise of the Southern Rim and Its Challenge to the Eastern Establishment. New York 1975. Über die Veränderungen des politischen Systems im Süden liegt eine Monographie vor: *Jack Bass* und *Walter De Vries*, The Transformation of Southern Politics. Social Change and Political Consequence Since 1945. New York 1976. *Bass* und *De Vries* gehen nur knapp auf die wirtschaftlichen und sozialen Ursachen ein, die zur Herausbildung des neuen Süden geführt haben. Detailliert werden hingegen die Veränderungen im Parteiensystem, die neue politische Bedeutung der Schwarzen und der Gewerkschaften sowie die Rolle der südstaatlichen Senatoren und Repräsentanten im Kongreß dargestellt. Ferner wird in je einem Kapitel die politische Entwicklung der elf Staaten der ehemaligen Konföderation untersucht. Zur Herausbildung des Zweiparteiensystems im Süden finden sich Abschnitte in Veröffentlichungen, die unter Kapitel II genannt sind: *Ladd* und *Hadley; Nie, Verba* und *Petrocik; Parmet; Sundquist.* Über Geschichte, Struktur und politischen Einfluß der Gewerkschaften im Süden informiert immer noch am besten *F. Ray Marshall*, Labor in the South. Cambridge, Mass, 1967. Der Buchmarkt wird momentan mit Carter-Biographien überschwemmt. Sie alle enthalten Abschnitte über Carters Amtszeit als Gouverneur von Georgia. Bisher ist die beste Biographie *Leslie Wheeler*, Jimmy Who? An Examination of Presidential Candidate Jimmy Carter: The Man, His Career, His Stands On Issues. New York 1976.

IV.
Evangelistische Erweckungsbewegung und Neo-Populismus — Unterströmungen im Präsidentschaftswahlkampf 1976

Dem deutschen Beobachter der amerikanischen Präsidentenwahlen 1976 sind zwei Dinge in den Reden der Kandidaten und im Ablauf von Wahlveranstaltungen aufgefallen, die auf ihn zunächst fremd und eigentümlich wirkten: 1. Die Wahlansprachen Carters enthielten nicht nur den Rhythmus der Litanei, sie benutzten stellenweise direkt die Sprache der Bibel. Auch bei Ford klang zuweilen an, daß er die Sprache des evangelistischen Missionars im Munde zu führen suchte. Religiöses Zeremoniell rahmte Wahlkundgebungen vom Eröffnungs- bis zum Schlußgebet und einschließlich des Segens der Kandidaten für Zuhörer und Zuschauer ein. 2. Besonders Carter — in den Demokratischen Vorwahlkämpfen auch einige seiner Konkurrenten wie Fred Harris, Georg Wallace, Birch Bayh — berief sich in seinem Wahlkampf auf eine soziale Reformbewegung des ausgehenden 19. Jahrhunderts, den kleinbäuerlichen, später auch kleinbürgerlichen Populismus, der einst angetreten war, die Übermacht der Banken, Großkonzerne und politischen Bosse zu brechen.

Religiöse und neo-populistische Rhetorik sind von europäischen Journalisten, die über den Wahlkampf berichteten, mißverstanden worden. In ihrer Berichterstattung wurde Carter zu einem eifernden Baptisten-Missionar, zum bauernschlauen Erdnußfarmer und politischen Naivling, der an „das Gute" im Volke glaubte. Diese Korrespondenten hatten nicht begriffen, daß Amerika nicht Europa, nicht die gigantische Verlängerung der Alten Welt auf einen neuen Kontinent ist, daß amerikanische Phänomene nicht unbedingt und in jedem Fall mit Kategorien erfaßbar sind, die selbst nur Produkt einer bestimmten Gesellschaft und Geschichte, nämlich der europäischen sind. Übersehen wurde, daß evangelistische Erweckungsbewegung und Populismus nur aus der amerikanischen Gesellschaft und ihrer Tradition beschrieben und erklärt werden können. Zwar stehen beide — ganz deutlich bei der amerikanischen Religiösität, indirekt ebenfalls beim Populismus — auch in einer europäischen Tradition, sie sind angenommenes, dann aber wesentlich verändertes Erbe der Alten Welt. Doch sind beide kein europäischer Exportartikel, sondern heute genuin amerikanische Erscheinungen.

Im Wahlkampf 1975/76 verbanden sich religiöse und neo-populistische Rhetorik und die ihnen entsprechenden Grundstimmungen mit dem im I. Kapitel beschriebenen und untersuchten Anti-Institutionalismus, der als Folge des Vietnamkrieges und der Watergate-Affäre im Wahljahr besonders offen zutage trat. Dies ergab eine eigenartige Mischung, ein Syndrom, das letztlich ein Zeichen für politische Apathie, Flucht vor der politischen und gesellschaftlichen Wirklichkeit war und das auch mit Momenten des Irrationalismus durchsetzt gewesen ist. Nur lassen sich evangelistische Erweckungsbewegungen und Neo-Populismus nur aus der amerikanischen Geschichte erklären, sie sind nicht aus Europa übertragbar, auch und gerade nicht was ihre irrationalen Momente angeht.

1. Jimmy Carter — ein baptistischer Missionar?

Klaus Harpprecht, deutscher Beobachter der amerikanischen Szene, hat Carters Wahlkampf treffend als triumphalen Pilgermarsch ins Weiße Haus bezeichnet. Freudig und unbefangen hat Carter in Interviews und Wahlreden bekanntgegeben, daß er „von neuem geboren" (born again) sei, daß er — nach seiner bitteren Wahlniederlage gegen Lester Maddox um das Gouverneursamt von Georgia 1966 — die spirituelle Wiedergeburt erlebt habe. In einem Fernsehinterview mit Bill Moyers, früher Mitarbeiter von Lyndon B. Johnson und heute Journalist bei einer öffentlichen Fernsehanstalt, sagte Carter über dieses Erlebnis: „Ich machte damals eine Phase in meinem Leben durch, die sehr schwierig war. Ich hatte für das Amt des Gouverneurs kandidiert und verloren. Alles, was ich anpackte, verlief unbefriedigend. Selbst wenn mir einmal etwas gelang, war es für mich ein unerträgliches Erlebnis. Ich habe nie viel für andere getan. Ich beschäftigte mich immer nur mit mir selbst." Und weiter: „Ich hatte mein Leben zu keiner Zeit wirklich Gott gewidmet — mein Christentum blieb oberflächlich, basierte auf Hochmut." Dies habe sich dann grundlegend geändert: „Ich gewann eine viel engere Beziehung zu Christus. Seitdem führe ich so etwas wie ein neues Leben. Was Haßgefühle und Frustration anlangt, lebe ich mit mir selbst in Frieden." Die Frage, ob er gebetet habe, daß Gott ihn die Nominierung in der Demokratischen Partei und die Präsidentschaftswahlen gewinnen lasse, verneinte Carter. An anderer Stelle ergänzte er aber: „Ich zweifele nicht daran, daß mein Kampf um die Präsidentschaft genau das ist, was Gott mir zu tun aufgegeben hat."

Carter erschien als Prediger einer allumfassenden christlichen Nächstenliebe, als ein Mann, der im Frühjahr 1967 auch als baptistischer Missionar nach Pennsylvania gezogen war — und doch blieb er zugleich ein mit allen Wassern gewaschener Politiker.

Übrigens hat auch *Gerald Ford*, obwohl Mitglied der Episkopalkirche, die nicht die spirituelle Wiedergeburt predigt, versucht, in seinem Wahlkampf auf der Welle der evangelistischen Erweckungsbewegung zu schwimmen. Er ließ verlauten, daß er täglich in der Bibel lese, oft im Weißen Haus bete und daß Jesus Christus sein Leben entscheidend verändert habe. Während des Wahlkampfes hat er vor dem Konvent der Southern Baptists gesprochen und einer Vereinigung evangelistischer Journalisten und Rundfunkstationen ein ausführliches Interview gegeben, in dem er sich über seine religiösen Einstellungen äußerte.

Zwar erklärten in einer Meinungsumfrage kurz vor dem Wahltag mehr als zwei Drittel der befragten Wähler, daß die Religion der Kandidaten sie bei ihrer Abstimmung nicht beeinflussen werde. Und doch ist aus Analysen früherer Präsidentenwahlen bekannt gewesen, daß die *Konfession der Wähler* ihre Entscheidung mitbestimmt hat. Carters Mitgliedschaft in einer baptistischen Gemeinde, dieses zeigte die genannte Umfrage, wirkte für ihn positiv in den Südstaaten, bei Schwarzen, bei Einwohnern ländlicher und kleinstädtischer Gemeinden, bei Wählern über 50 Jahren und bei Angehörigen der unteren Einkommensgruppen. Genau dies trug am Wahltag — neben anderen Faktoren — zu Carters Sieg in den meisten Südstaaten bei, in einer Region, die in zwei der letzten drei Präsidentenwahlen unter allen amerikanischen Regionen am eindeutigsten für den Republikanischen Präsidentschaftskandidaten votiert hatte. Carters Rhetorik, die aus der Tradition der evangelistischen Erweckungsbewegung gespeist war, hatte hier ihren wahltaktischen Zweck. Doch wäre es zu kurzschlüssig, Carters Evangelismus allein mit wahltaktischen Überlegungen erklären zu wollen. Selbst wenn es sich um nicht mehr als Wahltaktik gehandelt hätte, bliebe zu fragen, warum sie von den Wählern gebilligt worden ist.

Seit über 150 Jahren haben prominente europäische Besucher sich immer wieder über die *Religiösität der Amerikaner* verwundert. So vermerkte Alexis de Tocqueville 1830 bei seinem Besuch in Amerika, daß es wohl kein Land auf der Erde gebe, wo die christliche Religion einen größeren Einfluß auf die Seelen habe als dort. Religiöse Symbole sind zum Bestandteil der amerikanischen Ideologie geworden. Nicht nur werden öffentliche Veranstaltungen, Tagungen von Parteien und Verbänden einschließlich der Gewerkschaften von Gebeten eingerahmt, sondern seit 1956 prangt auf allen amerikanischen Münzen der Spruch „In God We Trust" — „Wir vertrauen auf Gott," ein Beispiel unter vielen für den patriotischen Gebrauch religiöser Floskeln.

Das Gallup-Institut hat eine international vergleichende Befragung über die religiöse Einstellung der Bevölkerung in verschiedenen kapitalistischen Ländern und Staaten der Dritten Welt durchgeführt, deren Ergebnis 1976 veröffentlicht wurde. Diese Studie ergab, daß die Amerikaner unter den Industrienationen der Welt das religiöseste Volk sind, insoweit nach dem Selbstverständnis der Befragten die Bedeutung der Religion für das eigene Leben und der Glaube an Gott und an ein Weiterleben nach dem Tode als Kriterien gewählt wurden. In keinem anderen Lebensbereich gibt es größere Differenzen zwischen den westlichen Industrienationen als in dem der Religion. Die Bedeutung, die — immer und wohlgemerkt im Selbstverständnis der Befragten — der Religion für das Leben des einzelnen und in der Gesellschaft zugesprochen wird, ist in den Vereinigten Staaten gleich groß wie in einigen asiatischen und zentralafrikanischen Staaten, die durch Unter-Industrialisierung und niedriges Bildungsniveau gekennzeichnet sind. Auf die Frage, als wie bedeutend religiöser Glaube (religous belief) für das eigene Leben angesehen werde, antworteten mit „sehr oder ziemlich bedeutend" in Indien 95 Prozent, in den Vereinigten Staaten 86 Prozent, in afrikanischen Staaten südlich der Sahara 86 Prozent, in der Bundesrepublik Deutschland 47 Prozent, in Japan 46 Prozent und in Skandinavien 45 Prozent der Befragten. An Gott glaubten in Indien 98 Prozent, in den genannten afrikanischen Staaten 96 Prozent, in den Vereinigten Staaten 94 Prozent, in der Bundesrepublik 72 Prozent, in Skandinavien 65 Prozent und in Japan 38 Prozent. An ein Weiterleben nach dem Tode glaubten in Indien 72 Prozent, in den genannten afrikanischen Staaten 69 Prozent, in den Vereinigten Staaten ebenfalls 69 Prozent, in Skandinavien 35 Prozent, in der Bundesrepublik Deutschland 33 Prozent und in Japan 18 Prozent.

Etwa 40 Prozent der Amerikaner nehmen wenigstens einmal in der Woche an einem Gottesdienst oder einer anderen kirchlichen Veranstaltung teil. Diese hohe Teilnahmequote an kirchlichen Veranstaltungen läßt sich in den Vereinigten Staaten empirisch seit den 30er Jahren belegen, seitdem nämlich entsprechende Untersuchungen vorliegen. Mitte der 50er Jahre erreichte der Anteil derjenigen, die einmal wöchentlich zur Kirche gingen, mit 51 Prozent einen bisherigen Höhepunkt. In der Bundesrepublik erreicht der Anteil der regelmäßigen Kirchgänger an der Bevölkerung nicht einmal 10 Prozent. Viel stärker als in Europa sind in den Vereinigten Staaten die religiösen Gemeinden soziale Institutionen, Treffpunkte für geselliges Beisammensein, für Sport und Unterhaltung, für karitative Veranstaltungen (die Amerikaner haben 1975 für karitative Aufgaben 27 Milliarden Dollar ausgegeben, genau so viel wie für Nahrungsmittel), aber auch und besonders in protestantischen Gemeinden zum Zweck des Bibelunterrichts oder des gemeinsamen Gebets außerhalb der Gottesdienste. Die fundamentalistische religiöse Grundhaltung vieler Amerikaner — wir gehen auf den Begriff des Fundamentalismus später ein — zeigt sich darin, daß 38 Prozent aller Erwachsenen, darunter 46 Prozent der Protestanten und 31 Prozent der Katholiken, glauben, daß die Bibel wörtlich zu nehmen sei und nicht symbolisch interpretiert werden dürfte. Nur 45 Prozent meinten, die Bibel sei nicht Wort für Wort zu verstehen, sondern in ihrem Kontext als von Gott gegebenes und inspiriertes Wort zu nehmen.

Das Erlebnis der *spirituellen Wiedergeburt,* des „born again", teilten 1976 mit Carter 34 Prozent aller erwachsenen Amerikaner. Fast die Hälfte der Protestanten und 55 Prozent der Südstaatler bezeichneten sich selbst als „Wiedergeborene".

Alle heute noch erreichbaren empirischen Daten, so hat der amerikanische Soziologe Seymour Martin Lipset festgestellt, sprechen dafür, daß vom frühen 19. Jahrhundert bis in die Gegenwart die Vereinigten Staaten das religiöseste Land in der christlichen Welt gewesen seien. Um die Jahrhundertwende gehörten z. B. mehr als 90 Prozent der Amerikaner einer Sekte oder Kirche an. Und in den 50er Jahren, als systematische und umfangreiche Untersuchungen über die religiöse Einstellung der Bevölkerung erstmals durchgeführt wurden, glaubten 95 Prozent der Bevölkerung an Gott. Im Vergleich zu früheren Umfragen sind der Glaube und seine Praktizierung in kirchlichen Institutionen in den Vereinigten Staaten ungebrochen, während gerade für westeuropäische Nationen Gallup (im Vergleich zu Amerika) von der Gefahr ihres Zusammenbruchs spricht. Im Unterschied zu den 60er Jahren hat Gallup für die 70er Jahre in den USA sogar ein größeres Interesse an Religion insbesondere bei Frauen und jüngeren Menschen festgestellt, das sich auch in stärkerer Beteiligung am Gemeindeleben, einschließlich des Besuchs von Gottesdiensten niederschlägt.

An dieser Stelle sei betont, daß hier nicht die theologische Frage oder das religionssoziologische Problem interessiert, ob es in den Vereinigten Staaten eine „tiefere Religiosität" gebe, als in anderen industrialisierten und kapitalistischen Ländern. Vielmehr geht es darum zu zeigen, wie Religion und Kirche an der Oberfläche und im Selbstverständnis der Wähler erscheinen und welche Folgerungen daraus für das Verhältnis von *Politik und Religion* abzuleiten sind. Es soll dargelegt werden, daß wegen der im Vergleich zu Deutschland anderen Bewertung von Religion und Kirche die evangelistische Rhetorik Carters und anderer Präsidentschaftskandidaten, die manchen europäischen Beobachter des Wahlkampfes befremdete, nur wenige Amerikaner erstaunt, geschweige denn abgestoßen hat. Zu fragen ist allerdings, warum Religion und Kirche in der amerikanischen Gesellschaft und Politik anders als in Europa bewertet werden.

Eine Antwort läßt sich nur aus der spezifisch amerikanischen, sich in vielen Grundzügen von Europa unterscheidenden Geschichte der Neuen Welt geben. Ohne in eine ausführliche Analyse einzusteigen, seien einige der wichtigsten *Gründe* genannt:

1. Einige amerikanische Kolonien waren von Flüchtlingen gegründet worden, die der religiösen Verfolgung in Europa entgehen wollten. Die Locke'sche Auffassung, daß Religion Privatsache sei, hatte sich bei vielen von ihnen durchgesetzt und wurde zu einer der Grundlagen für *religiöse Toleranz*. Zwar gab es in einigen Kolonien eine Art Staatskirche, wie die der Kongregationisten und der Episkopalier, die in der Revolution dann auf Seiten der Tories standen und die später zu Kirchen der sozialen Oberschicht wurden, gleichwohl konkurrierten bereits in der vorrevolutionären Zeit verschiedene Bekenntnisse gegeneinander. Die Gemeinden hatten zudem ihre Verbindungen zur europäischen Mutterkirche oft abgebrochen, so daß sie sich unabhängig von ihnen weiter entwickelten und an amerikanische Verhältnisse anpaßten. Religiöse Toleranz wurde dadurch gefördert, daß in den Kolonien zur wirtschaftlichen Entwicklung und zur Besiedlung des Landes dringend Einwanderer benötigt wurden und man es sich nicht leisten konnte, auf die Religionszugehörigkeit der Immigranten besonderen Wert zu legen. In der Zeit der amerikanischen Revolution wurde die Religionsfreiheit schließlich mit dem Kampf um die Freiheit vom Mutterland identifiziert, Freiheit der Religionsausübung wurde so zu einem Merkmal der neuen Nation.

2. Die *Trennung von Staat und Kirche* gehört zu den Grundüberzeugungen in der amerikanischen Politik und Gesellschaft. Die Formulierung aus dem I. Zusatzartikel zur Verfassung, der Beginn der „Bill of Rights", daß der Kongreß kein Gesetz erlassen dürfe, das die Einführung einer Religion zum Gegenstand habe und die freie Religionsausübung beschränke, ist historisch und juristisch so interpretiert worden, daß es keine Staatskirche geben dürfe, daß weder Bund noch Einzelstaat eine Kirche, Sekte oder Konfession finanziell, ideell oder anderweitig begünstigen dürfe, daß zudem Steuern für kirchliche Zwecke nicht erhoben werden dürften. Das einzige Privileg, in deren Genuß Kirchen heute kommen, ist die Steuerfreiheit für ihren Grundbesitz, das sie aber mit karitativen Stiftungen teilen.

Die Kirchen und religiösen Gemeinden sind in den Vereinigten Staaten immer ein freiwilliger Zusammenschluß von Gläubigen und ohne Reglementierung von staatlicher Seite gewesen, selbstverwaltet von ihren Mitgliedern. Das Moment der Unabhängigkeit vom Staat und das der Selbstverwaltung wurden an der Frontier, dem Besiedlungsland im Westen, noch verstärkt, wo spontan und freiwillig Siedler sich zu kirchlichen Gemeinden zusammenschlossen.

Die Frontier wurde zum Treibhaus für Sekten und evangelistische Erweckungsbewegungen, in denen das Laienelement dominierte. Das bekannteste Beispiel für die Unabhängigkeit vom Staat und die Selbstverwaltung der amerikanischen Kirchen ist die Tatsache, daß diese sich finanziell durch die Spenden ihrer Mitglieder erhalten müssen und der Staat — anders als in Deutschland — keine Kirchensteuer erhebt.

Wegen der strikten Trennung von Staat und Kirche seit der Gründung des Staates, war in den USA das Verhältnis von Politik und Religion viel entspannter als in Europa, wo die Belastungen staatskirchlicher Traditionen bis heute zu spüren sind. Die Vereinigten Staaten waren das erste Land der Erde, in dem — frei von einer feudalistischen Geschichte — Kirchen und religiöse Vereinigungen als Privatorganisationen betrachtet wurden, die um freiwillige Mitglieder untereinander zu konkurrieren hatten.

3. *Aufklärung und Religion* sind in den Vereinigten Staaten anders als in Europa nicht als Widerspruch erfahren worden. Unabhängigkeit des Denkens und Freiheit des Bekenntnisses mußten in der Neuen Welt keiner Obrigkeit abgetrotzt werden, in der sich geistliche und weltliche Autorität miteinander verbunden hatten. „Enlightenment", das englische Synonym für „Aufklärung", konnte daher intellektuelle Erkenntnis wie geistliche Erleuchtung bedeuten.

4. Viel eindeutiger als in Europa mit seinen alle Bevölkerungsgruppen umfassenden Staatskirchen waren Kirchen und religiöse Vereinigungen in Amerika immer auch Institutionen, die nur bestimmte soziale Schichten und ethnische Gruppen verbanden und repräsentierten. Sie trugen zur *Selbstidentifizierung* der verschiedenen Bevölkerungsgruppen in Gesellschaft und Politik bei. Innerhalb einer Region, einer sozialen Schicht oder ethnischen Gruppierung versuchte häufig eine bestimmte — wie immer institutionalisierte — Konfession deren Angehörige möglichst vollzählig für sich zu gewinnen: Dies trug nicht unerheblich dazu bei, daß heute fast alle Amerikaner Mitglied einer religiösen Gemeinde sind.

So ist seit dem beginnenden 19. Jahrhundert die Episkopalkirche im Norden immer auch Ausdruck für den hohen sozialen Status ihrer Mitglieder gewesen. Gleiches galt im 19. Jahrhundert für die reichen Baumwollpflanzer im Süden, die Presbyterianer wurden, oder für die wohlhabenden Bürger Philadelphias, die Quäker waren. Umgekehrt haben die neuen Sekten, die sich in Amerika schneller und bunter als anderswo in der Welt entwickelten, ihre Mitglieder aus den unteren Sozialschichten rekrutiert. Dazu gehörten im 19. Jahrhundert fundamentalistische evangelische Gruppen. Bis heute unterscheiden sich die protestantischen Kirchen Amerikas darin, daß ihnen unterschiedliche Sozialgruppen angehören: 28 Prozent des Episkopalier, 25 Prozent der Prebyterianer, aber nur 10 Prozent der Baptisten haben z. B. mehr als 20 000 Dollar Einkommen im Jahr; umgekehrt liegen bei nur 3 Prozent der Presbyterianer, 5 Prozent der Episkopalier, aber 12 Prozent der Baptisten die Einkünfte unter 3 000 Dollar im Jahr (Daten für 1976). Unter den protestantischen Kirchen gibt es in den Vereinigten Staaten keine, die Angehörige aller sozialen Schichten gleichmäßig vereint. Diese enge Verbindung zwischen Konfession und Sozialstatus kann auch bedeuten, daß jemand, der sozial aufsteigt, nicht nur in eine „bessere" Wohngegend zieht, sondern auch seine Kirche wechselt.

5. Religiöse Freiheit und Toleranz gehören, wie wir betont hatten, seit der Staatsgründung zum Grundkonsens der Vereinigten Staaten. Doch resultiert der enge Zusammenhang zwischen sozialem Status und Kirchenzugehörigkeit (neben anderen Gründen) in einem *sozialen Druck*, überhaupt einer Religionsgemeinschaft beizutreten. Religiöse Toleranz umschließt zwar im Prinzip, nicht aber immer in der gesellschaftlichen Wirklichkeit die Möglichkeit, konfessionslos oder atheistisch zu werden. Religiöse Toleranz erleichtert den Konfessionswechsel, sozialer Druck aber trägt dazu bei, daß ein hoher Prozentsatz der Amerikaner kirchlichen Gemeinden angehört und mag auch mit erklären, warum Amerikaner nach außen so religiös erscheinen, wie es in der oben erwähnten Gallup-Untersuchung zum Ausdruck kam.

6. Im amerikanischen Selbstverständnis, wie es sich u. a. in Publikationen von Sozialwissenschaftlern und Theologen niederschlägt, konkurrieren Kirchen und Sekten auf der Basis eines religiösen Grundkonsens um ihre Gläubigen. Genau dies entspreche aber, so wird argumentiert, der pluralistischen Grundstruktur der amerikanischen Demokratie. Für unseren Zusammenhang ist es nicht von Bedeutung, ob diese Grundannahme vom *Pluralismus in Religion und Politik* tatsächlich zutrifft: Allein der Zusammenhang von Sozialstatus und Kirchenzugehörigkeit läßt dies als fraglich erscheinen. Entscheidend für das Verständnis der evangelistischen Rhetorik und ihrer Bedeutung im Präsidentschaftswahlkampf 1976 ist vielmehr, daß aufgrund dieser Annahme das Verhältnis von Politik und Religion in den USA viel unbelasteter ist als in Europa, wurden doch Demokratie und Kirche nicht als Gegensätze erfahren wie z. B. im Preußen des 19. Jahrhunderts mit seiner Verbindung von Thron und Altar.

Die oben zitierten Äußerungen Carters über seine Einstellung zur Religion sind aus dem Zusammenhang der amerikanischen Geschichte zu begeifen, deren Konturen, soweit sie das Verhältnis von Religion und Politik umreißen, gerade angedeutet wurden. Als *Baptist* bekennt Carter sich zu einer Religion, die wie nur wenige andere sich unabhängig von Europa und genuin amerikanisch entfaltet hat.

Die erste baptistische Gemeinde in Amerika ist 1639 in Rhode Island entstanden, drei Jahre nachdem Roger Williams diese Kolonie gegründet hatte, weil er aus Massachussetts vertrieben woden war, da er dort die Doktrin der Puritaner von der Einheit von Staat und Kirche angegriffen hatte. Rhode Island zog alle die an, die ungestört von staatlichem Eingriff oder Verfolgung ihrer Religion nachgehen wollten. Religionsfreiheit war ein Prinzip der neuen Kolonie. Erst in den evangelistischen Erweckungsbewegungen des 18. und 19. Jahrhunderts haben die Baptisten dann Gläubige in großer Zahl gewonnen. Evangelisation war typisch für sie. Zu ihren bekanntesten Erweckungspredigern zählten im vorigen Jahrhundert Finney und Moody, in unserem Billy Sunday und Billy Graham. Gab es 1850 bereits 700 000 Baptisten, so zählen zu ihnen heute mehr als ein Drittel aller Protestanten in den Vereinigten Staaten, im Jahr 1971 27,5 Millionen.

Zu den Grundzügen, die den Baptisten gemeinsam sind, gehören: die Heilige Schrift gilt als direktes Wort Gottes, sie bedarf keiner Interpretation durch eine Kirchenbehörde oder besonders zu diesem Zweck ausgebildeter Theologen; die Taufe wird vollzogen durch Untertauchen des Gläubigen nach einem Bekenntnis seines Glaubens — unmündige Kinder können daher nicht getauft werden; die Kirche wird als eine geistliche Demokratie begriffen; Baptisten vertreten die Religionsfreiheit und die strikte Trennung von Staat und Kirche. Besonders die amerikanischen Baptisten haben das Laienelement betont: So ist nicht nur Carter, sondern mit ihm sind viele andere prominente amerikanische Politiker, die baptistischen Gemeinden angehören, Laienprediger und Missionare gewesen. Zu ihnen zählt auch der 1976 zum Fraktionsführer der Demokraten im Senat gewählte Robert C. Byrd aus West Virginia.

In den amerikanischen Südstaaten neigen die Baptisten dem *Fundamentalismus*, dem „Buchstabenglauben" zu. Fundamentalisten sind von der Unfehlbarkeit der Bibel als dem direkten Wort Gottes überzeugt. In der Heiligen Schrift sehen sie nicht nur die Grundlage ihres Glaubens, sondern auch eine Anleitung für ihr tägliches Handeln und Verhalten. Die Offenbarung und nicht die Erfahrung ist für sie die Quelle aller Wahrheit. Hölle und Himmel sind nicht symbolisch gemeint, sondern tatsächlich vorhandene Orte. Diese Art des Fundamentalismus, die sich in Amerika kurz nach der Jahrhundertwende ausbreitete, ist als Reaktion auf die Industrialisierung und die aus ihr folgenden sozialen und politischen Veränderungen zu begreifen. Besonders im Süden suchten Protestanten im religiösen Fundamentalismus einen Halt und ihre Hoffnung in einer rapide sich verändernden Gesellschaft. Momente der Weltflucht und der Weltverleugnung, politischer und sozialer Eskapismus und die Moralisierung gesellschaftlicher

Konflikte finden sich hier. In letzter Konsequenz wird die Welt in Gut und Böse, in Himmel und Hölle geteilt. So sahen Fundamentalisten z. B. in Darwins Evolutionstheorie das Werk des Teufels, weil die Lehre von der Abstammung der Arten dem 1. Kapitel der Genesis widerspreche. In den zwanziger Jahren versuchten fundamentalistische Protestanten in allen Südstaaten, den Darwinismus von Gesetzes wegen aus Schulen und Schulbüchern zu verbannen. In vier Staaten waren sie erfolgreich, in Tennessee, Mississippi, Arkansas und Florida. Und es waren nicht einmal die Politiker in den Landtagen, die die Verdammung Darwins betrieben, sondern die Wähler verlangten die Tilgung der Evolutionslehre. So wurde ein entsprechendes Gesetz in Arkansas durch Referendum beschlossen, nachdem es in der Legislative keine Mehrheit gefunden hatte.

Doch sind Ablehnung des Darwinismus und Fundamentalismus keineswegs die Position aller Baptisten Amerikas oder in den Südstaaten gewesen. Vielmehr ist für die Baptisten gerade *Widersprüchlichkeit und Vielfalt* in theologischen, gesellschaftlichen und politischen Fragen typisch, was in indirektem Zusammenhang mit der Organisation ihrer Kirche steht. Es gibt nämlich keinen hierarchischen Kirchen- oder Gemeindeaufbau, sondern die lokalen Gemeinden sind völlig autonom. Eine Kirchenspitze oder eine von oben festgelegte oder untereinander verbindlich abgestimmte Liturgie existiert nicht. Die 94 500 lokalen baptistischen Gemeinden, die es 1971 in den Vereinigten Staaten gab, entscheiden alle anstehenden Fragen selbst. Zusammenschlüsse baptistischer Gemeinden — wie z. B. die „American Baptist Churches in the USA", der „Southern Baptist Covention" und der „National Baptist Convention of America" — sind lockere Föderationen, um vor allem die Missionsarbeit abzustimmen; sie haben aber keine Kompetenzen gegenüber den lokalen Gemeinden. Daher sind die Baptisten nicht nur in Fragen, die mit dem Aufstieg des Fundamentalismus sich stellten, gespalten, sondern waren auch in der Frage der Sklaverei, des Bürgerkrieges und heute in der der Rassenintegration zerrissen. Es gibt baptistische Gemeinden, denen nur Schwarze oder denen nur Weiße angehören (dürfen auf Beschluß der Gemeinde), genauso bestehen aber auch integrierte Gemeinden. Carter gehörte in seinem Heimatort Plains, Georgia, einer Gemeinde an, zu der nur Weiße zugelassen waren. Seit Jahren hatte Carter sich zwar für die Aufnahme von Schwarzen eingesetzt, doch erst als im Wahlkampf von Republikanischer Seite gezielt ein Streitpunkt daraus gemacht wurde, beugte der Gemeinderat sich dem Druck der Öffentlichkeit und revidierte seine Statuten, so daß auch Schwarze Gemeindemitglieder werden konnten.

Sozial kommen Angehörige baptistischer Gemeinden aus den Unterschichten, aus schwarzen Bevölkerungsgruppen, zunehmend in den beiden letzten Jahrzehnten aber auch aus der Gruppe der Sozialaufsteiger. Im 19. Jahrhundert boten die Baptisten eine religiöse Heimat für ärmere Einwandererschichten, für die Pioniere der Westwanderung und nach der Sklavenbefreiung für die Schwarzen. 1976 lebten 58 Prozent der Baptisten im Süden, 36 Prozent auf dem flachen Land. Die Betonung der Emotionalität gegenüber religiöser Erziehung im Baptismus, des Glaubens gegenüber der Vernunft, der lokalen Autonomie der Gemeinden im Gegensatz zu einer hierarchisch strukturierten Kirche, all dies sprach die Bewohner des ländlichen Südens, der „Hinterwälder" besonders an. Der Süden wurde zum „Bible Belt", der Baptismus zur dominierenden Religion. Und es war die Autonomie der Gemeinden, die den Baptismus auch für die Schwarzen attraktiv machte, wurde hierdurch doch Unabhängigkeit von Weißen, selbst sozialer Aufstieg innerhalb der Gemeinde und vor allem die Identifikation mit der eigenen Geschichte und Kultur möglich. 28 Prozent aller Baptisten sind Schwarze. Es überrascht nach dem Gesagten nicht, daß die erste protestantische Gemeinde, der Schwarze angehörten, eine 1773 gegründete baptistische gewesen ist.

Die baptistischen Gemeinden in den Vereinigten Staaten existieren in dem Spannungsfeld zwischen Fundamentalismus und moderner (liberaler) Theologie, zwischen Ablehnung der Evolutionstheorie und moderner Naturwissenschaft, in dem sozialen und ideologischen Konflikt zwischen Rassismus und Integration, in dem ökonomischen und gesellschaftlichen Gegensatz von industrialisiertem Norden und noch agrarisch strukturierten Gebieten im Süden. Vielfalt der theologischen Auffassungen, Widersprüche in ihrer politischen und gesellschaftlichen Praxis charakterisieren die baptistischen Gemeinden. Vieles, was in Carters Wahlkampfreden und in Interviews schillernd blieb und politisch wenig greifbar war, lag u. a. in eben dieser *Ambivalenz des Baptismus* begründet. Zweifellos ist Carter durch den Fundamentalismus des Südens beeinflußt. Dies zeigte sich nach Auffassung vieler Beobachter in einem Vorschlag Carters zur Steuerreform, den er auf dem Höhepunkt des Wahlkampfes unterbeitete, den er aber wegen der entsetzten Reaktion seiner Wahlkampfberater und der Kritik der amerikanischen Presse innerhalb von 24 Stunden wie eine heiße Kartoffel wieder fallen ließ: Alle diejenigen, die weniger als ein Durchschnittseinkommen verdienten (nämlich, so Carter, 13 000 Dollar im Jahr), sollten niedriger, alle die, die mehr verdienten, entsprechend höher besteuert werden. War dieser Vorschlag schon auf seine konjunkturpolitischen Wirkungen hin wenig durchdacht, so rahmte ihn Carter noch mit moralistischen Girlanden so ein, daß der Eindruck entstehen mußte, er teile die Steuerzahler in zwei Gruppen, die Armen und die Reichen, die Guten und die Bösen, die im Himmel und die in der Hölle ein. Auch Carters Anspruch, an die amerikanische Außenpolitik neue moralische Maßstäbe anzulegen, fließt aus der fundamentalistischen Tradition und unterscheidet sich von Henry Kissingers „Realpolitik", die nicht anhand moralischer Kategorien, sondern allein aus der Konstellation des internationalen Systems heraus eine Ausbalancierung der Interessen der Großmächte anstrebte.

Der *Baptist Carter*, beeinflußt von der fundamentalischen Tradition, war im Wahlkampf 1975/76 der geeignete Kandidat für einen zeitgeschichtlichen Augenblick, in dem — wie wir im I. Kapitel gesehen hatten — in den Vereinigten Staaten nach Vietnamkrieg und Watergate-Affäre die Tendenz, politische und gesellschaftliche Probleme durch ihre Moralisierung zu lösen bzw. zu verdrängen, besonders stark gewesen ist. Dies sollte jedoch nicht so mißverstanden werden, als habe mit Carter ein evangelistischer Eiferer das Weiße Haus bezogen. Vielmehr hatten wir gesehen, daß zu den Grundüberzeugungen der Baptisten die strikte Trennung von Staat und Kirche, Politik und Religion sowie das Prinzip der Religionsfreiheit und der kirchengemeindlichen Selbstverwaltung gehören. Carter wird also gerade als Baptist das Präsidentenamt nicht mit einer Missionsstation verwechseln. Die genannten baptistischen Postulate begrenzen jene Momente des evangelistischen Fundamentalismus, die sich bei ihm zeigen. Aber es ist eben genau jenes Bedürfnis nach moralischer Reinigung von den Sünden des Vietnamkrieges und der Watergate-Skandale gewesen, das Carter in seinem Wahlkampf zugute kam. Wie sehr Carter der „Mann der Stunde", des für ihn richtigen historischen Augenblicks, war, zeigte sich auch darin, daß seit Anfang der 70er Jahre eine von Laien getragene *evangelische Erweckungsbewegung,* die als „charismatische Bewegung" auch die katholische Kirche erfaßt hat, durch Amerika geht. 60 bis 80 Millionen Amerikaner sind von ihr ergriffen, sie reden in Zungen, legen Zeugnis ab von wundersamen Heilungen durch das Gebet, verlieren sich in Ekstase. Zu ihr gehören tausende von Gebetsmannschaften in den Konzernen, Gewerkschaften, in den Büros und Fabriken, aber auch in den Ministerien und im Kongreß, die sich regelmäßig zu Gebet und Meditation treffen. Eldridge Cleaver zählt dazu, einst Informationsminister der militanten schwarzen Organisation Black Panthers, der sieben Jahre im Exil lebte, um der Strafverfolgung zu entgehen, der aber 1976 nach Amerika zurückkehrte, um sich von seiner radikalen Vergangenheit loszusagen und demonstrativ anläßlich einer Massenevangelisation taufen zu lassen. Und dem einstigen Schurken der Watergate-Affäre im Weißen Haus, Charles W. Colson, widerfuhr im Gefängnis das Erlebnis der spirituellen Wiedergeburt; „born again" missionierte er nach seiner Freilassung in Gefängnissen wie auf dem Kapitol-Hügel und in den Chefetagen der Großkonzerne.

Die evangelistische Erweckungsbewegung ist unter den Southern Baptists besonders stark gewesen, zu denen Carter gehört und die aus der Kultur des tiefen Südens heraus seit den 60er Jahren erfolgreich im Norden, Mittelwesten und Westen missionieren. Derartige Erweckungsbewegungen sind eine in zyklischen Abständen sich wiederholende Erscheinung der amerikanischen Geschichte: die Jahre 1734 — 44, die Wende vom 18. bis zum 19. Jahrhundert, die Jahre 1826 — 32, 1857/58, die 90er Jahre des vorigen Jahrhunderts und die 30er Jahre unseres Jahrhunderts markieren die Höhepunkte. Erweckungsbewegungen stehen ganz offensichtlich in einem kausalen Zusammenhang mit Wirtschaftkrisen, sozialen Umbrüchen und rapiden politischen Veränderungen.

Dies trifft auch auf die Erweckungsbewegung seit Anfang der 70er Jahre zu, die u. a. als Reaktion auf die sozialen Konflikte der 60er Jahre, die Studentenbewegung (die bezeichnenderweise z. T. in die Jesus-Bewegung überging), vor allem aber auf Vietnamkrieg, Watergate-Affäre und die Weltwirtschaftskrise zu verstehen ist.

Die oben genannten Daten der Gallup-Untersuchung bestätigen den Aufschwung, den die Evangelisation genommen hat. Sie sind auch als Ausdruck der Flucht vor der sozialen und politischen Wirklichkeit zu interpretieren. Nicht zufällig sind die evangelistischen Erweckungsbewegungen in den Vereinigten Staaten häufig mit einem Konservatismus verbunden gewesen, der vor sozialen Reformen jeder Art zurückschreckte. Und nicht zufällig haben die Schwarzen im Baptismus ihr Jerusalem gesucht und oft gefunden. Wohl ungewollt hat Klaus Harpprecht in einem Essay die gesellschaftliche Funktion — wohl gemerkt: nicht Manipulation — der Erweckungsbewegung angesprochen, als er schrieb: „Wären die schwarzen Bürger Amerikas nicht ergebene Christen, wäre in den Vereinigten Staaten der Teufel los." Die irrationalen Momente, die den Präsidentschaftswahlkampf 1976 mitbestimmten, wurden durch eben diese evangelistische Erweckungsbewegung verstärkt, indem sie das Emotionale, Mystische, Ekstatische und Personalistische in der Religion betonten und indirekt auf den Wahlkampf übertrugen.

Carters Evangelismus mußte den Amerikanern daher keineswegs als außerhalb dieser Welt, sondern als von dieser Welt erscheinen. Hatten evangelistische Fundamentalisten bisher die Politik als Teil der korrupten, sündigen Welt angesehen, die der wahre Christ meiden sollte, so ist Carter zum Symbol dafür geworden, daß auch die Baptisten des „Bible Belt" ihre kulturelle Isolation verlassen und sich der Politik zuwenden. Auch in dieser Beziehung ist Carter Repräsentant eines neuen, religiös veränderten Südens.

Zudem mag der Baptismus besser als andere Konfessionen die Möglichkeit moralischer Reinigung geboten haben. Von Religionssoziologen ist immer wieder hervorgehoben worden, daß Religion von den Amerikanern — ungeachtet konfessioneller Unterschiede — zuerst und vor allem als *moralische Lehre* verstanden werde. Schon Tocqueville hatte berichtet, daß in den (protestantischen) Kirchen Moral gepredigt werde, vom christlichen Dogma hingegen kein Wort zu hören sei. Religion als Moralismus ist einer der festen Bestandteile der amerikanischen Ideologie. Von hier aus stellt sich das Verhältnis von Religion und Politik dann grundlegend anders als in Europa dar: Religion, so lautet der amerikanische Konsens, wie er sich in Festtagsreden der Politiker, in Schul- und Collegebüchern und kirchlichen Veröffentlichungen findet, werde als moralische Anstalt weltlich, die Politik entnehme ihre moralischen Kategorien der Religion. In der Religion seien die moralischen und geistigen Werte der Demokratie enthalten, die Demokratie wiederum sei die politische Organisationsform, in der die Konfessionen und Kirchen sich voll entfalten könnten. Dies mag das Paradox erklären, warum eine so weltliche Gesellschaft wie die amerikanische an ihrer Oberfläche als so religiös erscheint. Dies mag auch erklären, daß die Vermengung von Religion und Politik in Carters Rhetorik von vielen Amerikanern nicht als befremdlich, sondern im Gegenteil als Chance zur moralischen Erneuerung der Nation nach Vietnamkrieg und Watergate-Affäre erfahren worden ist.

2. Neo-Populismus — Reform oder Reaktion?

In der Wendung gegen Washington und seine angebliche Super-Bürokratie hat Jimmy Carter in seinem Wahlkampf nicht nur die Stimmung und Enttäuschung der amerikanischen Wähler nach Vietnamkrieg und Watergate-Affäre richtig getroffen, sondern er hat zugleich eine Grundströmung aus der amerikanischen Geschichte aufgenommen, den Populismus. „Populismus" und „populistisch" waren während des Wahlkampfes viel gebrauchte und bald abgenutzte *Schlagworte,* so schwammig und diffus wie die Bewegung selbst, die im ausgehenden 19. Jahrhundet mit diesem Begriff gekennzeichnet worden ist. Carter hat diesen Begriff in der ursprünglichen Bedeutung des Wortes aufgenommen und interpretiert, daß er sich nämlich direkt und über die Köpfe der Bürokratie, der Industrie- und Gewerkschaftsbosse und der Parteipolitiker an das Volk wende, er dem Volk direkt verbunden sei. In seinen Wahlreden klang dies so: „Es gab eine Neigung der Kandidaten, sich auf machtvolle Interessenorganisationen zu stützen, die ihnen halfen und ihnen große Stimmenblöcke liefern sollten — im

Austausch gegen Posten und andere Vergünstigungen ... Die Leute haben es aber satt, sich sagen zu lassen, wen sie wählen sollen; sie suchen nach Kandidaten, die bereit sind, ihnen offen und direkt gegenüberzutreten." Eine von Carter bis zum Wahltag ständig wiederholte Formulierung seiner Reden lautete: „Ich schulde niemandem etwas, dem Volk alles." So wenig dieser Satz den wirklichen Sachverhalt wiedergibt — wir hatten im II. Kapitel gesehen, daß Carter ohne die Hilfe der Gewerkschaften, der schwarzen Organisationen und verschiedener lokaler und regionaler Demokratischer Parteiorganisationen nicht zum Präsidenten gewählt worden wäre —, enthält er doch den Kern des Carterschen Neo-Populismus.

Der Begriff „Populismus" ist keine sozialwissenschaftliche Kategorie, sondern läßt sich nur historisch beschreiben. Gelöst aus seinem historischen Kontext signalisiert das Wort ganz allgemein die Befürchtung und den Argwohn, daß der Wille des Volkes von einer staatlichen, wirtschaftlichen oder sozialen Autorität oder Institution getäuscht oder verfälscht wird, daß Volksherrschaft — Demokratie — zur Herrschaft über das Volk werde.

Historisch wird der amerikanische Populismus auf die Partei gleichen Namens zurückgeführt, die in den 90er Jahren aus einer Protestbewegung der kleinbäuerlichen Bevölkerung hervorgegangen war, die nach der großen Dürre der 80er Jahre in ihrer ökonomischen Existenz bedroht gewesen ist. Die populistische Bewegung ging zunächst von den Agrargebieten des Mittelwestens aus, griff dann aber schnell auf den Westen und Süden über und entwickelte sich in den verschiedenen Regionen weit auseinander. Carter ist vom Populismus der Südstaaten beeinflußt worden.

Der Populismus ist aber nicht auf die Zeit der Existenz der Partei, die Jahre 1891 bis 1904, zu begrenzen. Vielmehr begreifen Sozialwissenschaftler und Historiker den amerikanischen Populismus allgemein als eine zunächst *kleinbäuerliche,* nach der Verbindung mit der Bewegung der Progressives (um 1900) auch als *kleinbürgerlich-städtische* Oppositionsbewegung gegen ökonomische Konzentration und politische Zentralisation. Seine Tradition wird in der Geschichte bis zum Beginn der Industrialisierung, ja bis zur amerikanischen Revolution nach hinten zurückverlängert und als Grundströmung in der amerikanischen Gesellschaft bis in die Gegenwart fortgesetzt.

Die populistische Bewegung berief sich nicht nur auf Thomas Jefferson, Thomas Paine und Andrew Jackson, sondern war direkt aus einem ländlichen Romantizismus und einem naiv-evangelistischen Protestantismus gespeist. Ansätze hierfür gab es schon bei Jefferson, der — obwohl selbst Plantagenbesitzer — die Vorstellung von einer Gesellschaft hatte, deren Grundlage die autonome und autarke Familienfarm war. Diese agrar-romantische Tradition der amerikanischen Politik klingt noch heute in einigen Begriffen nach wie dem von der „grass roots democracy", der Demokratie bis herunter an die „Graswurzeln" — oder, wie wir im neudeutschen Jargon sagen: der Basisdemokratie.

Die Ursachen für die agrarischen Proteste im ausgehenden 19. Jahrhundert waren vielfältig, zu den wichtigsten gehörten: Nach 1865, dem Ende des Bürgerkriegs, drang die Industrialisierung in die agrarische Welt vor, am sinnfälligsten durch den Bau der transkontinentalen Eisenbahn demonstriert, gegen deren Errichtung die Farmer zunächst erbittert kämpften. Mit der Industrialisierung wuchsen die Städte empor, blühten wirtschaftlich auf, wirkten anziehend für das flache Land. Die Preise für landwirtschaftliche Produkte sanken, während gleichzeitig die Zahl der Farmen rapide gestiegen war, so daß die Farmer immer mehr in die roten Zahlen gerieten und sich verschulden mußten. Zudem war die Größe der Farmen für die Mechanisierung und Anwendung von Massenproduktionstechniken viel zu klein.

Das Utopia der Populisten lag in der Vergangenheit, nicht in der Zukunft. Man sehnte sich zurück zum verlorenen Garten Eden, zum Amerika des beginnenden 19. Jahrhunderts, als es nur wenige Millionäre, angeblich keine Banken und keine Macht des Kapitals, keine Bettler, keine Industriearbeiter und keine Großkorporationen und nur Bauern gab, die im Überfluß lebten.

Zwar scheiterten die *Populisten als dritte Partei*. Sie errangen nur Achtungserfolge bei den Präsidentschaftswahlen 1892 und 1896, als der Demokratische Kandidat William Jennings Bryan unterstützt wurde. Aufgesogen von der Demokratischen Partei zerfiel die politische Organisation des kleinbäuerlichen Protests endgültig, als seit 1896 die Agrarpreise wieder stiegen. Doch sind viele politische Forderungen der Populisten — gerade auch nachdem sie von der progressiven Bewegung übernommen worden waren — verwirklicht worden: die Volkswahl anstatt der indirekten Wahl der Senatoren (1913); Einführung von Vorwahlen und des Frauenstimmrechts (1920); in einigen Staaten auch Verankerung des „recalls", der Möglichkeit, Wahlbeamte in einer Volksabstimmung „zurückzurufen", abzuwählen; Einrichtung einer nationalen Einkommensteuer (1913); staatliche Kontrolle der Eisenbahntarife und Ansätze zur Kontrolle von Monopolen durch die Kartellgesetzgebung. Vor allem aber haben Populisten ein lange geltendes Tabu der amerikanischen Geschichte gebrochen, daß nämlich der Staat sich gegenüber Wirtschaft und Gesellschaft abstinent zu verhalten und äußerstenfalls auf Rahmenregelungen zu beschränken habe. Sie befürworteten verschiedene Formen des Staatsinterventionismus, allerdings immer bei entsprechender demokratischer Beteiligung der Betroffenen.

Viele der sozialen und politischen Maßnahmen des New Deal standen in der, wenn auch nicht geradlinigen und oft gebrochenen, Tradition des Populismus.

Sozial ist das wesentliche Merkmal des Populismus seine *Zwischenstellung zwischen Bourgeoisie und Arbeiterschaft*. Die Populist Party mobilisierte gegen die Banken und Konzerne an der Ostküste, gegen die ferne Bundesregierung in Washington (und dies trotz des Verlangens nach stärkerer staatlicher Regulierung der Ökonomie), gegen die politische Übermacht der Städte und gegen die deflatorische Währungspolitik der Regierung — 1873 war der Goldstandard eingeführt worden, und gefordert wurde die Wiederherstellung des Silberstandards und damit eine inflationäre Politik des leichten Geldes. Der Wendung gegen „die da oben" in Washington, in den Konzernen und Banken, entsprach ein simples Gesellschaftsbild, das in religiöser Form im evangelistischen Fundamentalismus wieder auftauchte, nämlich die Teilung der Gesellschaft in eine produzierende und in eine parasitäre Klasse: Die produzierende Klasse könne nicht die Früchte ihrer Arbeit ernten, sie hätte häufig nicht genug zu essen und oft keine Wohnung, während die Plutokraten in Saus und Braus lebten. Populisten waren aber keine Antikapitalisten, sondern im Gegenteil, ihre Feindschaft gegen die Konzerne und Banken reflektierte gerade ihre Furcht, daß diese einen funktionierenden Kapitalismus, den Wettbewerb lähmen könnten. Populisten waren und sind auch heute Antimonopolisten, nicht Sozialisten.

Die sozial ambivalente Stellung des amerikanischen Populismus hat unter Sozialwissenschaftlern eine Debatte darüber ausgelöst, ob nicht vom latenten Faschismus, über Fremdenhaß und Antisemitismus bis zum Sozialismus alle sozialen Bewegungen und Vorurteile des 20. Jahrhunderts in ihm angelegt seien. Und tatsächlich richtete sich der Populismus nicht nur gegen den Leviathan in Washington, gegen Banken, Großkorporationen und „big labor", sondern trat zeitweilig und regional begrenzt auch rassistisch (so im Süden bis in unsere jüngste Vergangenheit z. B. in der Person von George Wallace), antisemitisch und antiintellektuell auf. Der Chauvinismus des „America First", des „Amerika über Alles", wie der Isolationismus wurden aus ihm gespeist. Und unter Populisten gab es immer wieder die Vorstellung, daß die Geschichte seit dem Bürgerkrieg als eine geheime Verschwörung des internationalen Großkapitals — oder der katholischen Kirche oder des Kommunismus — abgelaufen sei. Unbestritten ist, daß durch den Populismus irrationale Momente in die amerikanische Politik eingebracht und verstärkt worden sind. Das Entstehen derartiger *Vorurteilsstrukturen* läßt sich nicht nur allgemein aus der sozialen und wirtschaftlichen Bedrohung der Kleinbauern und Kleinbürger durch Industrialisierung und ökonomische Konzentration erklären, sondern in der amerikanischen Geschichte kommt spezifisch hinzu, daß die Vereinigten Staaten sich seit den 90er Jahren für Einwandererströme aus Ländern Ost- und Südeuropas und damit für billige Arbeitskräfte öffneten. Die bis dahin bestehende relative Homogenität einer protestantischen, aus angelsächsischen oder nordeuropäischen Ländern emigrierten weißen Bevölkerung wurde zerstört. Für die Alteingesessenen, für die in Amerika Geborenen, waren die Neuankömmlinge fremd, weil sie in den Industrien des Nordostens, der Region der Banken und Konzerne, ihre Arbeitsplätze fanden.

Blickt man auf die Geschichte des amerikanischen Populismus zurück, dann ist er vor allem durch seine Widersprüchlichkeit gekennzeichnet und entzieht sich immer wieder einer klaren begrifflichen Eingrenzung. Von Spiro Agnew bis Bella Abzug, von George Wallace bis George McGovern sind in den letzten Jahren fast alle Politiker mit dem Etikett „populistisch" bedacht worden. Betrachtet man nur das Problem des Staatsinterventionismus in der Geschichte des Populismus, so lassen sich drei Richtungen unterscheiden:

1. Der Eingriff des Staates in Wirtschaft und Gesellschaft wird auf ein Minimum beschränkt und dient nur der Wiederherstellung des freien Wettbewerbs in solchen historischen Situationen, in denen ökonomische Konzentration diesen zu lähmen droht.

2. Von staatlicher Seite ist eine kontinuierliche antimonopolistische Politik in Form der Kartellgesetzgebung und deren Administration durch eine Unabhängige Regulierungskommission zu gewährleisten; im übrigen ist der staatliche Eingriff auf Rahmenregelungen zu begrenzen, die von den betroffenen Interessen — z. B. im Rahmen der Arbeitsgesetzgebung durch Gewerkschaften und Unternehmer — auszufüllen sind.

3. Staatsintervention hat über Rahmenregelungen und antimonopolistische Gesetzgebung hinaus sicherzustellen, daß „Reichtum und Macht" gerechter und gleichmäßiger zwischen gesellschaftlichen Gruppen verteilt werden. Bezieht man jedoch die gerade erwähnten Vorurteilsstrukturen ein, so bietet sich eine Trennung in einen rechten und linken Populismus an, wie sie von Sozialwissenschaftlern und Historikern nach dem Zweiten Weltkrieg vorgenommen worden ist.

Im *rechten Neo-Populismus* überlagern Vorurteile politische und soziale Reformansätze. Einer seiner bekanntesten Repräsentanten ist Joseph McCarthy gewesen, Senator aus Wisconsin. Dessen nach dem Zweiten Weltkrieg und im Dunstkreis des Kalten Krieges gegen Marxisten, Sozialisten und selbst gemäßigte Liberale gerichteten Angriffe, die in einer regelrechten Hysterie der Kommunisten- und Hexenverfolgung gipfelten, sollten die bürgerlichen Intellektuellen, die Söhne und Töchter der Wohlhabenden, die es sich leisten könnten, Kommunismus an den Schulen und Universitäten zu lehren, treffen. Nahmen diese Attakken schon die populistische Tradition auf, die alles Übel von den Plutokraten und von der Bildungselite ausgehen sah, so schlugen in McCarthys simplem Weltbild weitere Momente des Populismus durch: Die Weltgeschichte habe sich auf einen Zweikampf zwischen Kommunismus und Freiheit, zwischen Atheismus und Christentum zugespitzt. Dies sei keine politische, sondern eine moralische Auseinandersetzung — auch hier trifft das zu, was wir im letzten Abschnitt über den Zusammenhang von Politik, Religion und Moral in den Vereinigten Staaten gesagt haben. Es waren die Exzesse des McCarthyismus, die Historiker und Sozialwissenschaftler wie Richard Hofstadter, Daniel Bell, Seymour Martin Lipset und Peter Viereck veranlaßten, die Geschichte des amerikanischen Populismus neu zu interpretieren und nach seinen Vorurteilsstrukturen zu fragen.

Eine andere *Variante des konservativen Neo-Populismus* repräsentieren Lester Maddox und George Wallace, beide bis vor einigen Jahren Rassisten. Maddox z. B. hat mit einer Axt in der Hand Schwarzen den Zutritt in seine Bar in Atlanta verwehrt. Abfällige und diskriminierende Äußerungen gegen Schwarze fanden sich in Reden beider Politiker. Zur gleichen Zeit haben beide als Gouverneure ihrer Staaten — Georgia bzw. Alabama — mehr als jeder ihrer Vorgänger für den Ausbau des Schulsystems getan; Wallace hat in seinem Staat die Lernmittelfreiheit an den Schulen durchgesetzt, die Schüler erhalten vom Staat unentgeltlich ihre Schulbücher. In der Rhetorik von Wallace fanden und finden sich Angriffe gegen die Superreichen, die sich der Besteuerung entziehen, gegen die Industrie- und Agrar-Barone und gegen die Super-Bürokraten, die alle das gemeine Volk, die kleinen Farmer und Industriearbeiter hintergehen würden. Rassismus und sozialreformerische Rhetorik — und z. T. auch Praxis — haben sich im Populismus der Südstaaten teilweise verbunden.

Im Unterschied dazu stehen im *linken Populismus* politische und soziale Reformbemühungen im Vordergrund und werden nicht von Vorurteilen überlagert. So haben sich z. B. Teile der Neuen Linken der sozialreformerischen Tradition im Populismus zugewandt. Dies waren häufig ehemalige, von der Politik Trumans, Kennedys und Johnsons und besonders von der Eskalation des Vietnamkrieges enttäuschte Liberale. Typisch hierfür ist ein Autor wie Carl Oglesby, ehemaliger Vorsitzender der Students for a Democratic Society SDS, der sich ausdrücklich auf Jefferson und Paine gegen das corporative system, gegen die Übermacht der amerikanischen Großkorporationen und der multinationalen Konzerne beruft. Dem liegt jedoch keine Klassenanalyse zugrunde, sondern ganz in populistischer Tradition wird die Gesellschaft in die Mächtigen und in die Ohnmächtigen geteilt. So heißt es in einem 1972 erschienenen Manifest des linken Neo-Populismus: „Es gibt Menschen, Klassen und Institutionen, die heute über ein illegitimes Ausmaß an Macht und Einfluß verfügen; sie nutzen diese Macht zu ihrem eigenen Vorteil und zum allgemeinen Schaden. Diese Macht ist an ihrer Wurzel eine ökonomische, sie korrumpiert den politischen Prozeß und macht dadurch ihre Kontrolle unmöglich. Der Kampf gegen diese Konzentration von offenen und versteckten, legalen und illegalen Privilegien ist, so meinen wir, die wichtigste politische Aufgabe dieses Jahrzehnts. Sein Ziel ist die gerechtere Verteilung von Reichtum und Macht." Im „Populistischen Manifest" werden die Korruption in den Konzernen, die Steuerhinterziehung durch die Reichen und die Meinungsmache durch die publizistischen Medien angeklagt. Eine Koalition der Schwarzen, der Frauenemanzipationsbewegung und der weißen unteren Mittelschicht wird angestrebt. Genau auf diese Koalition hat George McGovern, der ebenfalls als Repräsentant des linken Neo-Populismus gelten kann, sich bei den Präsidentenwahlen 1972 zu stützen versucht. McGovern kommt aus einem Staat, South Dacota, in dem die populistische Bewegung seit dem Bürgerkrieg stark gewesen ist. Er selbst ist Sohn eines Methodistischen Pfarrers, was seine evangelistische Wahlkampfrhetorik mit erklären mag. McGovern war der erste Senator, der bereits 1963 die amerikanische Intervention in Vietnam zu kritisieren begann. In der Demokratischen Partei hatte er, wie wir im II. Kapitel dargestellt haben, populistischen Reformismus aufnehmend eine größere Beteiligung der Minoritäten, Frauen und Jugendlichen auf den Parteitagen und im Democratic National Committee angestrebt, um den Einfluß der Gewerkschaften und der lokalen Demokratischen Parteiorganisationen zurückzudrängen.

Gerade die Geschichte des amerikanischen Populismus nach dem Zweiten Weltkrieg zeigt dessen ganze *Widersprüchlichkeit,* seine ambivalente Stellung zwischen Staatsinterventionismus und rückwärts gewandter Utopie der Agrarromantik, zwischen Reformpolitik und Vorurteil, zwischen den linken und rechten, den liberalen und konservativen Polen des amerikanischen politischen Spektrums. Mit dem Rückblick in die amerikanische Geschichte sollte auch gezeigt werden, daß das Etikett „populistisch", das Carter im Wahlkampf selbst benutzte und das ihm in der journalistischen Berichterstattung immer wieder bestätigt wurde, noch nichts über seine politischen Konzeptionen sagt, sondern eher etwas über seine Rhethorik und darüber verrät, welche Emotionen und Vorurteile, die bei den Wählern vermutet wurden, mobilisiert werden sollten. Carter kann einer der verschiedenen Richtungen im Populismus und Neo-Populismus nur schwer zugeordnet werden, vielmehr hat er an der Oberfläche liegende populistische Symbole und Gefühle für seinen Wahlkampf nutzbar gemacht.

Politik der Symbole signalisierte bei Carter die möglichen Intentionen seiner Präsidentschaft, die aber konzeptionell-strategisch noch gar nicht ausformuliert sind. Konkret: Der Spaziergang Carters die Pennsylvania Avenue herunter vom Kapitol zum Weißen Haus nach seiner Amtseinführung (entgegen der Tradition in Straßenanzug und nicht im Frack) sollte ein Zeichen setzen, daß auch eine von Kriminalität, Rassenkonflikten, Bauspekulation und Wüstungen zerstörte Stadt wie Washington D. C. und damit jede andere amerikanische Großstadt wieder menschlich werden könne. Regelmäßige Plaudereien am Kamin, ausgestrahlt von allen Fernseh- und Rundfunkstationen Amerikas, sollen jenes Schreckgespenst und jenen Alptraum von der imperialen Präsidentschaft überwinden helfen, wie sie sich im Unterbewußtsein der Amerikaner nach Vietnamkrieg und Watergate-Affäre festgesetzt hatten. Neues Vertrauen in den mächtigsten Mann und das wichtigste Amt der freien Welt, beide oft beschworen, sollen wieder gewonnen werden. Dem gleichen Zweck dienten andere symbolische Handlungen und Verhaltensweisen Carters, von seinen Beratern jeweils für die Presse richtig inszeniert: Der Präsidentschaftskandidat und der Präsident trägt sein eigenes Gepäck aus dem Flugzeug; in Blue Jeans fühlt Jimmy Carter sich am wohlsten; beim Umzug von Plains nach Washington hilft Carter selbst mit, das Puppenhaus seiner Tochter Amy in den Möbelwagen zu schleppen. Jody Powell, Carters Pressesprecher, sagte selbst, eine derartige symbolische Handlung schaffe mehr Vertrauen in die Institutionen des amerikanischen Regierungssystems — und natürlich vor allem in das Präsidentenamt — als jedes wohl durchdachte und ausformulierte sozial- oder wirtschaftspolitische Programm.

Politik durch Symbole geht jedoch nicht an die Wurzeln der Ursachen, die im letzten Jahrzehnt in den Vereinigten Staaten zu politischer Apathie, diffusem Anti-Institutionalismus und politischer Enttäuschung geführt haben. Ganz im Gegenteil: Neo-Populismus und evangelistische Erweckungsbewegung, wie sie sich im Wahlkampf verbunden hatten, haben die irrationalen Momente noch verstärkt, die als Reaktion auf Vietnamkrieg und Watergate-Affäre bereits offen zutage getreten waren. Die kurze Reichweite einer Politik mit Symbolen liegt angesichts der ökonomischen Krise, von der die USA nach wie vor betroffen sind, und angesichts drängender sozialer Probleme auf der Hand.

Doch wir hatten bereits in diesem Kapitel angedeutet, daß unter der Oberfläche von evangelistischer Rhetorik und neo-populistischer Symbolik, wie sie Carter für seinen Wahlkampf nutzte, eine Wählerkoalition bestimmter sozialer und auch politisch organisierter Interessen sich verbirgt. Im II. und III. Kapitel hatten wir eben diese neue Interessenkoalition untersucht, die die alte New-Deal-Koalition mit dem neuen Süden verbindet. Hier ist die mögliche Rationalität zukünftiger amerikanischer Politik angelegt. Mit einem Blick auf den Anfang der Carter-Präsidentschaft werden wir darüber abschließend einige Überlegungen anstellen.

Literatur

A. Evangelistische Erweckungsbewegung und Fundamentalismus: Die Gallup-Untersuchung über religiöse Einstellungen in verschiedenen kapitalistischen Ländern und in den Vereinigten Staaten ist veröffentlicht worden in: The Gallup Opinion Index, Report No. 130 (Juni 1976), unter dem Titel „Religion in America". Der mehrfach erwähnte, anregende Essay von *Klaus Harpprecht,* Zuflucht der Christenheit, findet sich in: Der Spiegel, 20. Jg., Nr. 44 vom 25. 10. 1976, S. 142 f. Einen Überblick über die amerikanische Religionsgeschichte vermittelt *Sydney E. Ahlstrom,* A Religious History of the American People. New Haven und London 1972; das umfangreiche Werk ist als Nachschlagewerk zu benutzen. Als Lexikon ist ebenfalls nützlich *Frank S. Mead,* Handbook of Denominations in the United States. Nashville und New York 1975 (6. Auflage). Den Zusammenhang von Politik und Religion hat *Seymour Martin Lipset,* The First New Nation. The United States in Historical and Comparative Perspective. New York 1963, in einem Kapitel untersucht. Das gleiche Problem wird diskutiert in *Robert Lee* und *Martin E. Marty* (Hrg.), Religion and Social Conflict. New York 1964. Die gesellschaftliche Bedeutung von Religion und Kirche in den USA ist hervorragend analysiert in *David O. Moberg,* The Church as a Social Institution. Englewood Cliffs, N. J., 1962.

B. Populismus: In der Interpretation des Populismus habe ich mich an *Richard Hofstadter,* The Age of Reform. From Bryan to F. D. R. New York 1955, angelehnt. Seine Position findet sich auch in dem Sammelband von Daniel Bell (Hrg.), The Radical Right. The New American Right. Garden City, N. Y., 1964, der in den 50er Jahren unter dem Eindruck des McCarthyismus in 1. Auflage erschien und dessen Wurzeln in der populistischen Tradition bloßzulegen versuchte; in der hier zitierten 2. Auflage haben die Autoren der einzelnen Beiträge ihre Aufsätze ergänzt und neuere Entwicklungen im amerikanischen Konservatismus, wie die Entstehung der John Birch Society, hinzugefügt. Eine gelungene Einführung in die Geschichte des Populismus von Jefferson bis George McGovern bietet *George McKenna,* American Populism. New York 1974. Einen Vergleich zwischen deutschen, amerikanischen und französischen Agrarbewegungen und zugleich eine Einführung in den amerikanischen Populismus enthält *Hans-Jürgen Puhle,* Politische Agrarbewegungen in kapitalistischen Industriegesellschaften. Göttingen 1975. Abschnitte über die Bedeutung der Populist Party und der populistischen Bewegung für das amerikanische Parteiensystem und über den Populismus in den Südstaaten finden sich in den unter Kapitel II bzw. III genannten Arbeiten von *Sundquist* und *Billington.* Das zitierte populistische Manifest wurde verfaßt von *Jack Newfield* und *Jeff Greenfield,* A Populist Manifesto. The Making of a New Majority. New York und Washington D. C. 1972.

Ausblick: Die Carter-Präsidentschaft

Carters Nominierung zum Präsidentschaftskandidaten der Demokratischen Partei und seine Wahl zum Präsidenten der Vereinigten Staaten können damit erklärt werden, daß es ihm gelungen war, die Grundstimmung der amerikanischen Wähler nach Vietnamkrieg und Watergate-Affäre, wenig artikulierte, aber tief sitzende Unzufriedenheit und Ängste, Sehnsucht nach Vertrauen und politischer Führung richtig zu treffen und zugleich in seinem Wahlkampf die alte New-Deal-Koalition einschließlich ihrer politischen Organisationen mit dem neuen Süden zu verbinden. Carter war, wie sich im Nachhinein zeigte, der Kandidat, der am ehesten irrationale Bedürfnisse und rationale Notwendigkeiten in einer bestimmten Phase der amerikanischen Geschichte zu verschmelzen vermochte.

Was ist von der Präsidentschaft Jimmy Carters zu erwarten? Ein Blick auf die Biographie und Persönlichkeit des Mannes, der innerhalb von zwei Jahren vom unbekannten ehemaligen Gouverneur Georgias zum Präsidenten der Vereinigten Staaten aufgestiegen ist, mag einige Hinweise geben. Wir haben bereits gesehen, ein welches Mißverständnis es wäre, wollte man glauben, allein ein breitblitzendes Lächeln, angeblich baptistisch-eifernder Missionarismus und die Bauernschläue eines Erdnußfarmers hätten diesen Mann ins Weiße Haus gebracht.

Carter, 1924 in Plains, im ländlichen Süden Georgias geboren und aufgewachsen, besuchte mit 19 Jahren die Marine-Akademie in Annapolis, studierte Ingenieurwissenschaften und Atomphysik und war an der Entwicklung des ersten amerikanischen Atom-Unterseebootes beteiligt. Als Marineoffizier kam er in der Welt herum. Nach dem Tod seines Vaters kehrte er 1953 nach Plains zurück und entwickelte die elterliche Farm zu einem einträglichen Agrarunternehmen. Über die Kommunalpolitik ging Carter in die Landespolitik und wurde 1962 in den Senat von Georgia gewählt. Nach einem erfolglosen Anlauf 1966 wurde er schließlich 1970 Gouverneur von Georgia.

Aus der Amtszeit Carters sind zwei Dinge hervorzuheben: Der Gouverneur hat mehr zur politischen und sozialen Gleichstellung der

Schwarzen beigetragen als jeder seiner Vorgänger. Und er hat die Landesregierung reorganisiert, bürokratischen Leerlauf verringert. Von hochqualifizierten Fachleuten beraten, hat Carter sich sowohl gegen das Landesparlament, mit dem er fast während seiner ganzen Amtszeit im Kampf lag, als auch gegen jene durchgesetzt, die den alten rassistischen Süden vertraten. In seiner Regierungszeit wie im Präsidentschaftswahlkampf zeigten sich Attribute der Carterschen Persönlichkeit, die im Gegensatz zur simplifizierenden Presseberichterstattung in Europa standen: intelligent, selbstbewußt, ausdauernd, diszipliniert, zuweilen hartnäckig bis zur Kompromißlosigkeit.

Einige Konturen der Carter-Präsidentschaft wurden in der Übergangszeit zwischen Wahlsieg und Amtsantritt deutlicher, als Carter seine Regierungsmannschaft zusammenstellte und einige Grundzüge seiner künftigen Politik verlauten ließ. Zu den einflußreichsten, informellen Beratern in diesen Wochen zählten neben den alten Vertrauten aus der „Georgia-Maffia": Georg Meany (Vorsitzender der AFL-CIO), Leonhard Woodcock (Präsidenten des amerikanischen Automobilarbeiterverbandes UAW), Andrew Young (schwarzer Kongreßabgeordneter aus Atlanta) und Thomas Bradley (schwarzer Bürgermeister von Los Angeles). Diese vier Männer repräsentierten gleichsam die durch den neuen Süden ergänzte New-Deal-Koalition, nämlich die Gewerkschaften, die Organisationen der Schwarzen und die von Demokraten regierten Großstädte.

Die von Carter ernannten Kabinettsmitglieder und politischen Beamten — etwa 2000 Stellen werden bei einem Präsidentenwechsel neu besetzt — zeichnen sich dadurch aus, daß sie als hervorragende Technokraten gelten und in ihren Karrieren nicht wegen eines markanten politischen Profils aufgefallen wären. Die meisten haben Erfahrungen im Management von Großkorporationen, Banken oder Universitäten gehabt, viele sind Rechtsanwälte gewesen. Carter selbst hat, als er seine Kabinettsmitglieder der Presse vorstellte, ausdrücklich betont, daß sie hervorragende Manager seien und u. a. deswegen von ihm ausgewählt worden wären. Ohne Ausnahme haben alle schon früher in beratender oder administrativer Funktion für die Bundesregierung gearbeitet. Fast alle Kabinettsmitglieder haben in den berühmten Universitäten des Nordostens oder Westens studiert und z. T. auch gelehrt, nämlich in Horvard, Yale, Princeton, Columbia und der University of California. Einige kommen aus der „Denkfabrik" der Demokratischen Partei, der Brookings Institution, einem sozialwissenschaftlichen Forschungsinstitut in Washington D. C. Obwohl zwei Schwarze und zwei Frauen in das Kabinett berufen worden sind, widersprach Carters Personalpolitik der eigenen Wahlkampfrhetorik, daß nämlich ein frischer Wind durch Washington blasen und neue Gesichter und eine unverbrauchte Generation das überlebte politische Establishment ablösen müsse. Carter ist weitgehend in die herkömmliche amerikanische Politik integriert worden und nur wenig ist von seiner einstigen Anti-Washington-Attitüde geblieben. So ist z. B. von der New York Times und der Washington Post kritisiert worden, daß keines der Kabinettsmitglieder zu den frühen Kritikern des Vietnamkrieges gehört habe.

Einer der Unterschiede zu früheren Präsidentschaften wird voraussichtlich darin bestehen (und hier wird eine Wendung gegen jene Entwicklung deutlich, die unter Nixon scharf hervorgetreten war), daß Carter versucht, den Gegensatz zwischen permanent government und presidential government dadurch zu überbrücken, daß das Kabinett mehr Einfluß erhält. Es finden nicht nur wöchentliche Kabinettssitzungen statt, sondern die White House Office und die Executive Office wurden personell verkleinert und so umstrukturiert, daß sie nicht mehr als Präsidialkanzlei bzw. Superministerien in die einzelnen Ministerien und Regierungsbehörden hineinregieren können. Einen Chief of Staff gibt es in der White House Office nicht mehr, vielmehr haben — so wenigstens die Absicht Carters — mehrere Präsidentenberater und die Kabinettsangehörigen direkten Zugang zu ihm. Carter ist bei der Reorganisation des Weißen Hauses z. T. den Vorschlägen von Stephen Hess, einem Politikwissenschaftler der Brookings Institution, gefolgt, der dafür plädiert, daß der Präsident sich nicht als erster Bürokrat und Manager seines Landes verstehen dürfe, sondern als Politiker, der zwischen Alternativen entscheidet, die ihm von seinen Beratern, den Ministerien und politischen Organisationen und Interessengruppen vorgelegt werden. Dabei ist die Stellung des Vizepräsidenten noch unklar. Bisher hat noch jeder Präsident seinem Vizepräsidenten versprochen, daß er am Entscheidungsprozeß im Weißen Haus beteiligt werde. In Wirklichkeit hat sich dann immer jener sarkastische Satz bestätigt, daß die Aufgabe des Vizepräsidenten allein darin bestehe, auf einen Herzinfarkt des Präsidenten zu warten. Für die Person Mondales könnte sich das Vizepräsidentenamt allerdings als politisch gewichtiger erweisen: Carter ist auf ihn angewiesen, um gute Verbindungen zum Kongreß und insbesondere zum Senat herzustellen und um eigene Unerfahrenheit in der Bundespolitik auszugleichen. Mondale hat daher in der Übergangsperiode bei der Kabinettsbildung mitgewirkt und erste Auslandsreisen des Vizepräsidenten nach dem Amtsantritt gingen über deren sonst üblichen nur protokollarischen Charakter hinaus.

Als eine seiner ersten Aufgaben hat Carter sich die Reorganisation der Bundesexkutive gestellt. Im Wahlkampf, aber auch nach seiner Wahl hat er erklärt, die 1900 Regierungsbehörden — Analog der Reorganisation in Georgia — in 200 zusammenzufassen und durch Rationalisierung und Stellenkürzungen die Bürokratie effektiver machen zu wollen. An diesem Vorhaben wird sich zeigen, ob Carter in der Lage ist, sich gegen den Widerstand etablierter Regierungsbürokratien und vor Kongreßausschüssen durchzusetzen, in denen partikulare ökonomische Interessen vertreten sind und die von einer Reorganisation der Exekutive zu befürchten haben, daß sie in ihrer eigenen Macht dadurch beschnitten werden, daß ihre Jurisdiktion eingeschränkt wird.

Das brennendste Problem ist für Carter jedoch die Arbeitslosigkeit, hier steht er gegenüber seinen Wählern und den ihn stützenden Organisationen der New-Deal-Koalition im Wort. Wegen der mit der strukturellen Arbeitslosigkeit verbundenen Probleme hat Carter nach dem Wahltag zurückhaltender als im Wahlkampf seine Absicht formuliert, die Arbeitslosenquote von 7,9 Prozent im November 1976 im Verlauf seiner Amtszeit auf 5 bis 6 Prozent zu senken. Mit einer Kombination von Arbeitsbeschaffungsprogrammen, Steuerkürzungen für untere und mittlere Einkommen sowie Steuervergünstigungen für Investitionen soll dieses Ziel erreicht werden, auch ohne daß die staatlichen Einnahmen zurückgehen und die Staatsverschuldung überproportional weitersteigt. Es ist zu vermuten, daß Carter in den übrigen Bereichen der Wirtschafts- und Sozialgesetzgebung bewußt an die entsprechenden Programme Franklin D. Roosevelts und Lyndon B. Johnsons anschließen wird.

Eine große Schwierigkeit für den neuen Präsidenten wird darin bestehen, sich mit dem Kongreß und seinen einflußreichen Ausschüssen zu verständigen. Daß es in beiden Häusern der Legislative eine klare Mehrheit der Demokraten gibt, bedeutet nämlich noch nicht, daß das Parlament dem Präsidenten folgen wird, wie wir im I. Kapitel aufgrund der Struktur des Kongresses gezeigt haben. Eine erste Niederlage erlitt Carter im Senat bei der Nominierung von Theodore C. Sorenson als CIA-Chef: Sein offenkundiges Ziel, den Geheimdienst politisch zu kontrollieren und einen entsprechend profilierten Chef dem quasi-militärischen Apparat vorzusetzen, scheiterte am zuständigen Senatsausschuß, in dem wahrscheinlich befürchtet wurde, mit Sorenson einen politisch zu starken CIA-Leiter zu erhalten und dadurch in den eigenen Kontrollaufgaben beschnitten zu werden.

✳

Walter Dean Burnham, einer der bekanntesten amerikanischen Politikwissenschaftler, der mit Strukturen und Problemen europäischer und amerikanischer Regierungssysteme vertraut ist, hat in den letzten Jahren und besonders angesichts des Aufstiegs Jimmy Carters davor gewarnt, daß in den Vereinigten Staaten ein bonapartistisches Herrschaftssystem entstehen könne. Durch den Zerfall der politischen Parteien, die zunehmende politische Apathie, wie sie in ständig sinkender Wahlbeteiligung zum Ausdruck komme, durch wachsenden Irrationalismus und weitere Personalisierung und Moralisierung der amerikanischen Politik, wie sie sich in der evangelistischen Erweckungsbewegung und neo-populistischen Rhetorik 1976 gezeigt habe, sei im Zentrum des amerikanischen politischen Systems ein strukturelles Vakuum entstanden, das durch einen bonapartistischen Führer ausgefüllt werden könne. Carters Politik durch Symbole, so ließe sich das Argument fortsetzen, fördere geradezu die latente Flucht vor der sozialen und politischen Wirklichkeit, und der direkte Appell des Präsidenten an das Volk unterlaufe jene Institutionen wie den Kongreß, die Behörden des permanent government oder die Presse, deren Aufgabe u. a. die Kontrolle des Präsidentenamtes ist und die wesentlich dazu beigetragen haben, daß gegenseitige Gewaltenverschränkung und -kontrolle, checks and balances, selbst in der Watergate-Affäre wenigstens als Notbremse funktionierten. Der Boden sei fruchtbar, jenes in Meinungsumfragen durchschlagende Verlangen nach einem charismatischen Führer, nach einem Demagogen und amerikanischen Louis Bonaparte zu verwirklichen.

So einleuchtend diese Argumentation angesichts mancher Anzeichen des Irrationalismus zunächst auch erscheinen mag, liegt ihre Schwäche doch darin, daß sie sich nur auf das politische System bezieht und die gesellschaftliche Analyse völlig außer Acht läßt. Anders als in vergleichbaren historischen Situationen, aus denen bonapartistische Herrschaftssysteme entstanden sind, gibt es in den Vereinigten Staaten heute keinen Zustand des Klassengleichgewichts zwischen Bourgeoisie und Proletariat; bäuerliche Schichten spielen eine kaum ins Gewicht fallende Rolle. Die Arbeiterschaft ist — gerade auch durch die Gewerkschaften — fest in den organisierten Kapitalismus eingebunden. Minoritäten wie die Schwarzen, die Puertorikaner und die Mexiko-Amerikaner werden, soweit sie als Interessengruppen konstituiert sind, zunehmend integriert oder sie stehen fragmentiert und desorganisiert ganz am Rande von Politik und Gesellschaft, stellen aber auf keinen Fall das kapitalistische System ernsthaft infrage.

Selbst wenn nur das amerikanische politische System betrachtet wird, scheint die Gefahr äußerst gering, Carter könne zu einem bonapartistischen Führer werden. Carters Rhetorik des „Ich schulde niemandem etwas, dem Volk alles" täuscht darüber hinweg, daß er als Präsident in die Zweckrationalität der New-Deal-Koalition, die mit den Gewerkschaften und Schwarzen die stabilsten nationalen politischen Organisationen umfaßt, eingebunden ist. Hinzu kommt, daß der nach wie vor lebendige politische Förderalismus einer zentralistischen Regierungsform wie der bonapartistischen zuwiderläuft und der Kongreß nach Vietnamkrieg und Watergate-Affäre gegenüber dem Präsidentenamt wieder erstarkt ist. Die amerikanischen Präsidentenwahlen deuten daher, so meinen wir, die „Rückkehr zur Normalität", die Abkehr von der imperialen Präsidentschaft unter Nixon und die Restauration der New-Deal-Koalition an, deren Basis durch den neuen Süden erweitert worden ist — nicht aber die Wende zum Bonapartismus. Unsere These von der „Rückkehr zur Normalität" wird auch dadurch gestützt, daß in der Republikanischen Partei nach der knappen Wahlniederlage Fords nicht die Neo-Konservativen die Oberhand gewannen, sondern auch gemäßigte Liberale in ihr noch Platz finden können. Zudem ist auch der politische Spielraum für Entscheidungen eines Präsidenten eng geworden, zu schmal für bonapartistische Eskapaden. Gesellschaftspolitisch kann ein Präsident angesichts der Wirtschaftskrise nicht zwischen wesentlich verschiedenen Alternativen wählen, zumal bereits unter Lyndon B. Johnson einige für amerikanische Verhältnisse weitreichende Sozialprogramme begonnen wurden und erst zu verwirklichen sind. Gleiches trifft auf die Außenpolitik zu: Die Vereinigten Staaten haben mit dem Ende des Vietnamkrieges, mit ihrer Detentepolitik, mit der Öffnung gegenüber Rotchina und der unter Kissinger begonnenen und von Andrew Young fortgesetzten neuen Afrikapolitik sich weitgehend an das veränderte internationale System angepaßt und zu dessen Stabilisierung beigetragen. Daran ändert auch die von Carter proklamierte neue Moralität in der Außenpolitik wenig. So mag es sein, daß nach den turbulenten Jahren unter Kennedy, Johnson und Nixon die Präsidentenwahlen 1976 den Beginn eines ruhigeren Abschnitts amerikanischer Geschichte markieren.

Anhang

1. Einführende Literatur

Bücher über amerikanische Politik und Gesellschaft füllen ganze Bibliotheken. Wohl über kein Regierungssystem der Welt sind so viele Aufsätze, Dissertationen und Spezialuntersuchungen verfaßt worden, wie über das amerikanische. Diese Arbeiten sind zumeist reich an empirischem und historischem Material, ihre Stärke liegt oft in der Darstellung von politischen Institutionen und des Ablaufs politischer Entscheidungsprozesse sowie in der ideengeschichtlichen und verfassungsrechtlichen Interpretation. Mit wenigen Ausnahmen gehen sie von der Pluralismustheorie aus, die in den 50er Jahren den Stellenwert eines demokratischen Glaubensbekenntnisses angenommen hat: Demokratie wird — in Anlehnung an Joseph Schumpeter — als eine Ordnung von Institutionen zur Erreichung politischer Entscheidungen begriffen, in der Parteien und Interessengruppen ihre Entscheidungskompetenz im Konkurrenzkampf um die Stimmen der Wähler erwerben. Es wird nicht nur vorausgesetzt, daß alle Gruppen über gleiche Einflußchancen verfügen, sondern auch, daß alle sozialen Gruppen in der pluralistischen Interessenkonkurrenz vertreten sind. Dabei mangelt es an der Analyse der Struktur und Funktionszusammenhänge von Gesellschaft und politischen Institutionen in einer historischen Periode, die wir als die des organisierten Kapitalismus beschrieben haben. Der Demokratiebegriff wird auf bestimmte Spielregeln und Methoden beschränkt, ohne daß nach deren sozialem Inhalt gefragt wird. Diese normative Festlegung findet sich in fast allen Einführungen in das Regierungssystem der Vereinigten Staaten, die zu hunderten für College- und High School-Studenten geschrieben worden sind. Als ein Überblick über Institutionen und Verfahrensregeln sind sie geeignet. Auch systemtheoretische Ansätze, die sich in vielen Publikationen seit Anfang der 60er Jahre durchsetzten, haben an dieser Vorentscheidung nichts geändert. Erst die sozialen Konflikte der 60er Jahre, die Eskalation des Vietnamkrieges und schließlich die Watergate-Affäre und die Weltwirtschaftskrise der beginnenden 70er Jahre haben in den Vereinigten Staaten mit Nachdruck die Aufmerksamkeit vieler Politikwissenschaftler auf den Zusammenhang von sozialökonomischen Interessen und politischen Institutionen bzw. Entscheidungsprozessen gelenkt. Dazu liegen einige Einzeluntersuchungen u. a. aus dem Kreis von Autoren der Neuen Linken vor, doch fehlt bisher eine Analyse des amerikanischen politischen Systems nach den sich in ihm durchsetzenden ökonomischen und sozialen Interessen.

Beispielhaft für einen Pluralismusteoretiker ist die brillant geschriebene, auch heute noch unentbehrliche, wenn auch in einigen Passagen durch neuere Entwicklungen und gesellschaftliche Veränderungen überholte Arbeit von *Ernst Fraenkel,* Das amerikanische Regierungssystem. Köln und Opladen 1960; eine dritte unveränderte Auflage dieses Buches ist 1976 erschienen, versehen mit einem Vorwort von *Winfried Steffani. Kurt L. Shell,* Das politische System der USA. Stuttgart, Berlin, Köln und Mainz 1975, hat versucht, neben einer Darstellung politischer Institutionen und Prozesse auch jene sozialen und ökonomischen Interessen zu berücksichtigen, die sich in ihnen manifestieren. So handelt *Shell* nicht nur von der ökonomischen Konzentration und einigen ihrer Auswirkungen auf das politische System, sondern er beschreibt z. B. auch die Stellung ethnischer und rassischer Minoritäten. Die als einführende Landeskunde konzipierte Arbeit von *Hans J. Kleinsteuber,* Die USA — Politik, Wirtschaft, Gesellschaft. Hamburg 1974, ist von ihrem Anspruch her interdisziplinär angelegt und als informationsreiches Handbuch brauchbar. *Ernest S. Griffith,* The American System of Government. New York 1962, ist für Leser, die mit dem deutschen Regierungssystem vertraut sind, deswegen besonders geeignet, weil der Autor durchgehend parlamentarisches und präsidentielles Regierungssystem vergleicht. Nach wie vor anregend und von Autoren der Neuen Linken in den Vereinigten Staaten wie Europa wieder herangezogen ist die schon klassische Untersuchung von *Charles A. Beard,* An Economic Interpretation of the Constitution of the United States. New York 1913, in der die sozialökonomischen Interessen der Verfassungsväter, wie sie sich schließlich in der Verfassung niederschlugen, analysiert werden.

Wer sich nicht durch ein Handbuch hindurch-, sondern exemplarisch in die Probleme des amerikanischen politischen Systems einarbeiten will, dem sei die schon in anderem Zusammenhang (Kapitel I) genannte Untersuchung von *Arthur M. Schlesinger,* Jr., The Imperial Presidency. London 1974, empfohlen. Als Materialsammlung und Überblick zur Geschichte der Präsidentenwahlen ist geeignet Arthur M. Schlesinger, Jr., Fred L. Israel und William P. Hansen (Hrg.), History of American Presidential Elections, 1789—1968. New York 1971 (4 Bände).

Über jede Wahl finden sich hier ein von einem Spezialisten verfaßter Aufsatz sowie Dokumente einschließlich z. B. der Wahlplattformen der Parteien. Seit 1960 berichtet der Journalist *Theodore H. White, The Making of the President.* New York 1961 (bzw. 1965, 1969, 1973) über die Präsidentenwahlen. Diese Bücher sind lebendig geschrieben und vermitteln hervorragend die amerikanische Wahlkampfatmosphäre. Der Bericht über die Präsidentenwahlen 1976 ist in Vorbereitung und erscheint noch 1977.

Auf zwei höchst informative, wöchentlich erscheinende Zeitschriften sei hingewiesen, die sich an politische Journalisten und Politikwissenschaftler wenden, in der Bundesrepublik aber leider nur in wenigen Bibliotheken geführt werden. Der Congressional Quarterly Weekly Report berichtet detailliert über den Kongreß, u. a. über dort vorliegende Gesetzentwürfe, die Zusammensetzung der Ausschüsse und Fraktionen, Abstimmungen im Parlament, die Biographien der Repräsentanten und Senatoren, Entwicklungen in den Parteien, über die beim Bundesparlament registrierten Lobbys und veröffentlicht auch kürzere Beiträge über die Exekutive und Judikative. Jährlich erscheint der Congressional Quarterly Almanac, in dem alle über den Kongreß zusammengetragenen Informationen zusammengefaßt werden. Dieses Jahrbuch ist das beste Nachschlagewerk über die Arbeit des Kongresses, das sich finden läßt. Im Unterschied dazu konzentriert das National Journal, The Weekly on Politics and Government, seine Berichterstattung auf das Präsidentenamt, die übrigen Teile der Exekutive und die Unabhängigen Regulierungskommissionen. Daneben finden sich auch Beiträge über den Kongreß, die Judikative, Parteien und Interessenverbände oder Entwicklungen in den Regionen und Einzelstaaten. Beide Zeitschriften können hervorragend zur aktuellen Information und als Nachschlagwerke benutzt werden, da vierteljährlich ein kumulativer Sach- und Personenindex erscheint.

Allgemeine Informationen über politische Institutionen, soziale und wirtschaftliche Daten können gefunden werden in: The CBS News Alamanac, der jährlich erscheint und jeweils auf den neuesten Stand gebracht wird. Noch detaillierter ist U. S. Bureau of the Census (Hrg.), Statistical Abstracts of the United States. Washington D. C. (jährlich; vergleichbar dem Statistischen Jahrbuch für die Bundesrepublik Deutschland). Historische Sozial- und Wirtschaftsstatistiken sind vereinigt in Bureau of the Census (Hrg.), Historical Statistics of the United States. Colonial Times to 1970. Washington D. C. 1976 (2 Bände). Ein Verzeichnis der Regierungsinstitutionen auf Bundesebene enthalten die Jahresbände United States Government Manual. Als Einführung in Probleme der Sozialstruktur der Vereinigten Staaten ist geeignet *Gabriel Kolko,* Besitz und Macht. Sozialstruktur und

Einkommensverteilung in USA. Frankfurt am Main 1967. *Kolko* kommt aus dem Kreis der Neuen Linken und zählt zu den sogenannten revisionistischen Historikern. Die umfassendste, in Ansätzen in einigen Bänden auch kritische Wirtschaftsgeschichte der Vereinigten Staaten ist Henry David, Harold U. Faulkner, Louis M. Hacker, Curtis P. Nettels und Fred A. Shannon (Hrg.), The Economic History of the United States. New York 1945 ff. (bisher 8 des auf 10 Bände geplanten Werkes). Im übrigen sei für alle anderen historischen Arbeiten auf zwei Bibliographien verwiesen: Frank Freidel und Richard K. Showman (Hrg.), Harvard Guide to American History. Cambridge, Mass., 1974 (2. Auflage) und *Werner Heß, Werner Pollmann* und *Harald Thomas,* Bibliographie zum Studium der Geschichte der Vereinigten Staaten von Amerika. Paderborn 1975.

Schließlich seien Landeskundler auf zwei geographische Werke aufmerksam gemacht, in denen die Anthropogeographie einen breiten Raum einnimmt und die interdisziplinär angelegt sind: *Burkhard Hofmeister,* Nordamerika. Fischer Länderkunde. Frankfurt am Main 1970 und *Helmut Blume,* USA. Eine geographische Landeskunde. Bd. I: Der Großraum im Strukturwandel. Darmstadt 1975.

2. Tabellen

Tabelle 1: Wahlbeteiligung bei Präsidentschaftswahlen, 1824—1976

	abgegebene Stimmen	% der möglichen Wähler
1824	365 833	26,9
1828	1 148 018	57,6
1832	1 293 973	55,4
1836	1 503 534	57,8
1840	2 411 808	80,2
1844	2 703 659	78,9
1848	2 879 184	72,7
1852	3 161 830	69,6
1856	4 054 647	78,9
1860	4 685 561	81,2
1864	4 031 887	73,8
1868	5 722 440	78,1
1872	6 467 679	71,3
1876	8 413 101	81,8
1880	9 210 420	79,4
1884	10 049 754	77,5
1888	11 383 320	79,3
1892	12 056 097	74,7
1896	13 935 738	79,3
1900	13 970 470	73,2
1904	13 518 964	65,2
1908	14 882 734	65,4
1912	15 040 963	58,8
1916	18 535 022	61,6
1920	26 753 786	49,2
1924	29 075 959	48,9
1928	36 790 364	56,9
1932	39 749 382	56,9
1936	45 642 303	61,0
1940	49 840 443	62,5
1944	47 974 819	55,9
1948	48 692 442	53,0
1952	61 551 118	63,3
1956	62 025 372	60,6
1960	68 828 960	64,0
1964	70 641 104	61,7
1968	73 203 370	60,6
1972	77 727 590	55,4
1976	79 493 873	53,3

Quelle: Congressional Quarterly Weekly Report Bd. 34, Heft 44 S. 3070.

Tabelle 2: Ergebnisse der Präsidentenwahlen 1944—1972

Kandidaten	Wahlmänner-stimmen		Wählerstimmen	
1944 Franklin D. Roosevelt (D)	432 =	81 %	25 602 504 =	53,5 %
Thomas E. Dewey (R)	99 =	19 %	22 006 285 =	46,0 %
1948 Harry S. Truman (D)	303 =	57 %	24 104 030 =	49,5 %
Thomas E. Dewey (R)	189 =	36 %	21 971 004 =	45,1 %
J. S. Thurmond	39 =	7 %	1 169 063 =	2,4 %
(States Rights)				
1952 D. D. Eisenhower (R)	442 =	83 %	33 778 963 =	55,1 %
Adlai E. Stevenson (D)	89 =	17 %	27 314 992 =	44,4 %
1956 D. D. Eisenhower (R)	457 =	86 %	35 579 190 =	57,4 %
Adlai E. Stevenson (D)	74 =	14 %	26 027 983 =	42,0 %
1960 J. F. Kennedy (D)	303 =	57 %	34 221 349 =	49,71 %
R. M. Nixon (R)	219 =	41 %	34 108 546 =	49,55 %
H. F. Byrd	15 =	2 %		
1964 L. B. Johnson (D)	486 =	90 %	43 128 956 =	61,1 %
B. Goldwater (R)	52 =	10 %	27 177 873 =	38,5 %
1968 R. M. Nixon (R)	301 =	56 %	31 785 480 =	43,4 %
H. H. Humphrey (D)	191 =	36 %	31 275 165 =	42,7 %
G. C. Wallace (AIP)	46 =	8 %	9 906 473 =	13,5 %
1972 R. M. Nixon (R)	521 =	97 %	47 169 911 =	60,7 %
G. McGovern (D)	17 =	3 %	29 170 383 =	37,5 %

D = Demokratische Partei; R = Republikanische Partei; AIP = American Independent Party.

Quelle: John D. Lees, The Political System of the United States. London 1975 S. 355.

Tabelle 3: Zusammensetzung der Wählerschaft nach Präsidentschaftskandidaten, 1952—1972

	1952		1956		1960		1964		1968			1972	
	Stevenson	Eisenhower	Stevenson	Eisenhower	J. F. Kennedy	Nixon	Johnson	Goldwater	Humphrey	Nixon	Wallace	McGovern	Nixon
National	44.6	55.4	42.2	57.8	50.1	49.9	61.3	38.7	43.0	43.4	13.6	38	62
Männer	47	53	45	55	52	48	60	40	41	43	16	37	63
Frauen	42	58	39	61	49	51	62	38	45	43	12	38	62
Weiße	43	57	41	59	49	51	59	41	38	47	15	32	68
Schwarze u. a.	79	21	61	39	68	32	94	6	85	12	3	87	13
Collegeabschluß	34	66	31	69	39	61	52	48	37	54	9	37	63
High School	45	55	42	58	52	48	62	38	42	43	15	34	66
Hauptschule	52	48	50	50	55	45	66	34	52	33	15	49	51
Akademiker, Manager	36	64	32	68	42	58	54	46	34	56	10	31	69
Angestellte	40	60	37	63	48	52	57	43	41	47	12	36	64
Arbeiter	55	45	50	50	60	40	71	29	50	35	15	43	57
unter 30 Jahren	51	49	43	57	54	46	64	36	47	38	15	48	52
30—49	47	53	45	55	54	46	63	37	44	41	15	33	67
über 50 Jahren	39	61	39	61	46	54	59	41	41	47	12	36	64
protestantisch	37	63	37	63	38	62	55	45	35	49	16	30	70
katholisch	56	44	51	49	78	22	76	24	59	33	8	48	52
Republikaner	8	92	4	96	5	95	20	80	9	86	5	5	95
Demokraten	77	23	85	15	84	16	87	13	74	12	14	67	33
Unabhängige	35	65	30	70	43	57	56	44	31	44	25	31	69
Familienangehöriger ist Gewerkschaftsmitglied	61	39	57	43	65	35	73	27	56	29	15	46	54

Quelle: Robert D. Cantor, Voting Behavior and Presidential Elections: Itasca, Illinois, 1975 S. 49 f.

163

Tabelle 4: Ergebnis der Präsidentenwahlen 1976
(nach Staaten und Wahlmännerstimmen)

Staat	Carter Stimmen	%	Ford Stimmen	%	and. Kand. Stimmen	%	Wahlmänner- stimmen		
							Staat	Carter	Ford
Alabama	659 170	55,7	504 070	42,6	19 610	1,7	9	9	
Alaska	44 055	35,7	71 555	57,9	7 935	6,4	3		3
Arizona	295 602	39,8	418 642	56,4	28 475	3,8	6		6
Arkansas	498 604	65,0	267 903	34,9	1 028	0,1	6	6	
California	3 742 284	47,6	3 882 244	49,3	242 515	3,1	45		45
Colorado	460 801	42,5	584 456	54,0	37 709	3,5	7		7
Connecticut	647 895	46,9	719 261	52,1	14 370	1,0	8		7
Delaware	122 559	52,0	109 780	46,6	3 403	1,4	3	3	
Dist. of. Col.	137 818	81,6	27 873	16,5	3 139	1,9	3	3	
Florida	1 636 000	51,9	1 469 531	46,6	45 100	1,4	17	17	
Georgia	979 409	66,7	483 743	33,0	4 306	0,3	12	12	
Hawaii	147 375	50,6	140 003	48,1	3 923	1,3	4	4	
Idaho	126 549	36,8	204 151	59,3	13 387	3,9	4		4
Illinois	2 271 295	48,1	2 364 269	50,1	83 269	1,8	26		26
Indiana	1 014 714	45,7	1 185 958	53,4	21 690	1,0	13		13
Iowa	619 931	48,5	502 752	52,5	26 512	2,1	8		8
Kansas	430 421	44,9	632 863	49,5	24 672	2,6	7		7
Kentucky	615 717	52,8	531 852	45,6	19 573	1,7	9	9	
Louisiana	661 365	51,7	587 446	46,0	29 628	2,3	10	10	
Maine	232 279	48,1	236 320	48,9	14 610	3,0	4		4
Maryland	759 612	52,8	672 661	46,7	7 624	0,5	10	10	
Massachusetts	1 429 745	56,1	1 030 276	40,4	87 807	3,4	14	14	
Michigan	1 696 714	46,4	1 893 742	51,8	63 294	1,7	21		21
Minnesota	1 070 440	54,9	819 395	42,0	59 754	3,1	10	10	
Mississippi	381 329	49,6	366 846	47,7	21 205	2,8	7	7	
Missouri	998 387	51,1	927,443	47,5	27 770	1,4	12	12	
Montana	149 259	45,4	173 703	52,8	5 772	1,8	4		4
Nebraska	233 293	38,4	359 219	59,2	14 237	2,3	5		5
Nevada	52 479	45,8	101 273	50,2	8 124	4,0	3		3
New Hampshire	147 645	43,5	185 935	54,7	6 047	1,8	4		4
New Jersey	1 444 653	47,9	1 509 688	50,1	60 131	2,0	17		17
New Mexico	201 148	48,3	211 419	50,7	4 023	1,0	4		4
New York	3 389 558	51,9	3 100 791	47,5	43 851	0,7	41	41	
North Carolina	927 365	55,2	741 960	44,2	9 589	0,6	13	13	
North Dakota	136 078	45,8	153 470	51,7	7 545	2,5	3		3
Ohio	2 011 621	48,9	2 000 505	48,7	99 747	2,4	25	25	
Oklahoma	532 442	48,7	545 708	50,0	14 101	1,3	8		8
Oregon	490 407	47,6	492 120	47,8	47 306	4,6	6		6
Pennsylvania	2 328 677	50,4	2 205 604	47,7	86 506	1,9	27	27	
Rhode Island	227 636	55,4	181 249	44,1	2 285	0,6	4	4	
South Carolina	450 807	56,2	346 149	43,1	5 627	0,7	8	8	
South Dakota	147 068	48,9	151 505	50,4	2 105	0,7	4		4
Tennessee	825 879	55,9	633 969	42,9	16 498	1,1	10	10	

Staat	Carter Stimmen	%	Ford Stimmen	%	and. Kand. Stimmen	%	Wahlmännerstimmen Staat	Carter	Ford
Texas	2 082 319	51,1	1 953 300	48,0	36 265	0,9			
Utah	182 110	33,6	337 908	62,4	21 200	3,9	4		4
Vermont	78 789	42,8	100 387	54,6	4 726	2,6	3		3
Virginia	813 896	48,0	836 554	49,3	46 644	2,7	12		12
Washington	717 323	46,1	777 732	50,0	60 479	3,9	9		9
West Virginia	435 864	58,1	314 726	41,9			6	6	
Wisconsin	1 040 232	49,4	1 004 987	47,8	58 956	2,8	11	11	
Wyoming	62 239	39,8	92 717	59,3	1 387	0,9	3		3
Totals	40 828 587	50,1	39 147 613	48,0	1 575 459	1,9	538	297	241

Eugene McCarthy hat 654 636, Lester Maddox 168 857 Stimmen erhalten.

Quelle: Washington Post vom 4. 11. 1976

Tabelle 5: Zusammensetzung der Wählerschaft nach Präsidentschaftkandidaten, 1976

Parteiidentifikation	Carter %	Ford %
Demokraten	80	20
Republikaner	11	89
Unabhängige	48	52
Politische Selbsteinschätzung		
liberal	74	26
gemäßigt	53	47
konservativ	30	70
Stimmabgabe Präsidentenwahl 1972		
Nixon	27	73
McGovern	83	17
Geschlecht		
männlich	52	48
weiblich	52	48
Berufsgruppe		
Akademiker/Manager	43	57
Angestellte	51	49
Arbeiter	59	41
Gewerkschaftszugehörigkeit		
gewerkschaftlich organisiert	62	38
gewerkschaftlich nicht organisiert	48	52
Alter		
18—21 (Erstwähler)	49	51
22—29	56	44

	Carter %	Ford %
30—44	52	48
45—59	48	52
über 60	48	52
Jahreseinkommen		
unter 8 000 Dollar	62	38
8 000—12 000 Dollar	57	43
12 001—20 000 Dollar	50	50
über 20 000 Dollar	38	62
Religionszugehörigkeit		
protestantisch	46	54
katholisch	55	45
jüdisch	68	32
andere	59	41
rassische und ethnische Gruppen		
Weiße	48	52
Schwarze	83	17
andere	82	18
Gemeindegröße		
Städte über 500 000	60	40
Vorstädte	53	47
Gemeinden unter 5 000	47	53

Quelle: Zusammengestellt aus der New York Times vom 4. 11. 1976 (basierend auf 14 836 Umfragen des CBS News Poll am Wahltag).

3. Verzeichnis der im Text erklärten Spezialausdrücke